Langenscheidt

Grundwortschatz Russisch

Ein nach Sachgebieten geordnetes
Lernwörterbuch mit Satzbeispielen

von

Ludmila Heinze

Langenscheidt

Berlin · München · Warschau · Wien · Zürich · New York

Herausgegeben von der
Langenscheidt-Redaktion

ISBN: 978-3-468-20291-9

7. 8. 9. 10. * 12 11 10 09 08

Inhalt

Warum Grundwortschatz?

Jede Stufe der Sprachbeherrschung setzt die Kenntnis eines gewissen Wortschatzes voraus. Der gesamte Wortbestand der russischen Sprache erreicht – wenn man nur die wichtigsten Fachsprachen mit einbezieht – Millionenhöhe. Es ist daher verständlich, dass viele Russischlernende danach fragen, wie viele Wörter man eigentlich benötigt, um eine normale Alltagsunterhaltung zu führen oder um einen allgemeinsprachlichen Text zu verstehen.

Die Sprachstatistik zeigt, dass folgende 10 Wörter bereits 18% jeder russischen Sprachäußerung ausmachen: в(о), и, не, на, я, быть, что, он, с(о), а. Mit 100 Wörtern deckt man über 41% eines Normaltextes ab.

Dies darf allerdings nicht zu der Annahme verleiten, dass man mit hundert Wörtern die Sprache im Griff hat. Tatsächlich hängt das Verstehen eines Textes von den restlichen 59% der Vokabeln ab, die aus Inhaltswörtern, also den sinngebenden Elementen einer Konversation oder eines Lesetextes, bestehen. Mit Strukturwörtern, wie den oben zitierten, allein ist keine Kommunikation möglich.

Ein Grundwortschatz hat deshalb den Zweck, mit einer überschaubaren Zahl von sorgfältig ausgewählten Wörtern das Verständnis eines allgemeinsprachlichen Textes zu ermöglichen. Außerdem sollte ein Grundwortschatz für eine Alltagsunterhaltung genügen. Je nach Adressaten und Lernzielen wird im Russischunterricht versucht, 1500 bis 5000 lexikalische Einheiten zu vermitteln.

Der vorliegende Grundwortschatz enthält etwa 3000 Wörter. Die rund 4000 Wortgleichungen kommen dadurch zustande, dass ein Wort mit mehreren Bedeutungen verschiedenen Sachgebieten zugeordnet wird. Das Wort «печáть» ergibt beispielsweise folgende zwei Wortgleichungen:

печáть = Siegel, Stempel im Sachgebiet: „Behörden, Polizei"
печáть = Presse im Sachgebiet: „Medien"

Zwei Beispielsätze werden auch bei suppletiven Verbformen (Verben mit 2 Stämmen) angeführt, z. B. bei dem Aspektpaar «брать/взять».

Die Adjektive werden grundsätzlich in der maskulinen Form angegeben. In den Beispielsätzen treten sie sowohl in der femininen Form als auch im Plural auf.

Bei den Verben wird im Grundwortschatz stets der imperfektive (unvollendete) Aspekt vor dem perfektiven (vollendeten) genannt.

Wer diesen Grundwortschatz beherrscht, kann über 80% eines allgemeinsprachlichen Textes verstehen, und natürlich reicht dieser Wortschatz auch für das Alltagsgespräch aus. „Langenscheidts Grundwortschatz Russisch" bietet somit einen Mindestwortschatz, dessen Kenntnis ein wichtiger erster Schritt zur Sprachbeherrschung und eine gute Grundlage für jedes weitergehende Lernen ist.

Warum ein „zweisprachiger" Grundwortschatz?

Der Fremdsprachenunterricht findet heute weitgehend in der fremden Sprache selbst statt. Die Vokabeleinführung erfolgt daher durch den Lehrer meist in Russisch (das neue Wort wird mit einfachen russischen Wörtern definiert) und durch Demonstration. Die unterrichtspraktische Realität erzwingt jedoch häufig den flexiblen Einsatz der deutschen Sprache – vor allem, wenn Unklarheiten zu beseitigen sind.

Ein Lernwörterbuch, das ein systematisches Wörterlernen, Wiederholen oder Nachholen außerhalb des Unterrichts ermöglichen soll, muss gleichfalls zweisprachig russisch-deutsch angeordnet sein, denn es soll ja unabhängig vom Lehrer benutzt werden.

Welche Wörter?

Ein Grundwortschatz trennt Wichtiges vom Unwichtigen. Die richtige Auswahl der zu lernenden Wörter ist die Voraussetzung für eine rationelle und sinnvolle Wortschatzarbeit mit einem Lernwörterbuch. Dem vorliegenden Grundwortschatz für Schule und Erwachsenenbildung liegt eine große Anzahl von Quellen zugrunde. Im In- und Ausland erstellte Grundwortschätze und Worthäufigkeitsuntersuchungen der russischen Sprache wurden ausgewertet. Wichtige russische Lehrwerke für die Erwachsenenbildung wurden ebenfalls herangezogen.

Ein genaues Verzeichnis aller Quellen würde den Rahmen dieser einleitenden Bemerkungen sprengen. Exemplarisch erwähnt seien lediglich «Частотный словарь русского языка», herausgegeben von L. N. Sasorina, sowie „Die 4000 gebräuchlichsten Wörter der russischen Sprache", herausgegeben von N. M. Schanski.

Die absolute Häufigkeit eines Wortes war auch bei der Auswahl dieses Grundwortschatzes selbstverständlich nicht allein entscheidend; Vertrautheitsgrad und Nützlichkeit mussten gleichfalls berücksichtigt werden.

Anordnung nach Sachgebieten und Wichtigkeitsstufen! Stichwort mit Satzbeispiel!

„Langenscheidts Grundwortschatz Russisch" ist nicht alphabetisch aufgebaut, da ein Lernen von Wörtern nach dem Alphabet – wie die Unterrichtspraxis gezeigt hat – wenig sinnvoll ist. Die Ähnlichkeit in der Schreibung bei der alphabetischen Reihenfolge führt zu Verwechslungen, das Wort bleibt mangels Assoziationen nur schwer im Gedächtnis; ein alphabetischer Aufbau steht der später in einer bestimmten Situation *thematisch* richtigen Anwendung entgegen. Das Lernen von Grundwörtern nach Sachgebieten ist leichter und didaktisch effektiver. Die inhaltliche Nähe und Verwandtschaft der

Grundwörter schafft Assoziationen. Es entspricht auch einer alten Lehrerfahrung, dass die Einbettung des Einzelwortes in den sinnvollen Zusammenhang eines Sachgebiets besser im Gedächtnis haftet. Wir geben deshalb dem Lernen nach Sachgebieten den Vorzug. „Langenscheidts Grundwortschatz Russisch" ist nach Sachkategorien und Themenkreisen eingeteilt. Die Systematik und Gliederung dieser Sachgebiete wird im Inhaltsverzeichnis dargestellt (vgl. S. III ff.).

Der Aufbau des vorliegenden Grundwortschatzes ist auch noch durch seine Unterteilung in Wichtigkeitsstufen bemerkenswert. Jedes Sachgebiet ist in zwei Wichtigkeitsstufen unterteilt (1–2000; 2001–4000). Der Lernende kann sich auf diese Weise zuerst den 2000 wichtigsten Wortgleichungen widmen und danach die nächsten 2000 in Angriff nehmen.

Auch in anderer Hinsicht ist das Material dieses Grundwortschatzes gut aufbereitet. Er bietet nicht nur die „nackte" Gleichung von russischem Grundwort und deutscher Übersetzung. Nach dem russischen Grundwort folgen Satzbeispiele mit deutscher Übersetzung.

Diese Darbietung eines Grundwortes im Satzzusammenhang ist wichtig, denn der Lernende sieht so die Anwendung „seines" Grundwortes in der „Praxis". Die Gefahr der späteren Anwendung des Grundwortes im falschen Zusammenhang wird damit minimalisiert. Die deutsche Übersetzung der Beispielsätze lehnt sich eng an die russischen Ausgangssätze an, so dass es zu ungewohnter Wortstellung im deutschen Satz kommen kann.

Nach Möglichkeit bewegen sich die Satzbeispiele im Rahmen des Grundwortschatzes, enthalten jedoch gelegentlich auch zusätzliches Anschlussvokabular. Sie aktivieren somit jederzeit den übrigen Grundwortschatz und weisen die Richtung zum weiteren Wortschatzerwerb.

Für wen?

Es gibt im Fremdsprachenunterricht eine starke Tendenz, bei der Erarbeitung von Sprachinventaren Grundwortschätze zu fixieren und deren Aneignung zu fordern. Im Allgemeinen sind Grundwortschätze auch beim Lernenden beliebt, weil in ihnen der Lernaufwand überschaubar ist und weil sie ein individuelles häusliches Arbeiten ermöglichen.

„Langenscheidts Grundwortschatz Russisch" ist geeignet:

1. Zum erstmaligen Erwerb eines Grundwortschatzes.
2. Zur Wissenskontrolle für alle Russischlernenden, also zum Testen, Wiederholen und Festigen eines Grundwortschatzes.
3. Zur Vorbereitung auf einen Auslandsaufenthalt. Mit einem inhaltlich verstandenen und richtig angewandten Grundwortschatz wird man sich im Ausland in allen Situationen des Alltags behaupten können.

4. Für Lernende mit nicht gesichertem Kenntnisstand. Ohne einen gewissen Grundwortschatz ist keine Stufe der Sprachbeherrschung zu erreichen.

5. Zur Prüfungsvorbereitung. Er gibt dem Prüfling Sicherheit. Für das Nachschlagen in einsprachigen Wörterbüchern bei der Prüfung benötigt er beispielsweise einen Grundwortschatz, um die einsprachigen Erklärungen zu verstehen.

Wie arbeitet man mit diesem Grundwortschatz?

Eine angemessene Lerntechnik ist die Voraussetzung für den Lernerfolg. Wir möchten Ihnen dazu einige Anregungen geben:

1. Nutzen Sie den Vorteil der Gliederung nach Sachgebieten! Arbeiten Sie nicht Seiten, sondern Sachgebiete durch (z. B. 1.2.6.2 „Geschäfte, Einkauf")! Zwischen den Wörtern eines Sachgebiets bestehen Assoziationen. Die Sachgebiete spiegeln inhaltliche Zusammenhänge wider. Auch die Sachgebietsbezeichnungen sind bereits Merkhilfen. Es ist experimentell erwiesen, dass die Behaltensleistung dadurch erhöht wird.

2. Sie können sich in jedem Sachgebiet zuerst die Wörter der Wichtigkeitsstufe 1–2000 aneignen. Zu einem späteren Zeitpunkt nehmen Sie dann die der Wichtigkeitsstufe 2001–4000 durch.

3. Arbeiten sie *einzelne* Sachgebiete durch. Vielleicht zuerst die Ihnen „sympathischen", dann die anderen. Vergessen Sie aber nicht, sich nach und nach *alle* Sachgebiete anzueignen.

4. Systematisieren Sie den Ablauf des Lernvorgangs! Lernen Sie portionsweise!
Lesen Sie ein Kästchen (fett gedrucktes Stichwort und Anwendungsbeispiel) und prägen Sie sich die Wortgleichung ein. Gehen Sie acht bis zehn Kästchen in dieser Art durch und decken Sie dann von diesem „Block" die linke Spalte ab. Sprechen Sie sich nun das verdeckte Stichwort laut vor – wenn Sie wollen, auch das Anwendungsbeispiel. Kontrollieren Sie sich durch Aufdecken der linken Spalte. Arbeiten Sie so den „Block" durch. Nicht beherrschte Wörter werden am Rand gekennzeichnet – vielleicht durch ein Kreuzchen – und nochmals gesondert gelernt. Abschließend nochmalige Kontrolle (Sprechen und Schreiben) des ganzen „Blocks".

5. Lernvarianten: Rechte (statt linke) Spalte abdecken und analog wie unter 4. beschrieben arbeiten. Nur Anwendungsbeispiele lernen, um vom Zusammenhang her die Bedeutung eines Wortes im Gedächtnis zu fixieren oder den Grundwortschatz „umzuwälzen".

6. Sie können auch über ein einzelnes Wort, das Sie im alphabetischen Register nachschlagen, zum Sachgebiet kommen und so in einem sinnvollen Zusammenhang lernen.

7. Lernen Sie täglich (mit Pausen!) ein bestimmtes Pensum. In einigen Wochen beherrschen Sie dann einen systematisch aufgebauten

Grundwortschatz – den Wortschatz, auf den es ankommt. Vergessen Sie nicht, diesen in gewissen zeitlichen Abständen zu wiederholen und zu überprüfen.

8. „Langenscheidts Grundwortschatz Russisch" ist lehrbuchunabhängig. Trotzdem eignet er sich auch zur Aktivierung, Wiederholung und Systematisierung des Wortschatzes im Unterricht, z. B.
- zur Bereitstellung des entsprechenden Wortschatzes vor kommunikativen Übungen oder der Durchnahme bestimmter Texte;
- zur Wortfeldarbeit nach der Durcharbeitung eines bestimmten Textes, der wesentliche Teile dieses Wortfeldes enthielt;
- zur Erschließung und zum Aufbau eines Sachgebiets vom Einzelwort aus (über das Register).

1 THEMENBEZOGENE BEGRIFFE

1.1 Der Mensch

1.1.1 KÖRPER UND WESEN

1.1.1.1 KÖRPER

«1–2000»

глаз *m* У де́вушки бы́ли краси́вые тёмные глаза́.	**Auge** *n* Das Mädchen hatte schöne dunkle Augen.
голова́ *f* На голове́ у него́ была́ но́вая шля́па.	**Kopf** *m* Auf dem Kopf hatte er einen neuen Hut.
грудь *f* Мать прижа́ла ребёнка к груди́.	**Brust** *f* Die Mutter drückte das Kind an die Brust.
губа́ *f* На губе́ у неё была́ ма́ленькая ра́на.	**Lippe** *f* An der Lippe hatte sie eine kleine Wunde.
зуб *m* У ребёнка плохи́е зу́бы.	**Zahn** *m* Das Kind hat schlechte Zähne.
коле́но *n* На коле́нях у ма́льчика лежа́ла кни́га.	**Knie** *n* Auf den Knien des Jungen lag ein Buch.
кровь *f* Больно́й потеря́л мно́го кро́ви.	**Blut** *n* Der Kranke hat viel Blut verloren.
кула́к *m* Во вре́мя разгово́ра он сжал ру́ки в кулаки́.	**Faust** *f* Während des Gesprächs ballte er die Fäuste.
ладо́нь *f* Он вы́тер лоб ладо́нью.	**(flache) Hand** *f*, **Handfläche** *f* Er wischte sich die Stirn mit der Hand ab.
лицо́ *n* В толпе́ я вдруг заме́тила знако́мое лицо́.	**Gesicht** *n* In der Menge sah ich plötzlich ein bekanntes Gesicht.
нога́ *f* Ребёнок пры́гал на одно́й ноге́.	**Bein** *n* Das Kind sprang auf einem Bein.

ногá *f* Онá éле дéржится на ногáх.	**Fuß** *m*, **Bein** *n* Sie hält sich kaum noch auf den Beinen.
нос *m* У артúста смешнóй длúнный нос.	**Nase** *f* Der Schauspieler hat eine komische lange Nase.
пáлец *m* Скóлько пáльцев на рукé?	**Finger** *m* Wie viele Finger sind an einer Hand?
рот *m* Врач попросúл пациéнта откры́ть рот.	**Mund** *m* Der Arzt bat den Patienten, den Mund zu öffnen.
рукá *f* Он всегдá суёт свои рýки в кармáны брюк.	**Hand** *f* Er hat immer seine Hände in den Hosentaschen.
рукá *f* Он потерял на войнé прáвую рýку.	**Arm** *m* Er verlor im Krieg den rechten Arm.
сéрдце *n* У егó мáтери больнóе сéрдце.	**Herz** *n* Seine Mutter hat ein krankes Herz.
спинá *f* На спинé жéнщина неслá корзúну.	**Rücken** *m* Auf dem Rücken trug die Frau einen Korb.
тéло *n* Нормáльная температýра тéла 36,6 грáдусов.	**Körper** *m* Die normale Körpertemperatur beträgt 36,6 °C.
ýхо *n*, **ýши** *Pl* Онá прошептáла емý чтó-то нá ухо.	**Ohr** *n* Sie flüsterte ihm etwas ins Ohr.
язы́к *m* Э́то лекáрство нáдо положúть под язы́к.	**Zunge** *f* Diese Arznei muss man unter die Zunge legen.

«2001–4000»

вóлос *m* Сейчáс мóдны длúнные вóлосы.	**Haar** *n* Jetzt sind lange Haare modern.

го́рло *n* Мне тру́дно глота́ть, потому́ что у меня́ боли́т го́рло.	**Hals** *m* Da ich Halsschmerzen habe, kann ich schlecht schlucken.
желу́док *m* Оте́ц ча́сто жа́луется на бо́ли в желу́дке.	**Magen** *m* Der Vater klagt oft über Magenschmerzen.
живо́т *m* Он спи́т обы́чно на животе́.	**Bauch** *m* Er schläft gewöhnlich auf dem Bauch.
кисть *f* Мне бро́сились в глаза́ то́нкие ки́сти музыка́нта.	**Hand** *f* Mir sind die schmalen Hände des Musikers aufgefallen.
ко́жа *f* Э́тот крем поле́зен для сухо́й ко́жи.	**Haut** *f* Diese Creme ist gut für trockene Haut.
кость *f* Она́ о́чень худа́я, как говоря́т, ко́жа да ко́сти.	**Knochen** *m* Sie ist sehr dünn, wie man sagt, nur Haut und Knochen.
лоб *m* Говоря́т, что высо́кий лоб – при́знак интелле́кта.	**Stirn** *f* Man sagt, eine hohe Stirn ist ein Zeichen für Intellekt.
ло́коть *m* Не клади́ ло́кти на стол.	**Ellenbogen** *m* Leg die Ellenbogen nicht auf den Tisch.
мозг *m* Мозг челове́ка ве́сит приблизи́тельно 1300 (ты́сяча три́ста) гра́ммов.	**Gehirn** *n* Das Gehirn eines Menschen wiegt ungefähr 1300 g.
му́скул *m* У спортсме́нов хорошо́ ра́звиты му́скулы.	**Muskel** *f* Sportler haben gut entwickelte Muskeln.
нерв *m* Мои́ не́рвы э́того не вы́держат.	**Nerv** *m* Meine Nerven halten das nicht aus.
но́готь *m* Я не люблю́ кра́сить но́гти.	**Nagel** *m* Ich mag es nicht, die Nägel zu lackieren.
плечо́ *n* Он положи́л мне ру́ку на плечо́.	**Schulter** *f* Er legte mir die Hand auf die Schulter.

подборо́док *m* Подборо́док – э́то ни́жняя часть лица́.	**Kinn** *n* Das Kinn ist der untere Teil des Gesichts.
ше́я *f* На ше́е у него́ был тёплый шарф.	**Hals** *m* Um den Hals hatte er einen warmen Schal.

1.1.1.2 AUSSEHEN

«1–2000»

вид *m* На вид ему́ лет со́рок.	**Aussehen** *n* Dem Aussehen nach ist er etwa vierzig Jahre alt.
вне́шний Вне́шний слой ко́жи име́ет защи́тную фу́нкцию.	**äußerer** Die äußere Hautschicht hat eine Schutzfunktion.
высо́кий В спортза́л вошёл высо́кий спортсме́н.	**hoch, groß** Ein hoch gewachsener Sportler betrat die Turnhalle.
краси́вый Кака́я она́ краси́вая!	**schön** Wie schön sie ist!
красота́ *f* Все восхища́лись её красото́й.	**Schönheit** *f* Alle waren von ihrer Schönheit entzückt.
полне́ть/пополне́ть Посове́туй, что мне де́лать, что́бы не полне́ть.	**zunehmen** Gib mir einen Rat, was ich machen soll, um nicht zuzunehmen.
по́лный В э́том журна́ле вы найдёте мо́ду для по́лных же́нщин.	**vollschlank** In dieser Zeitschrift finden Sie Mode für vollschlanke Frauen.
похо́ж Сын о́чень похо́ж на мать.	**ähnlich** Der Sohn sieht der Mutter sehr ähnlich.
то́нкий У де́вочки то́нкие ру́ки и но́ги.	**dünn** Das Mädchen hat dünne Arme und Beine.
фигу́ра *f* Несмотря́ на во́зраст, у неё идеа́льная фигу́ра.	**Figur** *f* Trotz des Alters hat sie eine Idealfigur.

худе́ть/похуде́ть — **abnehmen**

Ты о́чень по́лный, тебе́ на́до похуде́ть. — Du bist zu dick, du musst abnehmen.

«2001–4000»

бле́дный Тебе́ пло́хо? Ты о́чень бле́дный.	**blass** Ist dir nicht gut? Du bist so blass.
борода́ *f* Э́тому мужчи́не идёт борода́.	**Bart** *m* Der Bart steht diesem Mann.
вне́шность *f* Те́ма уро́ка «Вне́шность челове́ка».	**Aussehen** *n*, **Äußeres** *n* Das Unterrichtsthema ist „Das Äußere des Menschen".
вы́глядеть А как вы́глядит твой друг?	**aussehen** Und wie sieht dein Freund aus?
причёска *f* Но́вая причёска тебе́ идёт.	**Frisur** *f* Die neue Frisur steht dir.
стро́йный Высо́кая стро́йная де́вушка вошла́ в зал.	**schlank** In den Saal kam ein großes, schlankes Mädchen.
то́лстый Ты ешь мно́го хле́ба, поэ́тому ты тако́й то́лстый.	**dick** Du isst viel Brot, deswegen bist du so dick.
усы́ *Pl* У моего́ отца́ во́лосы све́тлые, а усы́ чёрные.	**Schnurrbart** *m* Mein Vater hat helle Haare, aber einen schwarzen Schnurrbart.
худо́й Он о́чень худо́й, наве́рное, он че́м-то бо́лен.	**dünn, schlank** Er ist sehr dünn, wahrscheinlich ist er krank.

1.1.1.3 Geist und Verstand

«1–2000»

внима́ние *n* Профе́ссор уделя́ет мно́го внима́ния студе́нтам.	**Aufmerksamkeit** *f* Der Professor schenkt den Studenten viel Aufmerksamkeit.
впечатле́ние *n* Фильм произвёл на меня́ си́льное впечатле́ние.	**Eindruck** *m* Der Film hinterließ bei mir einen starken Eindruck.

вспомина́ть/вспо́мнить Мы ча́сто вспомина́ем на́шу пое́здку в Росси́ю.	**sich erinnern** Wir erinnern uns oft an unsere Russlandreise.
ду́мать/поду́мать О чём ты ду́маешь? – Об экза́мене.	**denken** Woran denkst du? – An die Prüfung.
забыва́ть/забы́ть Учени́к забы́л до́ма тетра́дь.	**vergessen** Der Schüler vergaß das Heft zu Hause.
иде́я *f* Э́то хоро́шая иде́я – пое́хать в Ло́ндон.	**Idee** *f* Es ist eine gute Idee, nach London zu fahren.
интере́с *m* Студе́нты слу́шали ле́кцию с больши́м интере́сом.	**Interesse** *n* Die Studenten hörten sich die Vorlesung mit großem Interesse an.
интере́сно *Adv* Учи́теля исто́рии всегда́ интере́сно слу́шать.	**interessant** Es ist immer interessant, dem Geschichtslehrer zuzuhören.
мечта́ *f* Его́ мечта́ – поеха́ть в Австра́лию.	**Traum** *m* Es ist sein Traum, nach Australien zu fahren.
мечта́ть В де́тстве он мечта́л стать капита́ном.	**träumen** In seiner Kindheit träumte er davon, Kapitän zu werden.
мысль *f* Мысль о больно́м дру́ге не покида́ла меня́.	**Gedanke** *m* Der Gedanke an den kranken Freund ließ mich nicht los.
напомина́ть/напо́мнить *(кому о чём)* Он напо́мнил мне о на́шей встре́че.	**erinnern** *(j-n an etw.)* Er erinnerte mich an unser Treffen.
ошиба́ться/ошиби́ться Не ошиба́ется тот, кто ничего́ не де́лает.	**sich irren** Wer nichts tut, macht keine Fehler.
па́мять *f* У него́ плоха́я па́мять.	**Gedächtnis** *n* Er hat ein schlechtes Gedächtnis.
представля́ть себе́/предста́вить себе́ Мать не могла́ себе́ предста́вить жизнь без дете́й.	**sich** *etw.* **vorstellen** Mutter konnte sich ein Leben ohne Kinder nicht vorstellen.

со́весть *f* Со́весть у него́ была́ чиста́, и он мог споко́йно спать.	**Gewissen** *n* Sein Gewissen war rein, und er konnte ruhig schlafen.
спосо́бность *f* Необходи́мо развива́ть музыка́льные спосо́бности ребёнка.	**Fähigkeit** *f* Es ist notwendig, die musikalischen Fähigkeiten des Kindes zu entwickeln.
у́мный Студе́нтка дово́льно умна́.	**klug** Die Studentin ist ziemlich klug.

«2001–4000»

воспомина́ние *n* О де́тстве у него́ оста́лись прия́тные воспомина́ния.	**Erinnerung** *f* Er hat seine Kindheit in angenehmer Erinnerung behalten.
гениа́льный А. Эйнште́йн был гениа́льным учёным.	**genial** A. Einstein war ein genialer Wissenschaftler.
ге́ний *m* Ломоно́сов был ге́нием.	**Genie** *n* Lomonossow war ein Genie.
глу́пость *f* Он сде́лал большу́ю глу́пость: прода́л дом.	**Dummheit** *f* Er beging eine große Dummheit: Er verkaufte das Haus.
глу́пый Не задава́й мне глу́пых вопро́сов.	**dumm** Stell mir keine dummen Fragen.
запомина́ть/запо́мнить Я попыта́юсь запо́мнить ваш а́дрес.	**sich merken, im Gedächtnis behalten** Ich versuche, mir Ihre Adresse zu merken.
интересова́ть А почему́ э́то тебя́ интересу́ет?	**interessieren** Warum interessiert dich denn das?
интересова́ться Чем вы интересу́етесь? – Иску́сством.	**sich interessieren** Wofür interessieren Sie sich? – Für Kunst.
недоразуме́ние *n* Извини́те, пожа́луйста, это недоразуме́ние.	**Missverständnis** *n* Entschuldigen Sie bitte, das ist ein Missverständnis.

ра́зум *m* Ра́зум – это спосо́бность челове́ка тво́рчески и логи́чески мы́слить.	**Verstand** *m*, **Vernunft** *f* Der Verstand ist die Fähigkeit des Menschen, schöpferisch und logisch zu denken.
сумасше́дший В э́том до́ме живёт сумасше́дшая же́нщина.	**verrückt, geisteskrank** In diesem Haus wohnt eine geisteskranke Frau.
тала́нтливый Игра́ тала́нтливого музыка́нта всем понра́вилась.	**talentiert** Allen gefiel das Spiel des talentierten Musikers.
ум *m* Ты не в своём уме́! Когда́ ты, наконе́ц, возьмёшься за ум?	**Verstand** *m*; **Vernunft** *f* Du bist wohl nicht bei Verstand! Wann wirst du endlich zur Vernunft kommen?

1.1.1.4 Charakter, Wesen

«1–2000»

ве́рный Ве́рный друг не оста́вит тебя́ в беде́.	**treu** Ein treuer Freund lässt dich nicht im Stich.
ве́село *Adv* У моего́ дру́га всегда́ ве́село.	**lustig** Bei meinem Freund ist es immer lustig.
весёлый Он предложи́л посмотре́ть весёлый фильм.	**lustig** Er schlug vor, sich einen lustigen Film anzusehen.
во́ля *f* Сын жени́лся про́тив во́ли роди́телей.	**Wille** *m* Der Sohn heiratete gegen den Willen der Eltern.
го́рдый Он мне не нра́вится, потому́ что он сли́шком го́рдый.	**stolz** Er gefällt mir nicht, weil er zu stolz ist.
гру́бый Она́ ненави́дела гру́бых люде́й.	**grob** Sie hasste grobe Menschen.
до́брый Мне ка́жется, он о́чень до́брый челове́к.	**gut, gutmütig** Mir scheint, er ist ein sehr guter Mensch.

жесто́кий К сожале́нию, по телеви́зору пока́зывают сли́шком мно́го жесто́ких фи́льмов.	**brutal, hart** Leider zeigt man im Fernsehen zu viele brutale Filme.
замеча́ть/заме́тить Никто́ не заме́тил, что у неё но́вая причёска.	**(be)merken, feststellen** Keiner merkte, dass sie eine neue Frisur hatte.
злой Ты ошиба́ешься, он не злой, а о́чень до́брый.	**böse** Du irrst dich, er ist nicht böse, sondern sehr gutmütig.
ли́чность *f* За́втра я пойду́ на ле́кцию о ро́ли ли́чности в исто́рии.	**Persönlichkeit** *f* Morgen gehe ich zu einer Vorlesung über die Rolle der Persönlichkeit in der Geschichte.
ми́лый Ми́лая Та́ня! Вчера́ я получи́ла твоё письмо́.	**lieb** Liebe Tanja! Gestern habe ich deinen Brief erhalten.
недоста́ток *m* У ка́ждого есть свои́ недоста́тки и свои́ досто́инства.	**Mangel** *m*, **Fehler** *m* Jeder hat seine Fehler und Tugenden.
серьёзно *Adv* Прошу́ тебя́, займи́сь серьёзно матема́тикой.	**ernst, ernsthaft** Ich bitte dich, beschäftige dich ernsthaft mit der Mathematik.
серьёзный Но́вый колле́га о́чень серьёзный челове́к.	**ernst** Der neue Kollege ist ein sehr ernster Mensch.
стро́гий Мне ка́жется, ты о́чень строг к де́тям.	**streng** Ich glaube, du bist sehr streng zu den Kindern.
стро́го *Adv* Прошу́ тебя́, не суди́ об э́том сли́шком стро́го.	**streng** Ich bitte dich, urteile darüber nicht zu streng.
уве́ренный Его́ движе́ния бы́ли бы́стрыми и уве́ренными.	**sicher, überzeugt** Seine Bewegungen waren schnell und sicher.
хара́ктер *m* У его́ отца́ тяжёлый хара́ктер.	**Charakter** *m* Sein Vater hat einen schwierigen Charakter.
хи́трый Лиса́ счита́ется хи́трым живо́тным.	**listig, schlau** Der Fuchs gilt als schlaues Tier.

черта́ *f*	**(Gesichts-)Zug** *m;* **(Charakter-) Eigenschaft** *f*
У де́вушки то́нкие черты́ лица́.	Das Mädchen hat feine Gesichtszüge.
Назови́ положи́тельные черты́ хара́ктера твоего́ дру́га.	Nenne positive Charaktereigenschaften deines Freundes.
че́стно *Adv*	**ehrlich**
«Э́то ты разби́л окно́?», – «Да», – че́стно отве́тил он.	„Hast du das Fenster zerschlagen?" – „Ja", – antwortete er ehrlich.
че́стный	**ehrlich**
Все счита́ли его́ че́стным челове́ком.	Alle hielten ihn für einen ehrlichen Menschen.

«2001–4000»

гру́бо *Adv*	**grob**
Почему́ ты так гру́бо со мной разгова́риваешь?	Warum sprichst du so grob mit mir?
досто́инство *n*	**Würde** *f*
Он счита́ет ни́же своего́ досто́инства мыть посу́ду.	Er hält es für unter seiner Würde, das Geschirr abzuwaschen.
жа́дный	**geizig**
Мне не нра́вится твой друг, он жа́дный.	Mir gefällt dein Freund nicht, er ist (zu) geizig.
жизнера́достный	**lebenslustig**
Наш сосе́д – жизнера́достный челове́к.	Unser Nachbar ist ein lebenslustiger Mensch.
легкомы́сленный	**leichtsinnig**
Я не ожида́ла от тебя́ тако́го легкомы́сленного посту́пка.	Ich habe von dir solch ein leichtsinniges Auftreten nicht erwartet.
лени́вый	**faul**
Са́ша был спосо́бным, но лени́вым ученико́м.	Sascha war zwar ein begabter, aber fauler Schüler.
любозна́тельный	**wissbegierig**
Ребёнок мое́й подру́ги о́чень любозна́тельный.	Das Kind meiner Freundin ist sehr wissbegierig.
любопы́тный	**neugierig**
Како́й у вас любопы́тный ребёнок! Он всё вре́мя задаёт вопро́сы.	Sie haben aber ein neugieriges Kind. Es fragt ständig.

любопы́тство *n* Ко́ля с любопы́тством рассма́тривал стра́нную маши́ну.	**Neugier** *f* Voller Neugier betrachtete Kolja das seltsame Auto.
менталите́т *m* Психо́лог говори́л о менталитéте ру́сских и америка́нцев.	**Mentalität** *f* Der Psychologe sprach über die Mentalität von Russen und Amerikanern.
му́жественно *Adv* Наро́д э́той страны́ му́жественно боро́лся за свобо́ду.	**mutig** Das Volk dieses Landes kämpfte mutig für die Freiheit.
насто́йчиво *Adv* Он насто́йчиво добива́ется свое́й це́ли.	**beharrlich, hartnäckig** Er verfolgt hartnäckig sein Ziel.
осторо́жный Бу́дьте осторо́жны при перехо́де че́рез у́лицу!	**vorsichtig** Seien Sie vorsichtig beim Überqueren der Straße!
приве́тливый Нас приняла́ приве́тливая хозя́йка.	**freundlich** Uns empfing eine freundliche Hausfrau.
приле́жный Ле́на была́ приле́жной учени́цей.	**fleißig** Lena war eine fleißige Schülerin.
принципиа́льный Все счита́ют его́ принципиа́льным челове́ком.	**grundsätzlich, prinzipientreu** Alle halten ihn für einen prinzipientreuen Menschen.
равноду́шный Равноду́шные лю́ди мне не нра́вятся.	**gleichgültig** Gleichgültige Menschen gefallen mir nicht.
ро́бкий Не будь таки́м ро́бким!	**zaghaft, schüchtern** Sei nicht so schüchtern!
самоуве́ренный Н. – самоуве́ренный челове́к.	**selbstsicher** N. ist ein selbstsicherer Mensch.
скро́мный Таки́х скро́мных люде́й, как твои́ роди́тели, я не ви́дел.	**bescheiden** Solch bescheidene Leute wie deine Eltern habe ich noch nicht gesehen.
терпели́вый Ма́ма – са́мый терпели́вый челове́к в на́шей семье́.	**geduldig** Mutti ist der geduldigste Mensch in unserer Familie.

терпе́ние *n*
Учи́тель до́лжен облада́ть терпе́нием.

Geduld *f*
Ein Lehrer muss Geduld haben.

упо́рно *Adv*
Несмотря́ на не́сколько пораже́ний, спортсме́н упо́рно тренирова́лся.

hartnäckig
Trotz einiger Niederlagen trainierte der Sportler hartnäckig weiter.

упо́рный
Упо́рный спортсме́н доби́лся отли́чных результа́тов.

hartnäckig, beharrlich
Der beharrliche Sportler erreichte ausgezeichnete Ergebnisse.

упря́мый
Упря́мый челове́к поступа́ет так, как он хо́чет, да́же е́сли э́то непра́вильно.

trotzig, dickköpfig
Ein dickköpfiger Mensch macht das, was er will, sogar wenn es falsch ist.

хра́брый
Де́ти лю́бят слу́шать ска́зку о хра́бром солда́те.

tapfer
Die Kinder hören sehr gern das Märchen vom tapferen Soldaten.

че́стность *f*
Его́ че́стность меня́ всегда́ поража́ла.

Ehrlichkeit *f*
Seine Ehrlichkeit hat mich immer verwundert.

эгои́ст *m*
Я не ду́мала, что ты тако́й эгои́ст.

Egoist *m*
Ich habe nicht gedacht, dass du solch ein Egoist bist.

энерги́чный
Но́вый учи́тель – молодо́й, энерги́чный челове́к.

energisch
Der neue Lehrer ist ein junger, energischer Mensch.

1.1.1.5 POSITIVE UND NEUTRALE GEFÜHLE

«1–2000»

люби́ть
Не понима́ю, почему́ она́ лю́бит э́того челове́ка.
Все де́ти о́чень лю́бят макаро́ны.

lieben, gern haben, mögen
Ich verstehe nicht, warum sie diesen Menschen liebt.
Alle Kinder mögen Nudeln.

любо́вь *f*
Он объясни́лся ей в любви́.

Liebe *f*
Er hat ihr seine Liebe erklärt.

надéжда *f* Никогдá не нáдо терять надéжду.	**Hoffnung** *f* Man darf nie die Hoffnung verlieren.
надéяться/понадéяться Я надéюсь, что всё изменится к лучшему.	**hoffen** Ich hoffe, dass sich alles zum Besten wendet.
настроéние *n* Почемý у тебя́ сегóдня такóе плохóе настроéние?	**Stimmung** *f*, **Laune** *f* Warum hast du heute so schlechte Laune?
оптими́зм *m* Мой друг с оптими́змом расскáзывал о своём бýдущем.	**Optimismus** *m* Mein Freund erzählte voller Optimismus von seiner Zukunft.
нрáвиться/понрáвиться Ромáны э́того писáтеля мне не нрáвятся.	**gefallen** Die Romane dieses Schriftstellers gefallen mir nicht.
рáдоваться/обрáдоваться Ребёнок óчень обрáдовался нóвой кни́ге скáзок.	**sich freuen** Das Kind freute sich sehr über das neue Märchenbuch.
рáдость *f* Я с рáдостью приня́лá приглашéние на ýжин.	**Freude** *f* Ich habe mit Freude die Einladung zum Abendessen angenommen.
смех *m* Егó словá вы́звали всеóбщий смех. Он не мог удержáться от смéха.	**Gelächter** *n*, **Lachen** *n* Seine Worte lösten allgemeines Gelächter aus. Er konnte sich das Lachen nicht verbeißen.
смея́ться Все грóмко смея́лись.	**lachen** Alle lachten laut.
счастли́вый Я желáю вам счастли́вого пути́.	**glücklich** Ich wünsche euch eine glückliche Reise.
удовóльствие *n* Я с удовóльствием расскажý тебé о моéй поéздке в Россúю.	**Vergnügen** *n* Ich erzähle dir mit Vergnügen von meiner Reise nach Russland.
улыбáться/улыбнýться Он вéжливо улыбáлся, но ничегó не говори́л.	**lächeln** Er lächelte höflich, sagte aber nichts.
улы́бка *f* Он сказáл э́то с улы́бкой.	**Lächeln** *n* Er sagte das mit einem Lächeln.

чу́вство *n* Моя́ подру́га не уме́ет скрыва́ть свои́х чу́вств.	**Gefühl** *n* Meine Freundin kann ihre Gefühle nicht verbergen.
весели́ться На пра́зднике все го́сти весели́лись.	**sich vergnügen** Auf der Feier haben sich alle Gäste vergnügt.

«2001–4000»

восто́рг *m* Ма́льчик с восто́ргом расска́зывал о своём пе́рвом дне в шко́ле.	**Begeisterung** *f* Der Junge erzählte mit Begeisterung von seinem ersten Schultag.
восхище́ние *n* Же́нщина не могла́ скрыть своего́ восхище́ния.	**Entzücken** *n*, **Bewunderung** *f* Die Frau konnte ihr Entzücken nicht verbergen.
дово́льный Оте́ц дово́лен сы́ном.	**zufrieden** Der Vater ist mit dem Sohn zufrieden.
жале́ть/пожале́ть Он пожале́л, что не смог пойти́ в теа́тр.	**bedauern** Er bedauerte, dass er nicht ins Theater gehen konnte.
ла́сково *Adv* Ба́бушка расска́зывала ска́зку и ла́сково гла́дила вну́ка по голове́.	**zärtlich** Die Großmutter erzählte ein Märchen und streichelte dem Enkel zärtlich über den Kopf.
ла́сковый Я по́мню ла́сковый го́лос ма́мы, чита́ющей мне ска́зку.	**zärtlich** Ich kann mich an die zärtliche Stimme der Mutter erinnern, die mir ein Märchen vorlas.
любова́ться Тури́сты любова́лись краси́вым ви́дом.	**bewundern, sich ergötzen** Die Touristen bewunderten die schöne Aussicht.
му́жество *n* В расска́зе идёт речь о му́жестве солда́т.	**Mut** *m* In der Erzählung geht es um den Mut der Soldaten.
не́жный У моéй подру́ги не́жный и ла́сковый муж.	**zärtlich** Meine Freundin hat einen lieben und zärtlichen Mann.
оптимисти́чный Я не могу́ поня́ть твоего́ оптимисти́чного настрое́ния.	**optimistisch** Ich kann deine optimistische Stimmung nicht verstehen.

полюби́ть	**lieb gewinnen**
Ей каза́лось, что она́ никогда́ в жи́зни не полю́бит э́того челове́ка.	Es schien ihr, als würde sie diesen Menschen nie im Leben lieb gewinnen.
ра́достно *Adv*	**froh, freudig**
«Я получи́л «отли́чно»», – ра́достно сообщи́л сын.	„Ich habe „ausgezeichnet“ bekommen“ – verkündete freudig der Sohn.
ра́достный	**froh, freudig**
Са́ша сообщи́л роди́телям ра́достную но́вость.	Sascha teilte den Eltern die freudige Nachricht mit.
смешно́ *Adv*	**lustig**
Он о́чень смешно́ опи́сывает вне́шность знако́мых и друзе́й.	Er beschreibt sehr lustig das Äußere von Bekannten und Freunden.
смешно́й	**lustig**
Э́тот писа́тель пи́шет смешны́е расска́зы для дете́й.	Dieser Schriftsteller schreibt lustige Erzählungen für Kinder.
уве́ренность *f*	**Sicherheit** *f;* **Bestimmtheit** *f;* **Gewissheit** *f*
Успе́х прида́л ему́ уве́ренности.	Der Erfolg hat ihm Sicherheit gegeben.
Я не могу́ с уве́ренностью э́то утвержда́ть.	Das kann ich nicht mit Bestimmtheit sagen.
Позво́льте мне вы́разить уве́ренность в успе́хе на́шей рабо́ты.	Gestatten Sie mir, meine Gewissheit über den Erfolg unserer Arbeit zum Ausdruck zu bringen.

1.1.1.6 NEGATIVE EMPFINDUNGEN

«1–2000»

боя́ться	**Angst haben, sich fürchten**
Ма́ленькая де́вочка бои́тся соба́к.	Das kleine Mädchen fürchtet sich vor Hunden.
винова́тый	**schuldig**
Он чу́вствует себя́ винова́тым в сме́рти дру́га.	Er fühlt sich am Tod des Freundes schuldig.
волнова́ть/взволнова́ть	**aufregen**
Что случи́лось? Ты так взволно́ван.	Was ist los? Du bist so aufgeregt.

волнова́ться — **sich aufregen, besorgt sein**
Больно́му нельзя́ волнова́ться. — Der Kranke darf sich nicht aufregen.

го́ре *n* — **Kummer** *m*
У э́той же́нщины большо́е го́ре – у́мер её муж. — Diese Frau hat großen Kummer – ihr Mann ist gestorben.

за́висть *f* — **Neid** *m*
За́висть – э́то о́чень нехоро́шее чу́вство. — Neid ist ein schlechtes Gefühl.

запла́кать — **weinen**
Снача́ла она́ ве́село расска́зывала о себе́, а пото́м вдруг запла́кала. — Zunächst erzählte sie fröhlich über sich, fing dann aber plötzlich an zu weinen.

оби́да *f* — **Beleidigung** *f*, **Kränkung** *f*
Она не мо́жет забы́ть э́той оби́ды. — Sie kann diese Beleidigung nicht vergessen.

обижа́ться/оби́деться — **beleidigt sein, böse sein**
Не обижа́йся, пожа́луйста, но я не смогу́ прийти́ к тебе́. — Sei mir bitte nicht böse, aber ich kann nicht zu dir kommen.

пессими́зм *m* — **Pessimismus** *m*
Его пессими́зм де́йствует мне на не́рвы. — Sein Pessimismus geht mir auf die Nerven.

печа́льный — **traurig**
У э́той по́вести печа́льный коне́ц. — Diese Erzählung hat ein trauriges Ende.

пла́кать — **weinen**
Не плачь, прошу́ тебя́, он вернётся. — Weine bitte nicht, er kommt zurück.

слеза́ *f* — **Träne** *f*
Она́ ти́хо пла́кала, а он успока́ивал её и вытира́л ей слёзы. — Sie weinte leise, aber er beruhigte sie und wischte ihr die Tränen ab.

сожале́ть — **bedauern**
Он о́чень сожале́л, что не смог посмотре́ть э́тот фильм. — Er bedauerte sehr, dass er sich diesen Film nicht ansehen konnte.

страх *m* — **Angst** *f*
От стра́ха ребёнок спря́тался под одея́лом. — Vor Angst versteckte sich das Kind unter der Decke.

« 2001–4000 »

беспоко́ить	**beunruhigen, stören**
Ле́на о́чень занята́, не звони́ ей, не беспоко́й её.	Lena ist sehr beschäftigt, ruf sie nicht an, störe sie nicht.
беспоко́иться	**sich beunruhigen, sich Sorgen machen**
Не беспоко́йся, твоя́ дочь обяза́тельно вы́здоровеет.	Beunruhige dich nicht, deine Tochter wird wieder gesund.
беспоко́йный	**unruhig**
У моего́ дру́га о́чень беспоко́йная жизнь, так как он ча́сто е́здит в командиро́вки.	Mein Freund hat ein sehr unruhiges Leben, da er oft auf Dienstreise ist.
вина́ *f*	**Schuld** *f*
На суде́бном проце́ссе доказа́ли его вину́.	In der Gerichtsverhandlung/Im Prozess wurde seine Schuld bewiesen.
волне́ние *n*	**Aufregung** *f*
От волне́ния он не мог говори́ть.	Vor Aufregung konnte er nicht sprechen.
гру́стный	**traurig**
По вечера́м она́ лю́бит слу́шать гру́стные пе́сни о несча́стной любви́.	Abends hört sie gern traurige Lieder über eine unglückliche Liebe.
недово́льный	**unzufrieden**
Учи́тельница недово́льна поведе́нием ученика́.	Die Lehrerin ist mit dem Verhalten des Schülers unzufrieden.
не́нависть *f*	**Hass** *m*
К проти́внику он не испы́тывал не́нависти.	Seinem Widersacher gegenüber spürte er keinen Hass.
пессимисти́чный	**pessimistisch**
Почему́ у тебя́ тако́е пессимисти́чное настрое́ние?	Warum bist du solch pessimistischer Stimmung?
разочаро́вывать/разочарова́ть	**enttäuschen**
Я вас разочару́ю: э́той кни́ги у нас нет.	Ich muss Sie enttäuschen: Dieses Buch haben wir nicht.
растеря́ться	**verwirrt sein, den Kopf verlieren**
В незнако́мой обстано́вке он совсе́м растеря́лся.	In dieser unbekannten Situation war er vollkommen verwirrt.

серди́то *Adv* Не понима́ю, почему́ он так серди́то посмотре́л на меня́.	**böse, zornig** Ich verstehe nicht, warum er mich so böse angesehen hat.
серди́тый Я о́чень серди́та на мою подру́гу: обеща́ла прийти́ и не пришла́.	**böse, zornig** Ich bin sehr böse auf meine Freundin: Sie hatte versprochen zu kommen, kam aber nicht.
серди́ться/рассерди́ться Я рассерди́лась на мою́ подру́гу за то, что она́ не пришла́.	**sich ärgern, böse sein** Ich ärgerte mich über meine Freundin, weil sie nicht kam.
скуча́ть Роди́тели скуча́ют по де́тям, кото́рые уе́хали в Герма́нию. Без подру́ги она́ скуча́ет.	**sich sehnen; sich langweilen** Die Eltern sehnen sich nach den Kindern, die nach Deutschland gefahren sind. Sie langweilt sich ohne ihre Freundin.
ску́чно *Adv* Здесь ужа́сно ску́чно.	**langweilig** Hier ist es schrecklich langweilig.
ску́чный Э́ту ску́чную кни́гу я до конца́ не дочита́ла.	**langweilig** Dieses langweilige Buch habe ich nicht bis zum Ende gelesen.
стесня́ться Проходи́те, не стесня́йтесь, чу́вствуйте себя́ как до́ма.	**sich genieren** Treten Sie ein, genieren Sie sich nicht, fühlen Sie sich wie zu Hause.
сты́дно *Adv* Ей бы́ло сты́дно, так как она́ опя́ть забы́ла кни́гу.	**peinlich, beschämend** Es war ihr peinlich, weil sie wieder ihr Buch vergessen hatte.
трево́га *f* Состоя́ние больно́го вызыва́ет трево́гу.	**Besorgnis** *f*, **Unruhe** *f* Der Zustand des Kranken ruft Besorgnis hervor.
трево́жный Мой па́па лю́бит пе́сню «О трево́жной мо́лодости»	**unruhig** Mein Vater mag das „Lied der unruhvollen Jugend“.

1.1.1.7 GESUNDHEIT UND KRANKHEIT

(Siehe auch ARZT UND KRANKENHAUS 1.2.8)

«1–2000»

боле́знь *f* Врач сказа́л, что у ребёнка тяжёлая боле́знь.	**Krankheit** *f* Der Arzt sagte, dass das Kind eine schwere Krankheit hat.
боле́ть Уже́ не́сколько дней у меня́ боли́т нога́.	**weh tun, Schmerzen haben** Seit einigen Tagen tut mir mein Bein weh.
бо́льно *Adv* У меня́ анги́на, мне бо́льно глота́ть.	**weh tun** Ich habe Angina, es tut weh beim Schlucken.
грипп *m* Пе́тя сего́дня не пришёл в шко́лу, так как у него́ грипп.	**Grippe** *f* Petja kam heute nicht in die Schule, weil er Grippe hat.
здоро́вье *n* У ребёнка сла́бое здоро́вье.	**Gesundheit** *f* Das Kind hat eine instabile Gesundheit.
зре́ние *n* Зре́ние на́до регуля́рно проверя́ть.	**Sehkraft** *f* Die Sehkraft muss regelmäßig überprüft werden.
на́сморк *m* Мне тру́дно дыша́ть, так как у меня́ си́льный на́сморк.	**Schnupfen** *m* Ich bekomme schlecht Luft, weil ich starken Schnupfen habe.
переноси́ть/перенести́ Ма́льчик перенёс тяжёлую боле́знь.	**überstehen** Der Junge hat eine schwere Krankheit überstanden.
пло́хо *Adv* Я пло́хо ви́жу, мне, наве́рное, нужны́ очки́.	**schlecht** Ich sehe schlecht, vielleicht brauche ich eine Brille.
рак *m* Всё ча́ще де́ти заболева́ют ра́ком.	**Krebs** *m* Kinder erkranken immer häufiger an Krebs.
си́ла *f* Больно́й так слаб, что у него́ нет сил держа́ть ло́жку.	**Kraft** *f* Der Kranke ist so schwach, dass er keine Kraft hat, den Löffel zu halten.
си́льно *Adv* У меня́ си́льно боли́т спина́.	**stark, sehr** Ich habe starke Rückenschmerzen.

си́льный У больно́го не прохо́дят си́льные головны́е бо́ли.	**stark** Der Kranke wird seine starken Kopfschmerzen nicht los.
сла́бый Пацие́нт по́сле опера́ции ещё о́чень слаб.	**schwach** Der Patient ist nach der Operation noch sehr schwach.
созна́ние *n* Больно́й потеря́л созна́ние.	**Bewusstsein** *n* Der Kranke verlor das Bewusstsein.
температу́ра *f* Ве́чером температу́ра те́ла обы́чно вы́ше, чем у́тром.	**Temperatur** *f* Am Abend ist die Körpertemperatur gewöhnlich höher als am Morgen.
устава́ть/уста́ть Це́лый день он рабо́тал и о́чень уста́л.	**müde werden** Den ganzen Tag lang hat er gearbeitet und ist sehr müde.

«2001–4000»

боле́ть Ребёнок ча́сто боле́ет. Он боле́л анги́ной.	**krank sein, leiden** Das Kind ist oft krank. Er hatte Angina.
боль *f* Боль в ноге́ до́лго не проходи́ла.	**Schmerz** *m* Der Schmerz im Bein ließ lange nicht nach.
выздора́вливать/вы́здороветь Ма́льчик две неде́ли лежа́л в болни́це и, наконе́ц, вы́здоровел.	**genesen, gesund werden** Der Junge lag zwei Wochen im Krankenhaus und wurde endlich gesund.
глухо́й Говори́те гро́мче, я глуха́ на ле́вое у́хо.	**taub** Sprechen Sie lauter, ich bin auf dem linken Ohr taub.
здоро́вый Мне ка́жется, ты ещё не совсе́м здоро́в.	**gesund** Mir scheint, du bist noch nicht völlig gesund.
ка́шель *m* Всю ночь меня́ му́чил си́льный ка́шель.	**Husten** *m* Die ganze Nacht quälte mich ein starker Husten.
нева́жно *Adv* Я нева́жно себя́ чу́вствую, ка́жется, у меня́ грипп.	**nicht gut, schlecht** Ich fühle mich nicht gut, es scheint, ich habe Grippe.

немо́й Немы́х дете́й мо́жно научи́ть говори́ть.	**stumm** Stummen Kindern kann man das Sprechen beibringen.
не́рвный Ты о́чень не́рвный сего́дня. Что́-то случи́лось?	**nervös** Du bist heute so nervös. Ist etwas passiert?
о́бморок *m* Ну́жно сро́чно вы́звать врача́, Лена́ упа́ла в о́бморок.	**Ohnmacht** *f* Man muss sofort einen Arzt rufen: Lena ist in Ohnmacht gefallen.
поправля́ться/попра́виться Благодаря́ но́вому лека́рству больно́й бы́стро попра́вился.	**genesen, gesund werden** Dank der neuen Arznei wurde der Kranke schnell gesund.
просту́да *f* Из-за си́льной просту́ды я не смог поéхать в о́тпуск.	**Erkältung** *f* Wegen starker Erkältung konnte ich nicht in den Urlaub fahren.
простужа́ться/простуди́ться Наде́нь тёплое пальто́, а то ты просту́дишься.	**sich erkälten** Zieh den warmen Mantel an, sonst erkältest du dich.
ра́на *f* На ноге́ у него́ была́ глубо́кая ра́на.	**Wunde** *f* Er hatte eine tiefe Wunde am Bein.
ра́неный На земле́ лежа́л ра́неный солда́т. Ра́неного отвезли́ в больни́цу.	**verwundet; Verwundete(r)** Auf der Erde lag ein verwundeter Soldat. Den Verwundeten brachte man ins Krankenhaus.
слепо́й В де́тстве я чита́ла расска́з Короле́нко «Слепо́й музыка́нт». Кни́ги для слепы́х тру́дно доста́ть.	**blind; Blinde(r)** In der Kindheit las ich die Erzählung von Korolenko „Der blinde Musiker". Es ist schwierig, für Blinde Bücher zu besorgen.
термо́метр *m* Принеси́ мне, пожа́луйста, термо́метр. Мне ка́жется, у меня́ температу́ра.	**Thermometer** *n* Bring mir bitte das Thermometer. Ich glaube, ich habe Fieber.
уста́лый Он каза́лся о́чень уста́лым.	**müde** Er schien sehr müde zu sein.

1.1.1.8 LEBEN UND TOD

«1–2000»

во́зраст *m* Укажи́те, пожа́луйста, ваш во́зраст.	**Alter** *n* Geben Sie bitte Ihr Alter an.
живо́й В магази́не продава́ли живу́ю ры́бу.	**lebendig, lebend** Im Laden verkaufte man lebende Fische.
жизнь *f* Такова́ жизнь!	**Leben** *n* So ist das Leben.
жить Где ты живёшь, в го́роде или в дере́вне?	**wohnen, leben** Wo wohnst du, in der Stadt oder auf dem Land?
коне́ц *m* У э́той исто́рии счастли́вый коне́ц.	**Ende** *n* Diese Geschichte hat ein glückliches Ende.
лета́ *nur Pl, GPl* **лет** Она́ рабо́тает учи́тельницей уже́ два́дцать лет.	**Jahre** *(Pl)*, **Alter** *n* Sie arbeitet schon seit zwanzig Jahren als Lehrerin.
мёртвый Де́ти нашли́ в саду́ мёртвую ко́шку.	**tot** Die Kinder fanden im Garten eine tote Katze.
молодо́й Молодо́й челове́к! Помоги́те мне, пожа́луйста.	**jung** Junger Mann! Helfen Sie mir bitte.
погиба́ть/поги́бнуть Мой дя́дя поги́б на войне́ в 1944 году́.	**umkommen, fallen** Mein Onkel ist 1944 im Krieg gefallen.
рожда́ться/роди́ться Где и когда́ ты роди́лся?	**geboren werden** Wo und wann bist du geboren?
смерть *f* Из письма́ мы узна́ли о сме́рти де́душки.	**Tod** *m* Aus dem Brief erfuhren wir vom Tod des Großvaters.
стари́к *m* Высо́кий стро́йный стари́к ка́ждый день гуля́ет с соба́кой в па́рке.	**Alte(r)** *m*, **alter Mann** *m* Ein großer, schlanker Alter geht jeden Tag mit seinem Hund im Park spazieren.

стару́ха *f* Жи́ли-бы́ли стари́к со стару́хой ...	**Alte** *f*, **alte Frau** *f* Es lebten einmal ein alter Mann und eine alte Frau ...
ста́рый Его́ ста́рые роди́тели живу́т в дере́вне.	**alt** Seine alten Eltern leben auf dem Lande.
умира́ть/умере́ть От чего́ у́мер твой де́душка?	**sterben** Woran ist dein Opa gestorben?
хорони́ть/похорони́ть Я не зна́ю, где похоро́нены де́душка и ба́бушка.	**beisetzen, begraben** Ich weiß nicht, wo Großvater und Großmutter begraben sind.
ю́ность *f* В ю́ности он писа́л стихи́.	**Jugend** *f* In seiner Jugend schrieb er Gedichte.

«2001–4000»

бессме́ртный В рома́не идёт речь о том, как учёные сде́лали люде́й бессме́ртными.	**unsterblich** Der Roman handelt davon, wie die Wissenschaftler Menschen unsterblich machten.
вено́к *m* В день сме́рти на моги́лу положи́ли большо́й вено́к.	**Kranz** *m* Am Todestag legte man einen großen Kranz auf das Grab.
ве́чный На Моги́ле Неизве́стного солда́та гори́т Ве́чный ого́нь.	**ewig** Am Grab des Unbekannten Soldaten brennt die Ewige Flamme.
взро́слый Взро́слые пра́здновали обы́чно одни́, без дете́й. Роди́тели не должны́ вме́шиваться в жизнь взро́слых дете́й.	**Erwachsene(r)** *m*; **erwachsen** Die Erwachsenen feierten gewöhnlich allein, ohne Kinder. Die Eltern sollen sich nicht in das Leben ihrer erwachsenen Kinder einmischen.
кла́дбище *n* Когда́ мы бы́ли на кла́дбище, шёл си́льный дождь.	**Friedhof** *m* Als wir auf dem Friedhof waren, regnete es stark.
моги́ла *f* У моги́лы стоя́ли друзья́ и ро́дственники.	**Grab** *n* Am Grab standen Freunde und Verwandte.

пожило́й В трамва́й вошёл пожило́й мужчи́на.	**betagt, ältere(r)** In die Straßenbahn stieg ein älterer Mann ein.
поко́йник *m* С поко́йником пришли́ прости́ться друзья́ и знако́мые.	**Verstorbene(r)** *m* Von dem Verstorbenen haben Freunde und Bekannte Abschied genommen.
по́хороны *f Pl* Во вре́мя похоро́н все пла́кали.	**Begräbnis** *n* Während des Begräbnisses weinten alle.
прожи́ть Они про́жили вме́сте со́рок лет.	**leben** *(eine bestimmte Zeit)* Sie lebten vierzig Jahre zusammen.
рожде́ние *n* В семье́ пра́здновали рожде́ние пе́рвого ребёнка.	**Geburt** *f* In der Familie wurde die Geburt des ersten Kindes gefeiert.
ста́рость *f* В ста́рости он пло́хо ви́дел.	**hohes Alter** *n*, **Alter** *n* Im hohen Alter sah er schlecht.
убива́ть/уби́ть Сы́н э́той же́нщины был уби́т в после́дний день войны́.	**töten, erschlagen** Der Sohn dieser Frau wurde am letzten Kriegstag getötet.
ю́ный В ю́ном во́зрасте ле́гче запомина́ются иностра́нные слова́.	**jung, jugendlich** Im jugendlichen Alter merkt man sich leichter fremdsprachige Vokabeln.

1.1.2 AKTIVITÄTEN

1.1.2.1 SINNESWAHRNEHMUNGEN UND KÖRPERFUNKTIONEN

«1–2000»

ви́деть/уви́деть По телеви́зору я ви́дел интере́сную переда́чу о звеpя́х.	**sehen, bemerken** Im Fernsehen sah ich eine interessante Tiersendung.
за́пах *m* У э́тих цвето́в не́жный прия́тный за́пах.	**Geruch** *m*, **Duft** *m* Diese Blumen haben einen feinen, angenehmen Duft.
засыпа́ть/засну́ть Вчера́ я до́лго не могла́ засну́ть.	**einschlafen** Gestern konnte ich lange nicht einschlafen.

отража́ть/отрази́ть В рома́не отражена́ жизнь ру́сских крестья́н.	**widerspiegeln** Der Roman spiegelt das Leben der russischen Bauern wider.
взгля́д *m* Э́то была́ любо́вь с пе́рвого взгля́да.	**Blick** *m* Es war Liebe auf den ersten Blick.
просыпа́ться/просну́ться Сего́дня я просну́лся о́чень ра́но.	**aufwachen** Heute wachte ich sehr früh auf.
сон *m* У пожилы́х люде́й ча́сто чу́ткий сон. Мне присни́лся стра́шный сон.	**Schlaf** *m;* **Traum** *m* Ältere Menschen haben oft einen leichten Schlaf. Ich hatte einen schrecklichen Traum.
спать В э́той ко́мнате спят де́ти.	**schlafen** In diesem Zimmer schlafen Kinder.
чу́вствовать/почу́вствовать себя́ На тре́тий день больно́й почу́вствовал себя́ лу́чше.	**sich fühlen** Am dritten Tag fühlte sich der Kranke besser.
слы́шать/услы́шать Стари́к пло́хо слы́шит, потому́ что он почти́ глухо́й.	**hören** Der Alte hört schlecht, da er fast taub ist.
шум *m* Вдруг в сосе́дней ко́мнате разда́лся си́льный шум.	**Lärm** *m* Plötzlich erhob sich im Nebenzimmer ein großer Lärm.
шуме́ть Во дворе́ шуме́ли де́ти.	**lärmen** Im Hof lärmten Kinder.

«2001–4000»

вкус *m* У со́уса прия́тный, сладкова́тый вкус. Моя́ подру́га одева́ется со вку́сом.	**Geschmack** *m* Die Soße hat einen angenehmen, süßlichen Geschmack. Meine Freundin kleidet sich mit Geschmack.
дыша́ть Врач говори́т пацие́нту: «Дыши́те глу́бже».	**atmen** Der Arzt sagte zum Patienten: „Atmen Sie tiefer.“

замерза́ть/замёрзнуть На у́лице бы́ло хо́лодно, поэ́тому у меня́ замёрзли ру́ки.	**frieren** Draußen war es kalt, deshalb fror ich an den Händen.
отраже́ние *n* На стене́ висе́ло зе́ркало, в кото́ром он уви́дел своё отраже́ние.	**Widerspiegelung** *f*, **Spiegelbild** *n* An der Wand hing ein Spiegel, in dem er sein Spiegelbild sah.
слух *m* Что́бы стать музыка́нтом, на́до име́ть хоро́ший слух.	**Gehör** *n* Um Musiker zu werden, braucht man ein gutes Gehör.
шу́мный Движе́ние на у́лице бы́ло шу́мным.	**laut, lärmend** Der Verkehr auf der Straße war laut.

1.1.2.2 KÖRPERPFLEGE UND SAUBERKEIT

«1–2000»

блесте́ть Её глаза́ блесте́ли от ра́дости.	**glänzen, strahlen** Ihre Augen glänzten vor Freude.
бри́тва *f* Де́душка бре́ется ста́рой бри́твой.	**Rasiermesser** *n* Der Großvater rasiert sich mit einem alten Rasiermesser.
бри́ться/побри́ться Он бре́ется приблизи́тельно де́сять мину́т.	**sich rasieren** Er rasiert sich ungefähr zehn Minuten.
ва́нна *f* К сожале́нию, у меня́ нет ва́нны, есть то́лько душ.	**(Bade-)Wanne** *f* Leider habe ich keine Wanne, nur eine Dusche.
вла́жный С мо́ря дул вла́жный холо́дный ве́тер.	**feucht** Vom Meer her blies ein kalter, feuchter Wind.
вытира́ть/вы́тереть По́сле обе́да на́до бы́ло помы́ть и вы́тереть посу́ду.	**abtrocknen** Nach dem Essen musste man abwaschen und das Geschirr abtrocknen.
гря́зный Помо́й ру́ки, они́ у тебя́ гря́зные.	**schmutzig, dreckig** Wasch dir deine Hände, sie sind schmutzig.

грязь *f* В коридо́ре мно́го гря́зи, так как на у́лице идёт дождь.	**Schmutz** *m*, **Dreck** *m* Im Flur ist viel Dreck, weil es draußen regnet.
душ *m* Ты стои́шь под ду́шем уже́ це́лый час.	**Dusche** *f* Du stehst schon eine Stunde unter der Dusche.
мыть/вы́мыть Мо́йте ру́ки пе́ред едо́й!	**waschen** Wascht die Hände vor dem Essen!
пыль *f* Она́ вытира́ет пыль в ко́мнате ка́ждый второ́й день.	**Staub** *m* Sie wischt jeden zweiten Tag Staub im Zimmer.
пятно́ *n* На бе́лой ска́терти бы́ло большо́е жёлтое пятно́.	**Fleck** *m* Auf der weißen Tischdecke war ein großer gelber Fleck.
убира́ть/убра́ть Де́вочка не лю́бит убира́ть свою́ ко́мнату.	**aufräumen** Das Mädchen räumt sein Zimmer nicht gern auf.
чи́сто *Adv* В ко́мнате бы́ло чи́сто.	**sauber** Im Zimmer war es sauber.
чи́стый Принеси́ мне, пожа́луйста, чи́стый стака́н.	**sauber** Bring mir bitte ein sauberes Glas.

«2001–4000»

зубно́й Не забу́дь взять с собо́й зубну́ю щётку.	**Zahn-** Vergiss nicht, die Zahnbürste mitzunehmen.
купа́ться/искупа́ться Ле́том де́ти купа́ются в реке́.	**baden** Im Sommer baden die Kinder im Fluss.
му́сор *m* Ли́да, вы́неси, пожа́луйста, му́сор.	**Müll** *m* Lida, bring bitte den Müll runter.
мы́ло *n* Вы́мой ру́ки с мы́лом.	**Seife** *f* Wasch die Hände mit Seife.
парикма́херская *f* Моя́ подру́га рабо́тает в парикма́херской.	**Frisiersalon** *m* Meine Freundin arbeitet in einem Frisiersalon.

подмета́ть/подмести́	**fegen**
Подмети́, пожа́луйста, пол в коридо́ре.	Fege bitte den Fußboden im Korridor.
полоте́нце *n*	**Handtuch** *n*
Дай мне друго́е полоте́нце. Э́то уже́ мо́крое.	Gib mir ein anderes Handtuch. Dieses hier ist schon nass.
пра́чечная *f*	**Wäscherei** *f*
За́втра тебе́ на́до забра́ть бельё из пра́чечной.	Morgen musst du die Wäsche aus der Wäscherei abholen.
причёсываться/причеса́ться	**sich die Haare kämmen**
Де́вушка причёсывается пе́ред зе́ркалом.	Das Mädchen kämmt sich vor dem Spiegel.
пылесо́с *m*	**Staubsauger** *m*
Мне на́до купи́ть но́вый пылесо́с.	Ich muss einen neuen Staubsauger kaufen.
пы́льный	**staubig, verstaubt**
На полу́ лежа́л ста́рый пы́льный ковёр.	Auf dem Fußboden lag ein alter, staubiger Teppich.
стира́ть/вы́стирать	**waschen** *(etw.)*
Бельё я не стира́ю, а отношу́ в пра́чечную.	Die Wäsche wasche ich nicht, ich schaffe sie in die Wäscherei.
суши́ть/вы́сушить	**trocknen**
По́сле дождя́ появи́лось со́лнце и вы́сушило зе́млю.	Nach dem Regen kam die Sonne (heraus) und trocknete die Erde.
убо́рка *f*	**Saubermachen** *n*, **Aufräumen** *n*
На убо́рку кварти́ры у же́нщины ухо́дит мно́го вре́мени.	Für das Aufräumen der Wohnung benötigt die Frau viel Zeit.
умыва́ться/умы́ться	**sich waschen**
По утра́м и вечера́м она́ умыва́ется холо́дной водо́й.	Sie wäscht sich früh und abends mit kaltem Wasser.
химчи́стка *f*	**chemische Reinigung** *f*
Э́то пла́тье нельзя́ стира́ть, его́ на́до отда́ть в химчи́стку.	Dieses Kleid darf man nicht waschen, es muss in die chemische Reinigung gegeben werden.
чи́стить/почи́стить	**putzen, reinigen, bürsten**
Твой костю́м гря́зный, его́ на́до почи́стить.	Dein Anzug ist schmutzig, er muss gereinigt werden.

чистота́ *f* — **Sauberkeit** *f*
В её ко́мнате всегда́ царя́т поря́док и чистота́. — In ihrem Zimmer herrschen immer Ordnung und Sauberkeit.

щётка *f* — **Bürste** *f*
Для э́того тебе́ нужна́ мя́гкая щётка. — Dafür brauchst du eine weiche Bürste.

1.1.2.3 TÄTIGKEITEN (ALLGEMEIN)

«1–2000»

бра́ться/взя́ться — **sich an die Arbeit machen**
Но́вый дире́ктор энерги́чно взя́лся за рабо́ту. — Der neue Direktor machte sich energisch an die Arbeit.

де́йствовать — **handeln**
Для того́, что́бы реши́ть э́ту пробле́му, на́до де́йствовать, а не дискути́ровать. — Um dieses Problem zu lösen, muss man handeln und nicht diskutieren.

де́лать/сде́лать — **machen, tun**
Что ты де́лал весь ве́чер? — Was hast du den ganzen Abend getan?

де́ятельность *f* — **Tätigkeit** *f*, **Wirken** *n*
В кни́ге шла речь о жи́зни и де́ятельности изве́стного учёного. — Im Buch ging es um Leben und Wirken eines bekannten Wissenschaftlers.

добива́ться/доби́ться — **erreichen**
Он всегда́ добива́ется це́ли. — Er erreicht immer sein Ziel.

занима́ться/заня́ться — **sich beschäftigen** *(mit)*
Э́той пробле́мой он занима́лся всю жизнь. — Mit diesem Problem beschäftigte er sich sein ganzes Leben.

легко́ *Adv* — **leicht**
Ле́гче сказа́ть, чем сде́лать. — Das ist leichter gesagt als getan.

мочь/смочь — **können**
К сожале́нию, я не смог доста́ть биле́ты на конце́рт. — Leider konnte ich keine Karten für das Konzert besorgen.

обы́чно *Adv* — **gewöhnlich**
Обы́чно я встаю в 7 часо́в утра́. — Gewöhnlich stehe ich morgens um 7 Uhr auf.

организо́вывать/организова́ть	**organisieren**
Учи́тель организова́л интере́сную экску́рсию на заво́д.	Der Lehrer organisierte eine interessante Exkursion ins Werk.
подгота́вливать/подгото́вить	**vorbereiten**
К среде́ мне ну́жно подгото́вить докла́д о ру́сской литерату́ре.	Für Mittwoch muss ich einen Vortrag über die russische Literatur vorbereiten.
появля́ться/появи́ться	**erscheinen**
В э́том ме́сяце появи́лся но́вый рома́н изве́стного писа́теля.	In diesem Monat erschien der neue Roman eines bekannten Schriftstellers.
пра́ктика *f*	**Praktikum** *n*
Студе́нты четвёртого ку́рса прохо́дят пра́ктику в шко́ле.	Die Studenten des 4. Studienjahres führen ein Schulpraktikum durch.
практи́ческий	**praktisch**
Для учёбы на э́том факульте́те ну́жен о́пыт практи́ческой рабо́ты.	Für das Studium an dieser Fakultät braucht man praktische Erfahrungen.
привыка́ть/привы́кнуть	**sich gewöhnen** *(an)*
Он до́лго не мог привы́кнуть к ю́жному кли́мату.	Er konnte sich lange nicht an das südliche Klima gewöhnen.
провести́/проводи́ть	**verbringen; durchführen**
На́ша семья́ прово́дит зи́мний о́тпуск в гора́х.	Unsere Familie verbringt den Winterurlaub in den Bergen.
Но́вый учи́тель провёл пе́рвый уро́к о́чень интере́сно.	Der neue Lehrer führte die erste Stunde sehr interessant durch.
пыта́ться/попыта́ться	**versuchen**
Я попыта́юсь доста́ть э́ту кни́гу у знако́мого.	Ich versuche, dieses Buch bei einem Bekannten zu besorgen.
реша́ть/реши́ть	**lösen; beschließen**
Шко́льники бы́стро реши́ли зада́чу по фи́зике.	Die Schüler lösten die Physikaufgabe schnell.
Мы реши́ли купи́ть маши́ну.	Wir beschlossen, ein Auto zu kaufen.
стара́ться/постара́ться	**sich bemühen, Mühe geben**
Я постара́юсь узна́ть их но́вый а́дрес.	Ich bemühe mich, ihre neue Adresse zu erfahren.

суме́ть	**können, vermögen**
Я ду́маю, что суме́ю перевести́ э́тот текст.	Ich denke, ich kann diesen Text übersetzen.
тру́дно *Adv*	**schwierig**
Мне тру́дно отве́тить на э́тот вопро́с.	Es fällt mir schwer, auf diese Frage zu antworten.
уме́ть	**können, vermögen**
Ма́льчик хорошо́ уме́ет пла́вать.	Der Junge kann gut schwimmen.

«2001–4000»

акти́вный	**aktiv**
Он акти́вный член на́шего клу́ба.	Er ist ein aktives Mitglied unseres Klubs.
заня́тие *n*	**Beschäftigung** *f*
Чте́ние – его́ люби́мое заня́тие.	Lesen ist seine Lieblingsbeschäftigung.
осуществля́ть/осуществи́ть	**verwirklichen**
Он смог осуществи́ть мечту́ де́тства.	Er konnte seinen Kindheitstraum verwirklichen.
подгото́вка *f*	**Vorbereitung** *f;* **Ausbildung** *f*
Студе́нты говори́ли о подгото́вке к конфере́нции.	Die Studenten sprachen über die Vorbereitung auf die Konferenz.
В э́том институ́те ведётся подгото́вка инжене́ров.	An diesem Institut erfolgt die Ausbildung von Ingenieuren.
посту́пок *m*	**Tat** *f,* **Handlung** *f*
Все благодари́ли мужчи́ну за благоро́дный посту́пок.	Alle dankten dem Mann für seine edle Tat.
прекраща́ть/прекрати́ть	**aufhören**
«Прекрати́те разгова́ривать!» – стро́го сказа́л учи́тель ученика́м.	„Hört auf zu sprechen!" – sagte der Lehrer streng zu den Schülern.
преодолева́ть/преодоле́ть	**überwinden**
Спорт помога́ет челове́ку преодолева́ть тру́дности.	Der Sport hilft dem Menschen, Schwierigkeiten zu überwinden.
привы́чка *f*	**(An)gewohnheit** *f*
Кури́ть в крова́ти – э́то плоха́я привы́чка.	Es ist eine schlechte Angewohnheit, im Bett zu rauchen.

реша́ться/реши́ться Наконе́ц, он реши́лся е́хать в Сиби́рь.	**sich entschließen** Endlich entschloss er sich, nach Sibirien zu fahren.
соверша́ть/соверши́ть Мне ка́жется, ты соверши́л серьёзную оши́бку.	**verrichten, vollbringen, begehen** Mir scheint, du hast einen schwerwiegenden Fehler begangen.
стуча́ть/постуча́ть Кто́-то стучи́т в дверь, откро́й, пожа́луйста.	**klopfen, pochen** Jemand klopft an der Tür, mach bitte auf.
управля́ть О́чень тру́дно управля́ть тако́й огро́мной страно́й.	**leiten, regieren** Es ist schwierig, dieses Riesenland zu regieren.
уси́лие *n* Благодаря́ уси́лиям всего́ коллекти́ва мы зако́нчили рабо́ту в срок.	**Bemühung** *f*, **Anstrengung** *f* Dank der Bemühungen des ganzen Kollektivs beendeten wir die Arbeit termingemäß.

1.1.2.4 SICHBEWEGEN UND VERWEILEN

«1–2000»

бежа́ть Куда́ ты бежи́шь?	**laufen, rennen** Wohin läufst du?
быва́ть Мы ча́сто быва́ем в Берли́не.	**sein, weilen** Wir sind oft in Berlin.
быть Ты не зна́ешь, где па́па? – Он в коридо́ре. Он уже́ мно́го раз был в Москве́.	**sein** Weißt du nicht, wo der Papa ist? – Er ist im Korridor. Er war schon viele Male in Moskau.
верну́ться Мой сын верну́лся домо́й по́здно ве́чером.	**zurückkehren** Mein Sohn kehrte spät am Abend zurück.
возвраща́ться/возврати́ться Он возврати́лся в родно́й го́род че́рез 20 лет.	**zurückkehren** Er kehrte nach 20 Jahren in seine Heimatstadt zurück.
встава́ть/встать Когда́ ты обы́чно встаёшь?	**aufstehen** Wann stehst du gewöhnlich auf?

входи́ть/войти́	**(hinein-), hereingehen**
В ко́мнату вошёл незнако́мый челове́к.	Ein unbekannter Mann ging ins Zimmer hinein.
выходи́ть/вы́йти	**(hinaus-), herausgehen**
Из до́ма вы́шла ма́ленькая де́вочка с мячо́м.	Ein kleines Mädchen mit einem Ball ging aus dem Haus hinaus.
дви́гаться/дви́нуться	**sich bewegen**
Не дви́гайтесь, я хочу́ вас сфотографи́ровать.	Bewegt euch nicht, ich möchte ein Foto von euch machen.
доходи́ть/дойти́	**erreichen, gelangen**
Мы дошли́ до ста́нции за 15 мину́т.	Nach 15 Minuten erreichten wir die Station.
ждать	**warten, erwarten**
Мы до́лго жда́ли трамва́я.	Wir warteten lange auf die Straßenbahn.
идти́	**gehen; fahren**
Ма́льчик идёт в шко́лу. Мы шли че́рез лес. Куда́ идёт э́тот авто́бус?	Der Junge geht zur Schule. Wir gingen durch den Wald. Wohin fährt dieser Autobus?
исчеза́ть/исче́знуть	**verschwinden**
Ма́льчик вдру́г исче́з в толпе́.	Der Junge verschwand plötzlich in der Menschenmenge.
лежа́ть	**liegen**
На столе́ лежа́т кни́ги и журна́лы.	Auf dem Tisch liegen Bücher und Zeitschriften.
ложи́ться/лечь	**sich hinlegen**
Ты вы́глядишь уста́лым, ляг, отдохни́ немно́го.	Du siehst müde aus, leg dich hin, ruh dich ein bisschen aus.
находи́ться	**sich befinden**
Мы находи́лись в тру́дном положе́нии.	Wir befanden uns (waren) in einer schwierigen Lage.
остава́ться/оста́ться	**bleiben**
Мо́жете ли Вы оста́ться ещё на пять мину́т?	Könnten Sie noch 5 Minuten hier bleiben?
оставля́ть/оста́вить	**liegen lassen**
Све́жую газе́ту я оста́вила на столе́.	Ich ließ die neue Zeitung auf dem Tisch liegen.
па́дать/упа́сть	**(hin)fallen**
Ма́льчик упа́л и не мо́жет встать.	Der Junge ist hingefallen und kann nicht aufstehen.

переходи́ть/перейти́ Ма́льчик помо́г пожило́й же́нщине перейти́ че́рез у́лицу.	**(hin)übergehen, überqueren** Der Junge half einer älteren Frau, die Straße zu überqueren.
поднима́ться/подня́ться Тури́сты подняли́сь на верши́ну горы́.	**steigen** Die Touristen stiegen auf die Bergspitze.
подожда́ть «Подожди́ немно́го, отдохнёшь и ты.»	**warten, erwarten** „Warte nur, balde ruhest du auch." *(Goethe)*
подходи́ть/подойти́ Мы подошли́ к дворцу́ с друго́й стороны́.	**herankommen, -treten, -gehen, sich nähern** Wir näherten uns dem Schloss von der anderen Seite.
пое́хать Мой друг предложи́л пое́хать в Гре́цию.	**(hin)fahren, losfahren** Mein Freund schlug vor, nach Griechenland zu fahren.
пойти́ Ма́мы до́ма нет, она́ пошла́ в магази́н.	**(hin)gehen** Die Mutter ist nicht zu Hause, sie ist einkaufen gegangen.
попада́ть/попа́сть Мой друг попа́л в тру́дное положе́ние.	**geraten** Mein Freund ist in eine schwierige Lage geraten.
приезжа́ть/прие́хать По́езд прие́хал в Санкт-Петербу́рг ра́но у́тром.	**(an)kommen** Der Zug kam am frühen Morgen in Sankt Petersburg an.
сади́ться/сесть Сади́тесь, пожа́луйста! Он сел на стул.	**sich setzen** Setzen Sie sich bitte! Er setzte sich auf den Stuhl.
сиде́ть Го́сти сиде́ли за пра́здничным столо́м.	**sitzen** Die Gäste saßen an der Festtafel.
сле́довать/после́довать Сле́дуйте за мной!	**folgen** Folgen Sie mir!
стоя́ть У окна́ стоя́ла же́нщина.	**stehen** Am Fenster stand eine Frau.
убега́ть/убежа́ть Из тюрьмы́ убежа́л опа́сный престу́пник.	**weglaufen, flüchten** Ein gefährlicher Verbrecher flüchtete aus dem Gefängnis.
уезжа́ть/уе́хать Моя́ подру́га уе́хала во Фра́нцию.	**(weg)fahren** Meine Freundin ist nach Frankreich gefahren.

уходи́ть/уйти́ Уже́ по́здно, мне пора́ уходи́ть.	**(weg)gehen** Es ist schon spät, ich muss gehen.
ходи́ть Два ра́за в ме́сяц мы хо́дим в теа́тр.	**gehen, laufen** Zweimal im Monat gehen wir ins Theater.
шаг *m* Ребёнок де́лает пе́рвые шаги́.	**Schritt** *m* Das Kind macht erste Schritte.

«2001–4000»

броди́ть Це́лый день мы броди́ли по́ лесу.	**(umher)wandern** Den ganzen Tag wanderten wir durch den Wald.
вска́кивать/вскочи́ть От волне́ния он вска́кивал и ходи́л по ко́мнате.	**aufspringen** Vor Aufregung sprang er auf und ging im Zimmer auf und ab.
выбега́ть/вы́бежать На футбо́льное по́ле вы́бежали спортсме́ны.	**(hinaus)laufen** Die Sportler liefen auf das Fußballfeld.
выпада́ть/вы́пасть Из кни́ги вы́пало письмо́, кото́рое я до́лго иска́ла.	**(hin)ausfallen** Aus dem Buch fiel ein Brief, den ich lange gesucht hatte.
доезжа́ть/дое́хать Как дое́хать до вокза́ла?	**erreichen, ankommen** *(fahrend)* Wie kann ich den Bahnhof erreichen?
дрожа́ть Что с тобо́й? Ты вся дрожи́шь.	**zittern** Was ist mit dir los? Du zitterst ja am ganzen Körper.
мча́ться Маши́на мча́лась со ско́ростью 200 киломе́тров в час.	**rasen** Das Auto raste mit einer Geschwindigkeit von 200 km/h.
направля́ться/напра́виться Тури́сты напра́вились к музе́ю.	**sich begeben** Die Touristen begaben sich zum Museum.
обходи́ть/обойти́ Мы два ра́за обошли́ вокру́г па́мятника.	**um** *etw.* **herumgehen** Wir sind zweimal um das Denkmal herumgegangen.

отправля́ться/отпра́виться Ра́но у́тром мы отпра́вились в путь.	**aufbrechen** Am frühen Morgen brachen wir auf.
отходи́ть/отойти́ Соба́ка мо́жет тебя́ укуси́ть, отойди́ лу́чше от неё.	**weggehen** Der Hund kann dich beißen, geh lieber weg von ihm.
переезжа́ть/перее́хать На́ша семья́ перее́хала на но́вую кварти́ру.	**umziehen** Unsere Familie ist in eine neue Wohnung umgezogen.
пешко́м *Adv* Ты е́здишь на рабо́ту и́ли хо́дишь пешко́м?	**zu Fuß** Fährst du zur Arbeit oder gehst du zu Fuß?
прибега́ть/прибежа́ть Де́ти прибежа́ли поигра́ть с соба́кой.	**herbeilaufen** Die Kinder liefen herbei, um mit dem Hund zu spielen.
приближа́ться/прибли́зиться Он ме́дленно прибли́зился к соба́ке.	**sich nähern** Er näherte sich langsam dem Hund.
спеши́ть Мне на́до спеши́ть, по́езд ухо́дит че́рез 15 мину́т.	**eilen, sich beeilen** Ich muss mich beeilen, der Zug fährt in 15 Minuten ab.
спуска́ться/спусти́ться Она́ спусти́лась по ле́стнице в подва́л.	**hinuntersteigen** Sie stieg die Treppe hinunter in den Keller.
шага́ть «Куда́ ты шага́ешь?» – спроси́ла она́ его́ ирони́чески.	**schreiten** „Wohin schreitest du?" – fragte sie ihn ironisch.

1.1.2.5 BEWEGEN VON DINGEN UND LEBEWESEN

«1–2000»

броса́ть/бро́сить Спортсме́н бро́сил мяч в корзи́ну.	**werfen** Der Sportler warf den Ball in den Korb.
ве́шать/пове́сить Пове́сь пальто́ в шкаф.	**(hin)hängen** Häng den Mantel in den Schrank.

вынимáть/вы́нуть Я вы́нула газéты из почтóвого я́щика.	**herausnehmen, entnehmen** Ich nahm die Zeitungen aus dem Briefkasten heraus.
выноси́ть/вы́нести Вчерá я вы́несла цветы́ на балкóн.	**hinaustragen** Gestern trug ich die Blumen auf den Balkon hinaus.
заходи́ть/зайти́ В кóмнату зашёл мой коллé-га. Éсли бýдет врéмя, заходи́!	**hin(ein)gehen; vorbeikommen** Mein Kollege ging ins Zimmer hinein. Wenn du Zeit hast, komm doch mal vorbei!
изменя́ть/измени́ть Отéц неожи́данно измени́л своё мнéние.	**(ver)ändern** Der Vater änderte plötzlich seine Meinung.
класть/положи́ть Кáждый день он кладёт газéты нá пол. Положи́ кни́гу на мéсто!	**legen** Jeden Tag legt er die Zeitungen auf den Fußboden. Leg das Buch an seinen Platz!
нести́ Жéнщина несёт в сýмке продýкты.	**tragen** Die Frau trägt in der Tasche Lebensmittel.
поднимáть/подня́ть Он пóднял с пóла газéту.	**aufheben** Er hob die Zeitung vom Fußboden auf.
приноси́ть/принести́ Молодóй человéк принёс дéвушке цветы́.	**bringen** Der junge Mann brachte dem Mädchen Blumen.
стáвить/постáвить Учéбники и словари́ он постáвил на пóлку.	**stellen** Er stellte die Lehrbücher und Wörterbücher ins Regal.
таскáть Он постоя́нно таскáет с собóй стáрый портфéль.	**(herum)schleppen** Er schleppt immer eine alte Aktentasche mit sich herum.
тащи́ть Кудá ты тáщишь мой стул?	**schleppen** Wohin schleppst du meinen Stuhl?
толкáть/толкнýть В автóбусе меня́ толкáли со всех сторóн.	**stoßen, anstoßen** Im Bus hat man mich von allen Seiten gestoßen.
тянýть Мужчи́ны тя́нут лóдку на бéрег.	**ziehen** Die Männer ziehen das Boot ans Ufer.

«2001–4000»

выбра́сывать/вы́бросить Не выбра́сывай э́ту газе́ту!	**hinauswerfen, wegwerfen** Wirf diese Zeitung nicht weg!
дви́гать/дви́нуть Больно́й не мо́жет дви́гать руко́й.	**bewegen** Der Kranke kann die Hand nicht bewegen.
забира́ть/забра́ть Де́душка забира́ет дете́й из де́тского са́да.	**abholen** Der Opa holt die Kinder aus dem Kindergarten ab.
коло́ть/расколо́ть Оте́ц ко́лет во дворе́ дрова́.	**spalten,** *(Holz)* **hacken** Der Vater hackt Holz auf dem Hof.
отвози́ть/отвезти́ Мы отвезли́ ме́бель на но́вую кварти́ру.	**(weg)bringen, wegfahren** Wir brachten die Möbel in die neue Wohnung.
отрыва́ть/оторва́ть По утра́м он отрыва́ет листо́к календаря́.	**abreißen** Morgens reißt er ein Kalenderblatt ab.

1.1.2.6 GEBEN UND NEHMEN

«1–2000»

брать/взять Учени́к берёт уче́бник со стола́. Возьми́ с собо́й в шко́лу за́втрак.	**nehmen** Der Schüler nimmt das Lehrbuch vom Tisch. Nimm dein Frühstück mit in die Schule.
дава́ть/дать Да́йте мне, пожа́луйста, ваш но́мер телефо́на.	**geben** Geben Sie mir bitte Ihre Telefonnummer.
занима́ть/заня́ть Пассажи́ров про́сят заня́ть места́. Я не хочу́ опя́ть занима́ть у тебя́ де́ньги.	**einnehmen; sich leihen, sich borgen** Die Passagiere werden gebeten, ihre Plätze einzunehmen. Ich möchte nicht schon wieder von dir Geld leihen.
отдава́ть/отда́ть Я до́лжен отда́ть кни́гу дру́гу.	**zurückgeben, abgeben** Ich muss dem Freund das Buch zurückgeben.

передава́ть/переда́ть	**(weiter)geben, reichen**
Переда́йте, пожа́луйста, запи́ску да́льше.	Geben Sie bitte den Zettel weiter.
подава́ть/пода́ть	**reichen**
К обе́ду обы́чно подава́ли кра́сное вино́.	Zum Mittagessen wurde gewöhnlich Rotwein gereicht.
получа́ть/получи́ть	**bekommen, erhalten**
Он ча́сто получа́ет пи́сьма от друзе́й.	Er bekommt oft Briefe von Freunden.
предлага́ть/предложи́ть	**anbieten; vorschlagen**
Хозя́йка предложи́ла го́стю ча́шку ча́я. Я предлага́ю пойти́ в кино́.	Die Gastgeberin bot dem Gast eine Tasse Tee an. Ich schlage vor, ins Kino zu gehen.

«2001–4000»

верну́ть	**zurückgeben**
Э́ту газе́ту ты мне до́лжен верну́ть.	Diese Zeitung musst du mir zurückgeben.
возвраща́ть/возврати́ть	**zurückgeben**
Зри́тели мо́гут возврати́ть биле́ты в ка́ссу.	Die Zuschauer können die Eintrittskarten an der Kasse zurückgeben.
вруча́ть/вручи́ть	**aushändigen**
Почтальо́н вручи́л сосе́ду телегра́мму.	Der Briefträger händigte dem Nachbarn das Telegramm aus.
выдава́ть/вы́дать	**ausgeben; auszahlen**
Кни́ги выдаю́т с 10 до 17 часо́в. Зарпла́ту за май уже́ вы́дали.	Die Bücher werden von 10 bis 17 Uhr ausgegeben. Der Lohn für Mai wurde schon ausgezahlt.
дари́ть/подари́ть	**schenken**
Мне подари́ли интере́сную кни́гу.	Man hat mir ein interessantes Buch geschenkt.
заменя́ть/замени́ть	**ersetzen, auswechseln**
Ла́мпочка не гори́т, её на́до замени́ть.	Die Glühbirne brennt nicht, sie muss ausgewechselt werden.
ода́лживать/одолжи́ть	**leihen, borgen**
Одолжи́ мне, пожа́луйста, 100 рубле́й до за́втра.	Leih mir bitte bis morgen 100 Rubel.

пода́рок *m* Де́вочка получи́ла мно́го пода́рков ко дню рожде́ния.	**Geschenk** *n* Das Mädchen bekam zum Geburtstag viele Geschenke.
раздава́ть/разда́ть На пра́зднике де́тям раздава́ли пода́рки.	**verteilen** Bei der Feier wurden an die Kinder Geschenke verteilt.
распределя́ть/распредели́ть Шеф распредели́л рабо́ту ме́жду сотру́дниками.	**verteilen, aufteilen** Der Chef teilte die Arbeit unter den Mitarbeitern auf.
угоща́ть/угости́ть Хозя́йка угости́ла нас вку́сным пирого́м.	**bewirten, vorsetzen, einladen** Die Hausfrau setzte uns einen schmackhaften Kuchen vor.

1.1.2.7 UMGANG MIT DINGEN

«1–2000»

вещь *f* Она́ рассказа́ла мне интере́сную вещь.	**Ding** *n*, **Sache** *f* Sie erzählte mir eine interessante Sache.
включа́ть/включи́ть Рабо́чий включи́л мото́р.	**einschalten** Der Arbeiter schaltete den Motor ein.
выключа́ть/вы́ключить Вы́ключи, пожа́луйста, ра́дио, оно́ мне меша́ет.	**ausschalten, ausmachen** Mach das Radio bitte aus, es stört mich.
зажига́ть/заже́чь В ко́мнате темно́, зажги́, пожа́луйста, свет.	**einschalten, anzünden** Im Zimmer ist es dunkel, schalte bitte das Licht ein.
закрыва́ть/закры́ть Закро́й дверь на замо́к. Закро́й окно́, мне хо́лодно.	**(ab)schließen; zumachen** Schließ bitte die Tür ab. Mach das Fenster zu, mir ist kalt.
испо́льзовать Учёные испо́льзуют но́вые ме́тоды обрабо́тки да́нных. В се́льском хозя́йстве испо́льзуют но́вую те́хнику.	**(be)nutzen; einsetzen** Die Wissenschaftler benutzen neue Methoden der Datenverarbeitung. In der Landwirtschaft wird neue Technik eingesetzt.

исправля́ть/испра́вить	**korrigieren; reparieren**
Учи́тель исправля́ет оши́бки.	Der Lehrer korrigiert die Fehler.
Замо́к слома́лся, его́ на́до испра́вить.	Das Schloss ist defekt, es muss repariert werden.
открыва́ть/откры́ть	**öffnen; aufschlagen**
Магази́н сего́дня откры́т до 20 часо́в.	Der Laden ist heute bis 20 Uhr geöffnet.
Ученики́ должны́ бы́ли откры́ть учё́бники на тридца́той страни́це.	Die Schüler mussten ihre Lehrbücher auf der Seite 30 aufschlagen.
по́льзоваться	**(be)nutzen, gebrauchen**
Во вре́мя экза́мена мо́жно по́льзоваться словарём.	Während der Prüfung darf man ein Wörterbuch benutzen.
примене́ние *n*	**Anwendung** *f*
Возмо́жности примене́ния но́вого лека́рства опублико́ваны в журна́ле.	Die Anwendungsmöglichkeiten der neuen Arznei wurden in der Zeitschrift veröffentlicht.
применя́ть/примени́ть	**anwenden, verwenden**
Учёный примени́л но́вый ме́тод иссле́дования.	Der Wissenschaftler wandte eine neue Forschungsmethode an.
проверя́ть/прове́рить	**(nach)prüfen, kontrollieren**
Пи́сьменный перево́д он прове́рил два ра́за.	Die schriftliche Übersetzung kontrollierte er zweimal.
ста́вить/поста́вить	**stellen**
Он поста́вил ва́зу с цвета́ми на стол.	Er stellte eine Vase mit Blumen auf den Tisch.

«2001–4000»

жечь/сжечь	**verbrennen**
Писа́тель сжёг второ́й том рома́на.	Der Schriftsteller verbrannte den 2. Band des Romans.
завёртывать/заверну́ть	**einwickeln**
Он заверну́л кни́гу в краси́вую бума́гу.	Er wickelte das Buch in schönes Papier ein.
кле́ить/скле́ить	**kleben**
Мы вчера́ весь день кле́или обо́и.	Gestern klebten wir den ganzen Tag Tapeten.

лома́ть/слома́ть	**zerstören, kaputtmachen**
Ребёнок постоя́нно лома́ет свои́ игру́шки.	Das Kind macht ständig seine Spielsachen kaputt.
откла́дывать/отложи́ть	**beiseite legen; verschieben**
Он отложи́л газе́ты и на́чал писа́ть письмо́.	Er legte die Zeitungen beiseite und begann den Brief zu schreiben.
Ле́кцию отложи́ли на две неде́ли.	Die Vorlesung wurde um 2 Wochen verschoben.
относи́ть/отнести́	**wegbringen, -schaffen, zurückbringen**
Мне ну́жно отнести́ кни́гу в библиоте́ку.	Ich muss das Buch in die Bibliothek zurückbringen.
отреза́ть/отре́зать	**abschneiden**
Хозя́йка отре́зала не́сколько куско́в хле́ба.	Die Hausfrau schnitt ein paar Scheiben Brot ab.
покида́ть/поки́нуть	**verlassen**
Во вре́мя войны́ на́ша семья́ поки́нула э́тот го́род.	Während des Krieges verließ unsere Familie diese Stadt.
по́ртить/испо́ртить	**verderben**
Не чита́й при плохо́м освеще́нии, испо́ртишь зре́ние.	Lies nicht bei schlechtem Licht, du verdirbst dir die Augen.
разруша́ть/разру́шить	**zerstören**
Во вре́мя войны́ бы́ли разру́шены мно́гие города́.	Während des Krieges wurden viele Städte zerstört.
ре́зать/разре́зать	**(ab)schneiden**
Хозя́йка ре́жет мя́со на ма́ленькие куски́.	Die Hausfrau schneidet das Fleisch in kleine Stücke.
сюрпри́з *m*	**Überraschung** *f*
Ко дню рожде́ния де́ти пригото́вили ма́ме сюрпри́з.	Die Kinder bereiteten der Mutter zum Geburtstag eine Überraschung.
туши́ть/потуши́ть	**ausmachen**
Уже́ по́здно, туши́ свет и ложи́сь спать.	Es ist schon spät, mach das Licht aus und geh schlafen.
храни́ть	**aufbewahren**
Скоропо́ртящиеся проду́кты пита́ния храня́т в холоди́льнике.	Leicht verderbliche Lebensmittel werden im Kühlschrank aufbewahrt.

1.1.2.8 UMGANG MIT DINGEN UND LEBEWESEN

«1–2000»

держа́ть	**halten**
В руке́ он держа́л буке́т цвето́в.	In der Hand hielt er einen Blumenstrauß.
иска́ть	**suchen**
Я до́лго иска́ла очки́ и, наконе́ц-то, нашла́ их.	Ich suchte lange die Brille und fand sie endlich.
найти́	**finden**
Кто и́щет, тот всегда́ найдёт.	Wer sucht, der findet.
приводи́ть/привести́	**bringen**
Пе́рвого сентября́ ма́ма привела́ ма́льчика в шко́лу.	Am ersten September brachte die Mutter den Jungen zur Schule.
пря́тать/спря́тать	**verstecken**
Спи́чки я должна́ всегда́ пря́тать.	Die Streichhölzer muss ich immer verstecken.
сохраня́ть/сохрани́ть	**aufbewahren, aufheben**
Она́ сохрани́ла ста́рые фотогра́фии.	Sie bewahrte alte Fotos auf.
тро́гать/тро́нуть	**berühren**
Экспона́ты на вы́ставке нельзя́ тро́гать рука́ми.	Die Ausstellungsstücke darf man nicht berühren.

«2001–4000»

накрыва́ть/накры́ть	**zudecken**
Мать накры́ла ребёнка тёплым одея́лом.	Die Mutter deckte das Kind mit einer warmen Decke zu.
отводи́ть/отвести́	**(weg)bringen**
Го́стя отвели́ в пригото́вленную для него́ ко́мнату.	Den Gast brachte man in das für ihn vorbereitete Zimmer.
спор *m*	**Streit** *m*
Спор о воспита́нии дете́й ни к чему́ не привёл.	Der Streit über die Erziehung der Kinder führte zu nichts.
терпе́ть/потерпе́ть	**erdulden, ertragen**
Он му́жественно терпе́л го́лод и хо́лод.	Er ertrug tapfer Hunger und Kälte.

уда́р *m*
Спортсме́н получи́л си́льный уда́р в живо́т.

Schlag *m*
Der Sportler bekam einen kräftigen Schlag in den Bauch.

1.1.2.9 LERNEN UND WISSEN

(Siehe auch SCHULE UND AUSBILDUNG 1.2.4)

«1–2000»

зна́ние *n*
Учёный облада́ет обши́рными зна́ниями в э́той о́бласти.

Kenntnis *f*, **Wissen** *n*
Der Wissenschaftler verfügt über umfangreiche Kenntnisse auf diesem Gebiet.

знать
Мы ничего́ не зна́ли о после́дних собы́тиях.
Они́ уже́ давно́ зна́ют друг дру́га.

wissen; kennen
Wir wussten nichts über die neuesten Ereignisse.
Sie kennen einander schon lange.

культу́ра *f*
Профе́ссор Р. чита́ет ле́кции по исто́рии культу́ры.

Kultur *f*
Professor R. hält Vorlesungen zur Kulturgeschichte.

лёгкий
В руке́ у неё была́ то́лько лёгкая су́мка.

leicht
Sie hatte nur eine leichte Tasche in der Hand.

наблюда́ть
Учи́тельница наблюда́ла за игро́й шко́льников.

beobachten
Die Lehrerin beobachtete das Spiel der Schüler.

наприме́р
В Воро́неже жи́ли изве́стные ру́сские поэ́ты, наприме́р, Кольцо́в и Некра́сов.

zum Beispiel
In Woronesh lebten berühmte russische Dichter, zum Beispiel Kolzow und Nekrassow.

нау́ка *f*
Лингви́стика – э́то нау́ка о языке́.

Wissenschaft *f*
Die Linguistik ist die Wissenschaft von der Sprache.

нау́чный
Студе́нты принима́ли уча́стие в нау́чной конфере́нции.

wissenschaftlich
Die Studenten nahmen an einer wissenschaftlichen Konferenz teil.

о́пыт *m (nur Sg)*
Он говори́л о своём о́пыте обуче́ния иностра́нным языка́м.

Erfahrung *f*
Er sprach über seine Erfahrungen beim Unterrichten von Fremdsprachen.

понима́ть/поня́ть Ему́ ка́жется, что его́ никто́ не понима́ет.	**verstehen** Es scheint ihm, dass niemand ihn versteht.
поня́тно *Adv* Учи́тель объясня́ет про́сто и поня́тно.	**verständlich** Der Lehrer erklärt einfach und verständlich.
про́сто *Adv* Реши́ть э́ту зада́чу мо́жно о́чень про́сто.	**einfach** Man kann diese Aufgabe sehr einfach lösen.
просто́й Э́то совсе́м просто́й вопро́с.	**einfach** Das ist eine einfache Frage.
реше́ние *n* Реше́ние зада́чи на́до прове́рить. Моё реше́ние уе́хать я не измени́л.	**Lösung** *f;* **Entschluss** *m* Die Lösung der Aufgabe muss man überprüfen. Meinen Entschluss wegzufahren änderte ich nicht.
рису́нок *m* Расскажи́, пожалуйста, что ты ви́дишь на э́том рису́нке.	**Zeichnung** *f,* **Abbildung** *f* Erzähle bitte, was du auf dieser Zeichnung siehst.
сло́жный На уро́ке шко́льники анализи́руют сло́жное предложе́ние. В Сиби́ри сло́жные усло́вия рабо́ты.	**zusammengesetzt; kompliziert, schwierig** Im Unterricht analysieren die Schüler einen zusammengesetzten Satz. In Sibirien herrschen schwierige Arbeitsbedingungen.
спосо́бность *f* Музыка́льные спосо́бности дете́й на́до развива́ть.	**Fähigkeit** *f,* **Begabung** *f* Man muss die musikalische Begabung von Kindern fördern.
спосо́бный Он необыкнове́нно спосо́бный музыка́нт.	**begabt, talentiert** Er ist ein sehr begabter Musiker.
тру́дный Мои́ роди́тели жи́ли в тру́дное вре́мя.	**schwer, schwierig** Meine Eltern lebten in einer schweren Zeit.
узнава́ть/узна́ть На уро́ках ученики́ узнаю́т мно́го но́вого. Я тебя́ не узна́ла, ты о́чень измени́лась.	**erfahren; (wieder) erkennen** Im Unterricht erfahren die Schüler viel Neues. Ich habe dich nicht wieder erkannt, du hast dich sehr verändert.

уме́ть Óля хорошó умéет плáвать.	**können** Olja kann gut schwimmen.
учёный *m* Крýпные учёные читáют лéкции в университéте.	**Gelehrte(r)** *m*, **Wissenschaftler** *m* An der Universität halten bekannte Wissenschaftler Vorlesungen.
учи́ть В шкóле я учи́ла немéцкий язы́к.	**lernen** In der Schule lernte ich Deutsch.
учи́ть/вы́учить Все вы́учили нóвые словá?	*(auswendig)* **lernen** Haben alle die neuen Wörter gelernt?
учи́ть/научи́ть Подрýга ýчит своегó сы́на немéцкому языкý.	**beibringen, lehren** Meine Freundin lehrt ihren Sohn Deutsch.

«2001–4000»

библиотéка *f* Я чáсто берý кни́ги в библиотéке.	**Bibliothek** *f* Ich leihe oft Bücher aus der Bibliothek aus.
наизýсть *Adv* Стихотворéние вам нáдо вы́учить наизýсть.	**auswendig** Das Gedicht müsst ihr auswendig lernen.
неизвéстный Журнáл напечáтал неизвéстный расскáз Гéнриха Бёлля.	**unbekannt** Die Zeitschrift druckte eine unbekannte Erzählung von Heinrich Böll.
непоня́тный В тéксте бы́ло тóлько однó непоня́тное слóво.	**unverständlich** Im Text gab es nur ein unverständliches Wort.
разбирáться/разобрáться Он хорошó разбирáется в истóрии искýсств.	**sich auskennen** Er kennt sich gut in der Kunstgeschichte aus.
рисовáть/нарисовáть На урóке дéти рисовáли цветы́.	**malen, zeichnen** Die Kinder malten im Unterricht Blumen.
считáть Шестилéтний мáльчик умéет считáть до ты́сячи.	**zählen** Der sechsjährige Junge kann bis tausend zählen.

упражне́ние *n* Э́то упражне́ние о́чень лёгкое.	**Übung** *f* Diese Übung ist sehr einfach.
учи́ться Мой мла́дший сын у́чится в шко́ле, а ста́рший у́чится в университе́те.	**lernen; studieren** Mein jüngerer Sohn lernt in der Schule, und der ältere studiert an der Universität.
учи́ться/научи́ться Ма́льчик бы́стро научи́лся чита́ть.	**lernen** Der Junge lernte schnell lesen.
черни́ла *n Pl* Письмо́ бы́ло напи́сано зелёными черни́лами.	**Tinte** *f* Der Brief wurde mit grüner Tinte geschrieben.

1.1.3 SPRACHE UND SPRECHABSICHTEN

1.1.3.1 ALLGEMEINES

«1–2000»

владе́ть Э́ти студе́нты хорошо́ владе́ют иностра́нными языка́ми.	**beherrschen** Diese Studenten beherrschen die Fremdsprachen gut.
выраже́ние *n* Вы́пишите из те́кста незнако́мые выраже́ния.	**Redewendung** *f* Schreibt aus dem Text die unbekannten Redewendungen heraus.
запа́с *m* **сло́в** У шко́льников двена́дцатого кла́сса бога́тый запа́с сло́в.	**Wortschatz** *m* Die Schüler der 12. Klasse haben einen reichen Wortschatz.
значе́ние *n* В словаре́ вы найдёте значе́ние э́того сло́ва.	**Bedeutung** *f* Im Wörterbuch findet ihr die Bedeutung dieses Wortes.
зна́чить Я не поняла́, что зна́чит э́то сло́во.	**bedeuten** Ich verstand nicht, was dieses Wort bedeutet.
переводи́ть/перевести́ Переведи́те текст пи́сьменно.	**übersetzen** Übersetzt den Text schriftlich.
поня́тие *n* В журна́ле опубликова́ли статью́ «Сло́во и поня́тие».	**Begriff** *m* In der Zeitschrift veröffentlichte man den Artikel „Wort und Begriff“.

предложе́ние *n*	**Satz** *m;* **Vorschlag** *m*
Како́е э́то предложе́ние: просто́е или сло́жное?	Was für ein Satz ist das: ein einfacher oder ein zusammengesetzter?
Я согла́сен с ва́шим предложе́нием.	Ich bin mit eurem Vorschlag einverstanden.
род *m (Gr.)*	**Geschlecht** *n*
Как мо́жно определи́ть род существи́тельных?	Wie kann man das Geschlecht der Substantive bestimmen?
сло́во *n*	**Wort** *n*
Он бы́стро запомина́ет неме́цкие слова́.	Er merkt sich deutsche Wörter schnell.
смысл *m*	**Sinn** *m*
Он пра́вильно по́нял смысл расска́за.	Er verstand den Sinn der Erzählung richtig.
употребля́ть/употреби́ть	**verwenden**
Мой друг ча́сто употребля́ет иностра́нные слова́.	Mein Freund verwendet oft Fremdwörter.
язы́к *m*	**Sprache** *f*
Я не понима́ю, на како́м языке́ они́ разгова́ривают.	Ich verstehe nicht, in welcher Sprache sie sprechen.

«2001–4000»

глаго́л *m*	**Verb** *n*
Э́тот глаго́л употребля́ется то́лько в у́стной ре́чи.	Dieses Verb wird nur in der mündlichen Rede gebraucht.
грамма́тика *f*	**Grammatik** *f*
Шко́льники изуча́ют грамма́тику ру́сского языка́.	Die Schüler lernen die russische Grammatik.
еди́нственное число́ *n*	**Einzahl** *f,* **Singular** *m*
У э́того существи́тельного есть то́лько еди́нственное число́.	Dieses Substantiv gibt es nur in der Einzahl.
же́нский	**weiblich, feminin**
Назови́те 5 существи́тельных же́нского ро́да.	Nennt 5 weibliche Substantive.
мно́жественное число́ *n*	**Mehrzahl** *f,* **Plural** *m*
Замени́те существи́тельные в еди́нственном числе́ существи́тельными во мно́жественном числе́.	Ersetzt die Substantive in der Einzahl durch Substantive in der Mehrzahl.

мужско́й — **männlich, maskulin**
Стол – существи́тельное мужско́го ро́да.
„Der Tisch“ ist ein männliches Substantiv.

наре́чие *n* — **Adverb** *n*
Сло́бо «бы́стро» – э́то наре́чие.
Das Wort „schnell“ ist ein Adverb.

перево́д *m* — **Übersetzung** *f*
За перево́д те́кста с неме́цкого на ру́сский студе́нт получи́л «отли́чно».
Für die Übersetzung des Textes vom Deutschen ins Russische bekam der Student „ausgezeichnet“.

прилага́тельное *n* — **Adjektiv** *n*
К како́му сло́ву в предложе́нии отно́сится э́то прилага́тельное?
Auf welches Wort bezieht sich das Adjektiv im Satz?

прича́стие *n* — **Partizip** *n*
В ру́сском языке́ есть 4 прича́стия.
Im Russischen gibt es 4 Partizipien.

слова́рь *m* — **Wörterbuch** *n*
Значе́ние э́того сло́ва я в словаре́ не нашла́.
Im Wörterbuch fand ich die Bedeutung dieses Wortes nicht.

существи́тельное *n* — **Substantiv** *n*
Подчеркни́те в предложе́нии существи́тельные.
Unterstreicht im Satz die Substantive.

фра́за *f* — **Phrase** *f*
Он повторя́ет чужи́е фра́зы.
Er wiederholt fremde Phrasen.

число́ *n* — **Zahl** *f*
Число́ 15 мо́жно раздели́ть на 3 и на 5.
Die Zahl 15 kann man durch 3 und 5 teilen.

1.1.3.2 SPRECHEN

«1–2000»

бесе́да *f* — **Gespräch** *n*
Корреспонде́нт вёл интере́сную бесе́ду с изве́стным поли́тиком.
Der Korrespondent führte ein interessantes Gespräch mit einem bekannten Politiker.

говори́ть — **sagen, sprechen**
Ты мне ничего́ не говори́л об э́том.
Du hast mir nichts darüber gesagt.

го́лос *m* У э́той певи́цы о́чень краси́вый го́лос.	**Stimme** *f* Diese Sängerin hat eine sehr schöne Stimme.
гро́мко *Adv* Не говори́ так гро́мко, я и так тебя́ хорошо́ слы́шу.	**laut** Sprich nicht so laut, ich höre dich auch so gut.
каса́ться/косну́ться В ле́кции профе́ссор косну́лся национа́льного вопро́са.	**berühren** In der Vorlesung berührte der Professor die Nationalitätenfrage.
крик *m* Кри́ки дете́й, игра́вших в футбо́л во дворе́, меша́ли мне чита́ть.	**Schrei** *m*, **Ruf** *m* Die Schreie der Kinder, die auf dem Hof Fußball spielten, störten mich beim Lesen.
крича́ть/кри́кнуть На переме́не шко́льники гро́мко крича́ли.	**schreien** In der Pause schrien die Schüler laut.
молча́ть Почему́ ты молчи́шь?	**schweigen** Warum schweigst du?
па́уза *f* Учи́тель диктова́л ме́дленно, с больши́ми па́узами.	**Pause** *f* Der Lehrer diktierte langsam, mit langen Pausen.
повторя́ть/повтори́ть Повтори́те, пожа́луйста, те́му «Прилага́тельные». Слу́шайте и повторя́йте!	**wiederholen; nachsprechen** Wiederholt bitte das Thema „Adjektive". Hören Sie zu und sprechen Sie nach!
поговори́ть Мне на́до с тобо́й сро́чно поговори́ть.	**sprechen** Ich muss dich dringend sprechen.
разгова́ривать У две́ри сто́яли две же́нщины и гро́мко разгова́ривали.	**sprechen, sich unterhalten** An der Tür standen zwei Frauen und unterhielten sich laut.
разгово́р *m* В разгово́ре уча́ствовали студе́нты и профессора́.	**Gespräch** *n* Am Gespräch nahmen Studenten und Professoren teil.
расска́зывать/рассказа́ть Расскажи́те, пожа́луйста, о том, как вы провели́ о́тпуск.	**erzählen** Erzählen Sie bitte darüber, wie Sie den Urlaub verbracht haben.

речь *f*	**Rede** *f;* **Sprechfähigkeit** *f*
С интере́сной ре́чью вы́ступил дека́н факульте́та.	Der Dekan der Fakultät hielt eine interessante Rede.
Э́то упражне́ние слу́жит разви́тию на́выков у́стной ре́чи.	Diese Übung dient der Entwicklung der Sprechfähigkeit.

«2001–4000»

анекдо́т *m*	**Witz** *m*
Воло́дя хорошо́ уме́ет расска́зывать анекдо́ты.	Wolodja kann gut Witze erzählen.
бесе́довать	**sich unterhalten**
В ко́мнате ти́хо бесе́довали две же́нщины.	Im Zimmer unterhielten sich leise zwei Frauen.
восклица́ть/воскли́кнуть	**ausrufen**
«Как она́ поёт!» – воскли́кнул И́горь.	„Wie schön sie singt!" – rief Igor aus.
выясня́ть/вы́яснить	**klären**
Мне ну́жно вы́яснить ряд вопро́сов.	Ich muss eine Reihe von Fragen klären.
гро́мкий	**laut**
Мне меша́ет чита́ть гро́мкая му́зыка.	Laute Musik stört mich beim Lesen.
диску́ссия *f*	**Diskussion** *f*
По́сле докла́да начала́сь диску́ссия.	Nach dem Vortrag begann die Diskussion.
закрича́ть	**aufschreien**
Ма́льчик закрича́л и побежа́л в лес.	Der Junge schrie auf und lief in den Wald.
запята́я *f*	**Komma** *n*
Здесь запята́я не ста́вится.	Hier wird kein Komma gesetzt.
обсужда́ть/обсуди́ть	**besprechen, diskutieren**
Молодёжь с оживле́нием обсужда́ла но́вый рома́н.	Die jungen Leute diskutierten lebhaft den neuen Roman.
опи́сывать/описа́ть	**beschreiben**
Опиши́те вне́шний вид ва́шего дру́га.	Beschreibt das Äußere eures Freundes.
отчёт *m*	**Bericht** *m*
Он вы́ступил на собра́нии с отчётом.	Er verlas auf der Versammlung den Rechenschaftsbericht.

произноси́ть/произнести́ Де́вочка у́чится произноси́ть звук «р».	**aussprechen** Das Mädchen lernt den Laut „r“ auszusprechen.
рассужда́ть Мо́жно до́лго рассужда́ть о по́льзе но́вого ме́тода.	**sprechen, ausführen** Man kann sehr lange über den Nutzen der neuen Methode sprechen.
темп *m* У ди́кторов норма́льный темп ре́чи.	**Tempo** *n* Die Sprecher haben ein normales Sprechtempo.
ти́хо *Adv* В ресторáне ти́хо игра́ла му́зыка.	**leise** Im Restaurant spielte leise Musik.
ударе́ние *n* В э́том сло́ве ударе́ние па́дает на пе́рвый слог.	**Betonung** *f* In diesem Wort ist die Betonung auf der ersten Silbe.
шепта́ть/шепну́ть Дочь что́-то шепну́ла ма́тери на́ ухо.	**flüstern** Die Tochter flüsterte der Mutter etwas ins Ohr.
шёпот *m* Вдруг он услы́шал за спино́й шёпот и о́чень испуга́лся.	**Flüstern** *n* Plötzlich hörte er ein Flüstern hinter seinem Rücken und erschrak.

1.1.3.3 SCHREIBEN UND LESEN

«1–2000»

а́втор *m* Ты зна́ешь, кто а́втор рома́на «Обло́мов»?	**Autor** *m* Weißt du, wer der Autor des Romans „Oblomow“ ist?
запи́ска *f* Докла́дчику из за́ла переда́ли мно́го запи́сок.	**Notiz** *f*, **Zettel** *m* Der Redner bekam viele Zettel aus dem Saal.
запи́сывать/записа́ть Запиши́те дома́шнее зада́ние на за́втра.	**schreiben, aufschreiben** Schreibt die Hausaufgabe für morgen auf.
кни́га *f* А́втор кни́ги – изве́стный журнали́ст.	**Buch** *n* Der Autor des Buches ist ein bekannter Journalist.

лист *m* Дай мне, пожа́луйста, лист бума́ги.	**Blatt** *n* Gib mir bitte ein Blatt Papier.
литерату́ра *f* Он изуча́ет в университе́те неме́цкую литерату́ру.	**Literatur** *f* Er studiert an der Universität deutsche Literatur.
литерату́рный В Слова́кии есть Литерату́рный музе́й и́мени Пу́шкина.	**Literatur-** In der Slowakei gibt es das Puschkin-Literaturmuseum.
назва́ние *n* Мно́гим у́лицам да́ли но́вые назва́ния.	**Name** *m*, **Bezeichnung** *f* Viele Straßen bekamen neue Namen.
о́браз *m* Те́ма его́ диссерта́ции «Же́нские о́бразы в рома́нах Турге́нева».	**Gestalt** *f* Das Thema seiner Dissertation lautet „Frauengestalten in den Romanen Turgenjews".
писа́тель *m* Изве́стному писа́телю испо́лнилось 65 лет.	**Schriftsteller** *m* Der berühmte Schriftsteller wurde 65 Jahre alt.
писа́ть/написа́ть Де́ти у́чатся в шко́ле чита́ть и писа́ть.	**schreiben** Die Kinder lernen in der Schule lesen und schreiben.
поэ́т *m* Пу́шкин – вели́кий ру́сский поэ́т.	**Dichter** *m* Puschkin ist ein großer russischer Dichter.
произведе́ние *n* Каки́е произведе́ния ру́сских писа́телей Вам изве́стны?	**Werk** *n* Welche Werke russischer Schriftsteller sind Ihnen bekannt?
расска́з *m* На семина́ре студе́нты обсужда́ли расска́зы совреме́нных ру́сских писа́телей.	**Erzählung** *f* Im Seminar diskutierten die Studenten Erzählungen moderner russischer Schriftsteller.
рома́н *m* Мне нра́вится рома́н Турге́нева «А́ся».	**Roman** *m* Mir gefällt Turgenjews Roman „Assja".
содержа́ние *n* Студе́нт хорошо́ знал содержа́ние рома́на.	**Inhalt** *m* Der Student kannte den Inhalt des Romans gut.
стих *m* Ле́на лю́бит стихи́ А́нны Ахма́товой.	**Vers** *m*, **Gedicht** *n* Lena liebt die Gedichte von Anna Achmatowa.

страни́ца *f* В э́той кни́ге 50 страни́ц.	**Seite** *f* Dieses Buch hat 50 Seiten.
те́ма *f* В кинотеа́тре шёл фильм Гле́ба Панфи́лова «Те́ма».	**Thema** *n* Im Kino lief Gleb Panfilows Film „Das Thema“.
том *m* Вы́шел тре́тий том «Исто́рии госуда́рства Росси́йского» Карамзина́.	**Band** *m* Es erschien der dritte Band der „Geschichte des russischen Staates“ von Karamsin.
то́чка *f* В конце́ предложе́ния ста́вится то́чка.	**Punkt** *m* Am Ende des Satzes setzt man einen Punkt.
чита́тель *m* В библиоте́ку прихо́дит мно́го чита́телей.	**Leser** *m* Viele Leser kommen in die Bibliothek.
чита́ть/прочита́ть Вы чита́ли рома́н «Живы́е и мёртвые»?	**lesen** Haben Sie den Roman „Die Lebenden und die Toten“ gelesen?

«2001–4000»

блокно́т *m* Я потеря́ла мой блокно́т.	**Notizbuch** *n* Ich verlor mein Notizbuch.
бу́ква *f* В ру́сском алфави́те 33 бу́квы.	**Buchstabe** *m* Das russische Alphabet hat 33 Buchstaben.
вслух *Adv* Прочита́йте предложе́ние вслух и переведи́те.	**laut** Lesen Sie den Satz laut und übersetzen Sie ihn.
говори́ться В пе́сне говори́тся о како́й-то де́вушке.	**es geht um** Im Lied geht es um irgendein Mädchen.
заме́тка *f* Он прочита́л в газе́те заме́тку о спорти́вных соревнова́ниях.	**Notiz** *f*, **Mitteilung** *f* Er las in der Zeitung eine Notiz über die Wettkämpfe.
заполня́ть/запо́лнить Вам ну́жно запо́лнить ещё оди́н формуля́р.	**ausfüllen** Sie müssen noch ein Formular ausfüllen.

издава́ть/изда́ть В э́том году́ бы́ли и́зданы стихи́ Мари́ны Цвета́евой.	**verlegen, herausgeben** In diesem Jahr wurden Gedichte von Marina Zwetajewa herausgegeben.
каранда́ш *m* Письмо́ бы́ло напи́сано карандашо́м.	**Bleistift** *m* Der Brief wurde mit einem Bleistift geschrieben.
описа́ние *n* Пе́рвая ча́сть кни́ги – э́то описа́ние жи́зни молодо́го челове́ка.	**Beschreibung** *f* Der erste Teil des Buches ist die Lebensbeschreibung eines jungen Mannes.
перепи́сывать/переписа́ть Учени́к ещё раз переписа́л рабо́ту.	**umschreiben, abschreiben** Der Schüler hat die Arbeit noch einmal abgeschrieben.
перепи́ска *f* По́сле э́того письма́ на́ша перепи́ска прекрати́лась.	**Briefwechsel** *m* Nach diesem Brief hörte unser Briefwechsel auf.
перо́ *n* Давны́м-давно́ лю́ди писа́ли гуси́ными пе́рьями.	**Feder** *f* Vor vielen Jahren schrieben die Menschen mit Gänsefedern.
по́черк *m* По́черк на конве́рте показа́лся мне знако́мым.	**Handschrift** *f* Die Handschrift auf dem Briefumschlag kam mir bekannt vor.
публикова́ть/опубликова́ть Неда́вно опубликова́ли но́вый рома́н изве́стного писа́теля.	**veröffentlichen** Vor kurzem veröffentlichte man einen neuen Roman eines bekannten Schriftstellers.
ру́чка *f* Дай мне, пожа́луйста, твою́ ру́чку.	**Kugelschreiber** *m*, **Füller** *m* Gib mir bitte deinen Kugelschreiber.
сбо́рник *m* Молодо́й поэ́т опубликова́л пе́рвый сбо́рник свои́х стихо́в.	**Sammelband** *m* Der junge Dichter veröffentlichte den ersten Sammelband seiner Gedichte.
ска́зка *f* Ба́бушка расска́зывает де́тям ска́зки.	**Märchen** *n* Die Großmutter erzählt den Kindern Märchen.
сочине́ние *n* На уро́ке ученики́ пи́шут сочине́ние.	**Aufsatz** *m* Die Schüler schreiben im Unterricht einen Aufsatz.

спи́сывать/списа́ть Спиши́те с доски́ но́вую ле́ксику.	**abschreiben** Schreibt die neuen Wörter von der Tafel ab.
строка́ *f*, **стро́чка** *f* В запи́ске бы́ло всего́ три стро́чки.	**Zeile** *f* Auf dem Zettel standen nur drei Zeilen.
текст *m* Ты уже́ перевёл текст?	**Text** *m* Hast du schon den Text übersetzt?
увлека́тельный По телеви́зору шёл увлека́тельный фильм.	**spannend, fesselnd** Im Fernsehen lief ein spannender Film.
чте́ние *n* Чте́ние – моё люби́мое заня́тие.	**Lesen** *n* Lesen ist meine Lieblingsbeschäftigung.

1.1.3.4 SPRECHABSICHTEN

1.1.3.4.1 Auskunft

«1–2000»

вопро́с *m* Мо́жно Вам зада́ть вопро́с?	**Frage** *f* Darf ich Ihnen eine Frage stellen?
заявля́ть/заяви́ть Прави́тельство заяви́ло о свое́й гото́вности подписа́ть догово́р.	**erklären** Die Regierung erklärte ihre Bereitschaft, den Vertrag zu unterzeichnen.
отве́т *m* На мой вопро́с я не получи́л никако́го отве́та.	**Antwort** *f* Auf meine Frage bekam ich keine Antwort.
отвеча́ть/отве́тить Ты ещё не отве́тил на моё письмо́.	**antworten, beantworten** Du hast meinen Brief noch nicht beantwortet.
пока́зывать/показа́ть Моя подру́га пока́зывала мне фотогра́фии свои́х дете́й.	**zeigen** Meine Freundin zeigte mir Bilder ihrer Kinder.
сове́т *m* К сожале́нию, я не могу́ дать тебе́ никако́го сове́та.	**Rat** *m* Leider kann ich dir keinen Rat geben.

сове́товать/посове́товать	**(be)raten**
Врач посове́товал мое́й ма́тери пое́хать на юг.	Der Arzt riet meiner Mutter, in den Süden zu fahren.
сообща́ть/сообщи́ть	**mitteilen**
Газе́ты сообщи́ли о но́вом повыше́нии цен.	Die Zeitungen teilten die neue Preiserhöhung mit.
спра́шивать/спроси́ть	**fragen**
«Ты пойдёшь за́втра в теа́тр?» – спроси́ла Та́ня.	„Gehst du morgen ins Theater?", fragte Tanja.
та́йна *f*	**Geheimnis** *n*
Почему́ ты де́лаешь из э́того та́йну?	Warum machst du daraus ein Geheimnis?
то́ есть (т. е.)	**das heißt (d. h.)**
До ста́нции 90 киломе́тров, то́ есть 2 часа́ езды́.	Bis zur Station sind es 90 km, d. h. 2 Stunden Fahrt.
ука́зывать/указа́ть	**zeigen; hinweisen**
Незнако́мая же́нщина указа́ла нам доро́гу до ста́нции.	Eine unbekannte Frau zeigte uns den Weg zur Station.
Докла́дчик указа́л на досто́инства но́вого ме́тода.	Der Redner wies auf die Vorteile der neuen Methode hin.

«2001–4000»

добавля́ть/доба́вить	**hinzufügen**
Мне не́чего доба́вить.	Ich habe nichts hinzuzufügen.
заявле́ние *n*	**Erklärung** *f*
Прави́тельство сде́лало официа́льное заявле́ние.	Die Regierung gab eine offizielle Erklärung ab.
знак *m*	**Zeichen** *n*
Он рисова́л на листе́ бума́ги каки́е-то зна́ки.	Er malte auf ein Blatt Papier irgendwelche Zeichen.
объявля́ть/объяви́ть	**bekannt geben, informieren**
Дире́ктор объяви́л нам о повыше́нии зарпла́ты.	Der Direktor informierte uns über die Gehaltserhöhung.
секре́т *m*	**Geheimnis** *n*
Э́то ни для кого́ не секре́т, что ей 50 лет.	Dass sie 50 Jahre alt ist, ist für niemanden ein Geheimnis.
секре́тный	**geheim**
В шкафу́ лежа́ли секре́тные докуме́нты.	Im Schrank lagen geheime Papiere.

сообще́ние *n* Мы получи́ли сообще́ние о прие́зде дру́га.	**Mitteilung** *f* Wir erhielten eine Mitteilung über die Ankunft des Freundes.
справля́ться/спра́виться Колле́ги спра́вились о здоро́вье больно́го.	**sich erkundigen** Die Kollegen erkundigten sich nach dem Befinden des Kranken.
спра́вка *f* По телефо́ну мо́жно получи́ть разли́чные спра́вки.	**Auskunft** *f* Man kann telefonisch verschiedene Auskünfte erhalten.
та́йный Прави́тельства э́тих стран вели́ та́йные перегово́ры.	**geheim, heimlich** Die Regierungen dieser Länder führten geheime Verhandlungen.
уточня́ть/уточни́ть Мне хо́чется уточни́ть те́му конфере́нции.	**präzisieren** Ich möchte das Thema der Konferenz präzisieren.

1.1.3.4.2. Meinungsäußerung

«1–2000»

вы́вод *m* Мне ка́жется, вы сде́лали непра́вильный вы́вод.	**Schlussfolgerung** *f* Ich glaube, Sie haben eine falsche Schlussfolgerung gezogen.
выража́ть/вы́разить Мне тру́дно вы́разить слова́ми мою́ благода́рность.	**ausdrücken** Es fällt mir schwer, meine Dankbarkeit mit Worten auszudrücken.
ду́мать О чём ты ду́маешь всё вре́мя? Я ду́маю, что он прав.	**denken; meinen** Woran denkst du die ganze Zeit? Ich meine, er hat Recht.
каза́ться/показа́ться Мне ка́жется, я вас где́-то уже́ ви́дела.	**scheinen** Es scheint mir, ich habe Sie schon irgendwo gesehen.
каса́ться/косну́ться Докла́дчик косну́лся вопро́сов вне́шней поли́тики.	**berühren** Der Redner berührte Fragen der Außenpolitik.

крити́ка *f*
Э́тот челове́к не лю́бит кри́тики.

Kritik *f*
Dieser Mensch kann keine Kritik vertragen.

критикова́ть
Я не могу́ поня́ть, почему́ ты то́лько критику́ешь.

kritisieren
Ich kann nicht verstehen, warum du nur kritisierst.

мне́ние *n*
Меня́ о́чень интересу́ет твоё мне́ние о но́вом фи́льме.

Meinung *f*
Mich interessiert deine Meinung über den neuen Film sehr.

отмеча́ть/отме́тить
Профе́ссор осо́бенно отме́тил докла́д Петро́ва.

hervorheben
Der Professor hat den Vortrag von Petrow besonders hervorgehoben.

счита́ть/счесть
Я счита́ла его́ хоро́шим специали́стом.

halten
Ich hielt ihn für einen guten Fachmann.

то́чка *f* **зре́ния**
Я разделя́ю Ва́шу то́чку зре́ния.

Standpunkt *m*
Ich teile Ihren Standpunkt.

«2001–4000»

выска́зывание *n*
Его́ выска́зывание о но́вом президе́нте о́чень интере́сно.

Äußerung *f*
Seine Äußerung über den neuen Präsidenten ist sehr interessant.

выска́зывать/вы́сказать
Уча́стники диску́ссии выска́зывали разли́чные мне́ния.

äußern
Die Teilnehmer der Diskussion äußerten verschiedene Meinungen.

замеча́ние *n*
Мне хо́чется сде́лать не́сколько замеча́ний по пе́рвому вопро́су.

Bemerkung *f*
Ich möchte einige Bemerkungen zur ersten Frage machen.

обосно́вывать/обоснова́ть
Его́ заявле́ние доста́точно обосно́вано.

begründen
Seine Erklärung ist ausreichend begründet.

по-ва́шему Кто, по-ва́шему, а́втор э́того рома́на?	**Ihrer Meinung nach** Wer ist Ihrer Meinung nach der Autor dieses Romans?
подчёркивать/подчеркну́ть Он подчеркну́л значе́ние но́вого ме́тода для пра́ктики.	**unterstreichen** Er unterstrich die Bedeutung der neuen Methode für die Praxis.
по-мо́ему По-мо́ему, ещё ра́но говори́ть о положи́тельных результа́тах.	**meiner Meinung nach** Meiner Meinung nach ist es noch zu früh, über positive Ergebnisse zu sprechen.
по-тво́ему Кто, по-тво́ему, са́мый популя́рный спортсме́н?	**deiner Meinung nach** Wer ist deiner Meinung nach der populärste Sportler?
предполага́ть/предположи́ть Я предполага́ла совсе́м друго́е.	**annehmen, denken** Ich habe etwas ganz anderes angenommen.
рекоменда́ция *f* По́сле прове́рки устано́вки коми́ссия дала́ не́сколько рекоменда́ций.	**Empfehlung** *f* Nach Überprüfung der Anlage gab die Kommission einige Empfehlungen.
рекомендова́ть Врач рекоменду́ет мне измени́ть о́браз жи́зни.	**empfehlen, (an)raten** Der Arzt rät mir, meine Lebensweise zu ändern.
убежда́ть/убеди́ть Он о́чень упря́мый, его́ тру́дно убеди́ть.	**überzeugen** Er ist sehr dickköpfig; es ist schwer, ihn zu überzeugen.

1.1.3.4.3 Zustimmung und Ablehnung

«1–2000»

да Ты за́втра придёшь? – Да.	**ja** Kommst du morgen? – Ja.
коне́чно *Adv* Ты мо́жешь дать мне э́ту кни́гу? – Коне́чно.	**natürlich, ja** Kannst du mir dieses Buch geben? – Natürlich.
мо́жно Мо́жно войти́?	**darf man** Darf ich reinkommen?

мочь/смочь Ма́льчик уже́ мо́жет чита́ть.	**können** Der Junge kann schon lesen.
невозмо́жно *Adv* Э́то сде́лать невозмо́жно.	**unmöglich** Es ist unmöglich, das zu tun.
нет Мы пойдём в теа́тр за́втра? – Нет, послеза́втра.	**nein** Gehen wir morgen ins Theater? – Nein, übermorgen.
одобря́ть/одо́брить Роди́тели одо́брили вы́бор до́чери.	**billigen** Die Eltern billigten die Wahl der Tochter.
пра́в(ый) Он прав в э́том спо́ре.	**Recht** *(haben)* In diesem Streit(gespräch) hat er Recht.
пра́вда *f* Она́ хоте́ла знать всю пра́вду.	**Wahrheit** *f* Sie wollte die ganze Wahrheit wissen.
про́тив Большинство́ колле́г бы́ло про́тив предложе́ния.	**gegen** Die Mehrheit der Kollegen war gegen den Vorschlag.
разреша́ть/разреши́ть Врач разреши́л больно́му гуля́ть.	**erlauben** Der Arzt erlaubte dem Kranken spazieren zu gehen.
соглаша́ться/согласи́ться Я согла́сен с мне́нием дире́ктора.	**sich einverstanden erklären, sich anschließen** Ich schließe mich der Meinung des Direktors an.

«2001–4000»

возража́ть/возрази́ть Про́тив предложе́ния председа́теля никто́ не возража́л.	**dagegen sein, widersprechen** Niemand widersprach dem Vorschlag des Vorsitzenden.
всё равно́ Ле́на, закры́ть окно́? – Мне всё равно́.	**egal, einerlei** Lena, soll ich das Fenster zumachen? – Es ist mir egal.
запреща́ть/запрети́ть Роди́тели запрети́ли сы́ну смотре́ть телеви́зор.	**verbieten** Die Eltern haben dem Sohn verboten fernzusehen.
запреще́ние *n* Он продолжа́ет кури́ть, несмотря́ на запреще́ние враче́й.	**Verbot** *n* Er raucht trotz des Verbots der Ärzte weiter.

непра́вда *f* — **Unwahrheit** *f*
Я зна́ю, что он ча́сто говори́т непра́вду. — Ich weiß, dass er oft die Unwahrheit spricht.

разреше́ние *n* — **Erlaubnis** *f*
Библиоте́ка получи́ла разреше́ние заказа́ть но́вые кни́ги. — Die Bibliothek erhielt die Erlaubnis, neue Bücher zu bestellen.

согла́сный — **einverstanden**
Я согла́сен с твои́м предложе́нием. — Ich bin mit deinem Vorschlag einverstanden.

1.1.3.4.4 Gewissheit und Zweifel

«1–2000»

ве́рный — **richtig**
Учени́к нашёл ве́рное реше́ние. — Der Schüler fand die richtige Lösung.

вероя́тно *Adv* — **wahrscheinlich**
Он, вероя́тно, придёт за́втра. — Er kommt wahrscheinlich morgen.

ви́димо *Adv* — **anscheinend**
Ты, ви́димо, ещё ничего́ не зна́ешь об э́том. — Du weißt anscheinend noch nichts darüber.

возмо́жно *Adv* — **möglich**
Возмо́жно ли осуществи́ть э́тот план? — Ist es möglich, diesen Plan zu verwirklichen?

возмо́жность *f* — **Möglichkeit** *f*
У него́ есть возмо́жность учи́ться за грани́цей. — Er hat die Möglichkeit, im Ausland zu studieren.

возмо́жный — **möglich**
На́до обсуди́ть все возмо́жные вариа́нты. — Man muss alle möglichen Varianten diskutieren.

действи́тельно *Adv* — **wirklich, tatsächlich**
Он действи́тельно бо́лен. — Er ist wirklich krank.

наве́рно(е) — **wahrscheinlich, wohl**
Наве́рное, он сего́дня не придёт. — Wahrscheinlich kommt er heute nicht.

утвержда́ть/утверди́ть — **behaupten**
Он утвержда́ет, что ничего́ об э́том слу́чае не слы́шал. — Er behauptet, nichts über diesen Fall gehört zu haben.

факт *m*	**Fakt** *m*
В э́той статье́ вы найдёте мно́го интере́сных фа́ктов.	In diesem Artikel findet ihr viele interessante Fakten.

«2001–4000»

действи́тельность *f*	**Wirklichkeit** *f*
Фильм объекти́вно пока́зывает на́шу действи́тельность.	Der Film zeigt objektiv unsere Wirklichkeit.
доказа́тельство *n*	**Beweis** *m*
Фа́кты – э́то лу́чшее доказа́тельство.	Fakten sind der beste Beweis.
по-ви́димому	**anscheinend, wahrscheinlich**
По-ви́димому, случи́лось что́-то неприя́тное.	Wahrscheinlich passierte etwas Unangenehmes.
подтвержда́ть/подтверди́ть	**bestätigen**
Фа́кты подтвержда́ют на́ши предположе́ния.	Die Fakten bestätigen unsere Vermutungen.
реа́льный	**real**
У но́вого мини́стра реа́льные представле́ния о поли́тике.	Der neue Minister hat reale Vorstellungen über die Politik.
сомнева́ться	**(be)zweifeln**
Никто́ не сомнева́лся в пра́вильности его́ вы́водов.	Keiner bezweifelte die Richtigkeit seiner Schlussfolgerungen.
сомне́ние *n*	**Zweifel** *m*
Вы пра́вы, в э́том нет сомне́ния.	Sie haben Recht, daran gibt es keine Zweifel.
утвержде́ние *n*	**Behauptung** *f*
Э́ти утвержде́ния необходи́мо прове́рить.	Diese Behauptungen muss man überprüfen.

1.1.3.4.5 Positive Wertung

«1–2000»

ва́жно *Adv*	**wichtig**
Мне ва́жно знать э́то.	Es ist wichtig für mich, es zu wissen.
ва́жный	**wichtig**
Э́то о́чень ва́жный вопро́с.	Das ist eine sehr wichtige Frage.

вели́кий Пу́шкин – вели́кий ру́сский поэ́т.	**groß** Puschkin ist ein großer russischer Dichter.
ви́дный Опера́цию проводи́л ви́дный хиру́рг.	**bedeutend, berühmt** Die Operation führte ein bedeutender Chirurg durch.
замеча́тельный Он купи́л карти́ну замеча́тельного ру́сского худо́жника Ре́пина.	**hervorragend, bemerkenswert** Er kaufte ein Gemälde des hervorragenden russischen Malers Repin.
интере́сный По телеви́зору шла интере́сная переда́ча.	**interessant** Im Fernsehen lief eine interessante Sendung.
лу́чший Лу́чшие спортсме́ны пое́дут на Олимпиа́ду.	**beste(r)** Die besten Sportler fahren zur Olympiade.
люби́мый Кто твой люби́мый пе́вец?	**Lieblings-** Wer ist dein Lieblingssänger?
могу́чий Всех поража́ла могу́чая фигу́ра спортсме́на.	**kräftig, mächtig** Alle waren beeindruckt von der kräftigen Gestalt des Sportlers.
о́пытный В университе́те преподаю́т о́пытные преподава́тели.	**erfahren** An der Universität unterrichten erfahrene Lehrer.
поле́зный Роди́тели лю́бят дава́ть де́тям поле́зные сове́ты.	**nützlich** Die Eltern geben ihren Kindern gern nützliche Ratschläge.
по́льза *f* Примене́ние но́вого ме́тода не принесло́ никако́й по́льзы.	**Nutzen** *m* Die Anwendung der neuen Methode brachte keinen Nutzen.
прекра́сный Моя́ подру́га – прекра́сная мать.	**toll, großartig** Meine Freundin ist eine großartige Mutter.
прия́тно *Adv* Мне бы́ло прия́тно с Ва́ми познако́миться.	**angenehm** Es war mir angenehm, Sie kennen zu lernen.
сто́ить Как ты ду́маешь, сто́ит купи́ть э́ту кни́гу?	**sich lohnen** Was meinst du, lohnt es sich, dieses Buch zu kaufen?
удиви́тельный У э́того челове́ка удиви́тельное здоро́вье.	**bewundernswert** Dieser Mensch hat eine bewundernswerte Gesundheit.

удивля́ться/удиви́ться Я о́чень удиви́лся э́той встре́че.	**sich wundern** Ich wunderte mich sehr über dieses Treffen.
хоро́ший Несмотря́ на во́зраст, у него́ хоро́шая па́мять.	**gut** Trotz des Alters hat er ein gutes Gedächtnis.
хорошо́ *Adv* Как дела́? – Спаси́бо, хорошо́.	**gut** Wie geht es dir? – Danke, gut.

«2001–4000»

великоле́пный Всю о́сень стоя́ла великоле́пная пого́да.	**prächtig** Den ganzen Herbst lang war prächtiges Wetter.
выдаю́щийся Чайко́вский был выдаю́щимся ру́сским компози́тором.	**hervorragend** Tschaikowski war ein hervorragender russischer Komponist.
досто́йный Я его́ хорошо́ зна́ю, э́то челове́к, досто́йный твое́й любви́.	**würdig, wert** Ich kenne ihn gut, er ist deiner Liebe wert.
замеча́тельно *Adv* Вы замеча́тельно рису́ете!	**bemerkenswert, hervorragend** Sie malen hervorragend!
заслу́женный Сего́дня состои́тся выступле́ние заслу́женного арти́ста.	**verdient** Heute findet ein Auftritt des verdienten Schauspielers statt.
изве́стность *f* Он приобрёл изве́стность как о́пытный врач.	**Ruf** *m* Er hat sich den Ruf eines erfahrenen Arztes erworben.
краси́во *Adv* Де́вушка одева́ется про́сто и краси́во.	**schön** Das Mädchen kleidet sich einfach und schön.
надёжный Кре́пость охраня́ли надёжные войска́.	**zuverlässig** Zuverlässige Truppen bewachten die Burg.
необыкнове́нный Во вре́мя конце́рта в за́ле стоя́ла необыкнове́нная тишина́.	**ungewöhnlich** Während des Konzerts herrschte im Saal ungewöhnliche Stille.
отли́чный Э́тот заво́д выпуска́ет проду́кцию отли́чного ка́чества.	**ausgezeichnet** Dieses Werk stellt Waren von ausgezeichneter Qualität her.

почётный
Михаи́л Горбачёв – почётный граждани́н Берли́на.

Ehren-
Michail Gorbatschow ist Ehrenbürger von Berlin.

превосхо́дный
Обе́д у на́ших знако́мых был превосхо́дный.

vorzüglich
Das Mittagessen bei unseren Bekannten war vorzüglich.

прия́тный
У твое́й жены́ о́чень прия́тный го́лос.

angenehm
Deine Frau hat eine angenehme Stimme.

самостоя́тельный
Самостоя́тельное изуче́ние иностра́нного языка́ не всегда́ продукти́вно.

selbstständig
Das selbstständige Studium einer Fremdsprache ist nicht immer produktiv.

ска́зочный
Дом на́ших знако́мых стои́т в ска́зочной ме́стности.

märchenhaft
Das Haus unserer Bekannten steht in einer märchenhaften Gegend.

удиви́тельно *Adv*
Она была́ удиви́тельно краси́ва.

erstaunlich
Sie war erstaunlich schön.

удивле́ние *n*
Де́ти с удивле́нием рассма́тривали ма́ленькую пти́цу.

Verwunderung *f*, **Erstaunen** *n*
Die Kinder betrachteten mit Verwunderung den kleinen Vogel.

характери́стика *f*
В институ́те он получи́л хоро́шую характери́стику.

Einschätzung *f*, **Beurteilung** *f*
Am Institut bekam er eine gute Beurteilung.

хвали́ть/похвали́ть
Мать похвали́ла сы́на за хоро́шие отме́тки.

loben
Die Mutter lobte den Sohn für seine guten Zensuren.

чуде́сный
Сего́дня чуде́сная пого́да.

wunderbar
Das Wetter ist heute wunderbar.

1.1.3.4.6 Neutrale und negative Wertung

«1–2000»

мра́чный
У э́того актёра всегда́ мра́чный взгляд.

düster, finster
Dieser Schauspieler hat immer einen finsteren Blick.

напра́сно *Adv* Я напра́сно прожда́л моего́ дру́га весь ве́чер.	**vergeblich** Den ganzen Abend wartete ich vergeblich auf meinen Freund.
неприя́тный Алекса́ндр получи́л неприя́тное изве́стие.	**unangenehm** Alexander erhielt eine unangenehme Nachricht.
нехорошо́ *Adv* Та́ня, ты нехорошо́ себя́ ведёшь.	**nicht gut** Tanja! Du benimmst dich nicht gut.
норма́льный У ребёнка норма́льная температу́ра.	**normal** Das Kind hat normale Temperatur.
пло́хо *Adv* Извини́, я пло́хо себя́ чу́вствую.	**schlecht** Entschuldige, ich fühle mich schlecht.
плохо́й Вчера́ у него́ бы́ло плохо́е настрое́ние.	**schlecht** Gestern hatte er schlechte Laune.
стра́нный От фи́льма у меня́ оста́лось стра́нное впечатле́ние.	**seltsam** Der Film hat bei mir einen seltsamen Eindruck hinterlassen.
стра́шный Она́ ви́дела стра́шный сон.	**furchtbar, schrecklich** Sie hatte einen furchtbaren Traum.

«2001–4000»

небре́жно *Adv* Мне не нра́вится, что ты небре́жно одева́ешься.	**salopp, nachlässig** Mir gefällt es nicht, dass du dich nachlässig kleidest.
неинтере́сно *Adv* Пойдём домо́й! Мне здесь неинтере́сно.	**uninteressant** Gehen wir nach Hause! Es ist hier uninteressant.
некраси́вый А́нна была́ некраси́вой, но о́чень ми́лой.	**nicht schön** Anna war nicht schön, aber sehr nett.
непра́вильно *Adv* Ты непра́вильно перевёл э́то сло́во.	**nicht richtig** Du hast dieses Wort nicht richtig übersetzt.

непра́вильный Э́то был непра́вильный отве́т.	**unrichtig, falsch** Das war eine falsche Antwort.
неприя́тно *Adv* Мне неприя́тно говори́ть тебе́, что ты постоя́нно опа́здываешь.	**unangenehm** Es ist mir unangenehm, dir zu sagen, dass du ständig zu spät kommst.
неприя́тность *f* У неё, наве́рное, каки́е-то неприя́тности, она́ о́чень гру́стная.	**Unannehmlichkeit** *f* Sie hat wahrscheinlich irgendwelche Unannehmlichkeiten, sie ist sehr traurig.
нехоро́ший Како́й ты нехоро́ший ма́льчик!	**nicht gut, schlecht** Was bist du für ein schlechter Junge!
отрица́тельный К сожале́нию, я Вам до́лжен дать отрица́тельный отве́т.	**negativ** Leider muss ich Ihnen eine negative Antwort geben.
пасси́вный Пасси́вное куре́ние ещё бо́льше вреди́т здоро́вью, чем акти́вное.	**passiv** Das passive Rauchen ist noch schädlicher als das aktive.
трус *m* «Како́й ты трус!» – презри́тельно сказа́ла она́.	**Feigling** *m* „Was bist du für ein Feigling!“, sagte sie geringschätzig.
трусли́вый Трусли́вый челове́к бойться да́же со́бственной те́ни.	**feige** Ein feiger Mensch hat sogar vor seinem eigenen Schatten Angst.

1.1.3.4.7 Wunsch, Bitte, Notwendigkeit

«1–2000»

жела́ть/пожела́ть Я жела́ю вам сча́стья и здоро́вья.	**wünschen** Ich wünsche euch Glück und Gesundheit.
на́до Мне на́до купи́ть но́вые ту́фли.	**(ich) muss** Ich muss neue Schuhe kaufen.
необходи́мый Необходи́мые кни́ги вы мо́жете взять в библиоте́ке.	**notwendig** Die notwendigen Bücher könnt ihr in der Bibliothek bekommen.

ну́жно Мне ну́жно поговори́ть с Ва́ми.	**(ich) muss** Ich muss mit Ihnen sprechen.
ну́жный Возьми́ с собо́й то́лько са́мые ну́жные ве́щи.	**notwendig, nötig** Nimm nur die nötigsten Sachen mit.
отка́зываться/отказа́ться Я отка́зываюсь э́то понима́ть.	**aufgeben** Ich gebe es auf, das zu verstehen.
проси́ть/попроси́ть Прошу́ тебя́, пиши́ мне ча́ще.	**bitten** Ich bitte dich, schreib öfter.
тре́бовать/потре́бовать Рабо́та тре́бует мно́го вре́мени и терпе́ния.	**(er)fordern** Die Arbeit erfordert viel Zeit und Geduld.
хоте́ть/захоте́ть Моя́ дочь хо́чет стать учи́тельницей.	**wollen** Meine Tochter möchte Lehrerin werden.
хо́чется Ма́ма, мне хо́чется пить. Мне хо́чется спать.	**mögen** Mama, ich habe Durst. / Ich möchte trinken. Ich möchte schlafen.

«2001–4000»

жела́ние *n* Пусть испо́лнятся все твои́ жела́ния.	**Wunsch** *m* All deine Wünsche sollen in Erfüllung gehen.
необхо́димо *Adv* Необходи́мо купи́ть но́вые инструме́нты.	**notwendig** Es ist notwendig, neue Instrumente zu kaufen.
необходи́мость *f* Нет никако́й необходи́мости покупа́ть но́вую ме́бель.	**Notwendigkeit** *f* Es besteht keine Notwendigkeit, neue Möbel zu kaufen.
про́сьба *f* У меня́ к тебе́ больша́я про́сьба.	**Bitte** *f* Ich habe eine große Bitte an dich.
тре́бование *n* Демонстра́нты выступа́ют с тре́бованием о запреще́нии испыта́ний я́дерного ору́жия.	**Forderung** *f* Die Demonstranten treten mit der Forderung auf, Atomwaffentests zu stoppen.

1.1.3.4.8 Höflichkeitsformeln

«1–2000»

большо́е спаси́бо Большо́е спаси́бо за твою́ по́мощь.	**vielen Dank** Vielen Dank für deine Hilfe.
господи́н *m* Господи́н Ивано́в! Мо́жно Вас на мину́тку?	**Herr** *m* Herr Iwanow! Darf ich Sie kurz sprechen?
де́вушка *f* Де́вушка! Принеси́те, пожа́луйста, буты́лку вина́.	**Fräulein** *n* Fräulein! Bringen Sie mir bitte eine Flasche Wein.
до́брое у́тро До́брое у́тро, ма́ма!	**guten Morgen** Guten Morgen, Mutti!
добро́ пожа́ловать Добро́ пожа́ловать, дороги́е го́сти!	**herzlich willkommen!** Herzlich willkommen, liebe Gäste!
до́брый ве́чер До́брый ве́чер, дороги́е телезри́тели!	**guten Abend** Guten Abend, liebe Fernsehzuschauer!
до́брый день До́брый день, Ма́ша! Как дела́?	**guten Tag** Guten Tag, Mascha! Wie geht es dir?
дорого́й Дорого́й па́па! Поздравля́ю тебя́ с днём рожде́ния.	**lieber** Lieber Papa! Ich gratuliere dir zum Geburtstag.
до свида́ния До свида́ния, ба́бушка!	**auf Wiedersehen!** Auf Wiedersehen, Großmutter!
здра́вствуй(те) *(unabhängig von der Tageszeit)* Здра́вствуйте, де́ти! Я ва́ша но́вая учи́тельница.	**guten Tag** Guten Tag, Kinder! Ich bin eure neue Lehrerin.
извиня́ть/извини́ть Извини́те, пожа́луйста!	**entschuldigen** Entschuldigen Sie bitte!
как дела́ Как у тебя́ дела́? – Спаси́бо, непло́хо.	**wie geht es** Wie geht es dir? – Danke, nicht schlecht.
не сто́ит Спаси́бо Вам большо́е! – Что́ Вы, не сто́ит.	**keine Ursache** Ich danke Ihnen! – Ach! Keine Ursache.

огро́мное спаси́бо Огро́мное спаси́бо за цветы́.	**vielen Dank** Vielen Dank für die Blumen.
пожа́луйста Спаси́бо за кни́гу. – Пожа́луйста.	**bitte** Danke für das Buch. – Bitte.
пока́ Пока́! До за́втра.	**tschüs!** Tschüs! Bis morgen.
проща́ть/прости́ть Прости́! Я не хоте́ла тебя́ оби́деть.	**verzeihen** Verzeih! Ich wollte dich nicht kränken.
проходи́ть/пройти́ Здра́вствуйте! Проходи́те, пожа́луйста.	**näher treten** Guten Tag! Bitte treten Sie doch näher.
проси́ть/попроси́ть Прошу́ к столу́!	**bitten** Ich bitte zu Tisch.
рад О́чень рад с Ва́ми познако́миться. О́чень ра́да Вас ви́деть!	**froh** Ich bin froh, Sie kennen gelernt zu haben. Ich freue mich sehr, Sie zu sehen!
спаси́бо Спаси́бо, что пришли́, приходи́те ещё.	**danke** Danke, dass ihr da wart, kommt mal wieder vorbei.
споко́йной но́чи «Споко́йной но́чи, де́ти!» – говори́т ка́ждый ве́чер ба́бушка.	**gute Nacht** „Gute Nacht, Kinder!“ – sagt die Großmutter jeden Abend.
счастли́вого пути́ Я жела́ю вам счастли́вого пути́.	**gute Reise** Ich wünsche euch eine gute Reise.
удово́льствие *n* Вы не могли́ бы переда́ть мне соль? – С удово́льствием.	**Vergnügen** *n* Könnten Sie mir bitte das Salz reichen! – Mit Vergnügen.

«2001–4000»

всего́ хоро́шего Жела́ем Вам всего́ хоро́шего.	**alles Gute** Wir wünschen Ihnen alles Gute.
глубокоуважа́емый Глубокоуважа́емый профе́ссор Петро́в!	**sehr geehrter** Sehr geehrter (Herr) Professor Petrow!

жаль Мне óчень жаль, но зáвтра я не смогý прийтú.	**schade, Leid** *(tun)* Es tut mir Leid, aber morgen kann ich nicht kommen.
как жизнь? Здрáвствуй, Пéтя! Как жизнь?	**wie geht's?** Guten Tag, Petja! Wie geht's?
привéт *m* Передáй привéт твоúм родú-телям. Привéт, Олéг! Как делá?	**Gruß** *m* Bestell deinen Eltern einen Gruß. Grüß dich, Oleg! Wie geht es?
приятного аппетúта «Приятного аппетúта!» – «Спасúбо, Вам тáкже.»	**guten Appetit** „Guten Appetit." – „Danke, gleichfalls."
сердéчный Бáбушка передаёт сердéч-ный привéт.	**herzlich** Die Oma bestellt herzliche Grü-ße.
уважéние *n* Он пóльзуется большúм ува-жéнием.	**Achtung** *f* Er genießt große Achtung.
уважáемый Уважáемая Áнна Ивáновна! Спасúбо за Вáше письмó.	**geehrter** Sehr geehrte Anna Iwanowna! Danke für Ihren Brief.

1.1.3.4.9 Ausrufe und Gesprächsfloskeln

«1–2000»

внимáние *n* Внимáние! Уважáемые пас-сажúры! Пóезд отправляется.	**Achtung** *f* Achtung! Verehrte Fahrgäste! Der Zug fährt ab.
давáй(те) Давáй пойдём сегóдня в кинó.	**lass(t)** Lass uns heute ins Kino gehen.
довóльно *Adv* Довóльно дискутúровать! Чи-тáй дáльше.	**genug!, Schluss!** Genug diskutiert! Lies weiter.
жáлко Жáлко, что пáпа не смог при-éхать.	**schade** Schade, dass Papa nicht kom-men konnte.

кото́рый час Скажи́те, пожа́луйста, кото́рый час?	**Wie spät ist es?** Sagen Sie bitte, wie spät ist es?
ла́дно Приходи́ к нам за́втра. – Ла́дно, приду́.	**abgemacht, einverstanden** Komm doch mal morgen bei uns vorbei. – Abgemacht, ich komme.
неуже́ли Неуже́ли ему́ уже́ 17 лет?	**wirklich?** Ist er wirklich schon 17 Jahre alt?
ничего́ Извини́те за опозда́ние. – Ничего́, проходи́те.	**macht nichts** Entschuldigen Sie die Verspätung. – Macht nichts, treten Sie näher.
ти́хо *Adv* Де́ти! Ти́хо! Не кричи́те!	**leise** Kinder! Seid leise und schreit nicht!
хва́тит *unpers.* Хва́тит, замолчи́!	**es reicht!, Schluss!** Es reicht! Schweig!
я́сно *Adv* Вам всё я́сно? – Да, всё.	**klar** Ist euch alles klar? – Ja, alles.

«2001–4000»

всё в поря́дке Пробле́мы есть? – Нет, всё в поря́дке.	**alles in Ordnung** Gibt es Probleme? – Nein, es ist alles in Ordnung.
как жаль Как жаль, что она́ не придёт.	**wie schade** Wie schade, dass sie nicht kommt.
кста́ти *Adv* Кста́ти, ты мне до́лжен 100 рубле́й.	**übrigens** Übrigens, du schuldest mir 100 Rubel.
молоде́ц *m* Ма́ма! Я убрала́сь в свое́й ко́мнате! – Молоде́ц!	*wörtl.:* **Prachtkerl** *m; häufig benutzter Ausdruck des Lobes* Mama! Ich habe mein Zimmer aufgeräumt! – Toll! Das hast du gut gemacht.
осторо́жно *Adv* Осторо́жно! Там опа́сно!	**vorsichtig, Vorsicht!** Vorsicht! Dort ist es gefährlich.

ра́ди Ра́ди Бо́га, оста́вь меня́ в поко́е.	**wegen, willen** Lass mich um Gottes willen in Ruhe.
спаса́ть/спасти́ «Он уто́нет, спаси́те его́!» – крича́ла же́нщина.	**retten** „Er ertrinkt, rettet ihn!“, schrie eine Frau.
ура́ Ура́! Мы вы́играли!	**hurra!** Hurra! Wir haben gewonnen.

1.1.4 DER MENSCH UND DIE GESELLSCHAFT

1.1.4.1 IDENTIFIZIERUNG

«1–2000»

взро́слый У него́ уже́ взро́слые де́ти. Э́тот фильм интере́сен и взро́слым, и де́тям.	**erwachsen; Erwachsene(r)** *m* Er hat schon erwachsene Kinder. Dieser Film ist sowohl für Kinder als auch für Erwachsene interessant.
во́зраст *m* Укажи́те Ваш во́зраст.	**Alter** *n* Geben Sie Ihr Alter an.
гражда́нство *n* Она́ измени́ла своё гражда́нство.	**Staatsangehörigkeit** *f* Sie änderte ihre Staatsangehörigkeit.
де́вочка *f* У него́ дво́е детей: де́вочка и ма́льчик.	**Mädchen** *n* Er hat zwei Kinder: ein Mädchen und einen Jungen.
де́вушка *f* В авто́бус вошла́ молода́я де́вушка.	**Fräulein** *n*, **junges Mädchen** *n* Ein junges Mädchen stieg in den Bus ein.
докуме́нт *m* На грани́це у нас до́лго проверя́ли докуме́нты.	**Dokument** *n*, **Ausweis** *m*, **Papier** *n* An der Grenze überprüfte man lange unsere Papiere.
же́нщина *f* У э́той же́нщины тро́е дете́й.	**Frau** *f* Diese Frau hat drei Kinder.
звать Как вас зову́т?	**heißen** Wie heißen Sie?

и́мя *n* Укажи́те Ва́ше и́мя и фами́лию.	**Name** *m* Geben sie Ihren Vor- und Nachnamen an.
ли́чный Э́то моё ли́чное де́ло.	**persönlich, eigen** Das ist meine persönliche Angelegenheit.
ма́льчик *m* Ма́льчику 5 лет, а он уже́ уме́ет чита́ть.	**Knabe** *m*, **Junge** *m* Der Junge ist 5 Jahre alt, er kann aber schon lesen.
молодёжь *f* В газе́те появи́лась интере́сная статья́ о пробле́мах молодёжи.	**Jugend** *f* In der Zeitung erschien ein interessanter Artikel über Probleme der Jugend.
молодо́й Она́ начала́ здесь рабо́тать ещё молодо́й де́вушкой.	**jung** Als junges Mädchen begann sie hier zu arbeiten.
мужчи́на *m* Маши́ну вёл молодо́й краси́вый мужчи́на.	**Mann** *m* Ein schöner junger Mann fuhr das Auto.
называ́ть/назва́ть Сы́на назва́ли Алекса́ндром.	**nennen** Den Sohn nannten sie Alexander.
называ́ться Как называ́ется э́та у́лица?	**heißen** Wie heißt diese Straße?
неза́мужем Она́ неза́мужем.	**ledig** *(Frau)* Sie ist ledig.
о́тчество *n* Как ва́ше о́тчество? – Ива́нович.	**Vatersname** *m* Wie ist Ihr Vatersname? – Iwanowitsch.
па́спорт *m* Воло́дя потеря́л свой па́спорт.	**Pass** *m* Wolodja hat seinen Pass verloren.
пол *m* Здесь Вы должны́ указа́ть Ваш пол.	**Geschlecht** *n* Hier müssen Sie Ihr Geschlecht angeben.
разводи́ться/развести́сь Она́ развела́сь с му́жем.	**sich scheiden lassen** Sie hat sich von ihrem Mann scheiden lassen.
рост *m* В па́спорте ука́зан его́ рост.	**Wuchs** *m*, **Größe** *f* Im Pass steht seine Größe.
свиде́тельство *n* Он получи́л свиде́тельство об оконча́нии ку́рсов перево́дчиков.	**Zeugnis** *n*, **Urkunde** *f* Er bekam ein Zeugnis über den Abschluss eines Dolmetscherlehrganges.

фами́лия *f*	**Familienname** *m*
Я забы́ла фами́лию но́вого профе́ссора.	Ich habe den Familiennamen des neuen Professors vergessen.
холосто́й	**ledig** *(Mann)*
Ты всё ещё хо́лост?	Bist du immer noch ledig?
челове́к *m*, **лю́ди** *Pl*	**Mensch** *m, Pl.:* **Leute**
В ко́мнате бы́ло 2 челове́ка.	Im Zimmer waren zwei Personen.
Куда́ иду́т э́ти лю́ди?	Wohin gehen diese Leute?

«2001–4000»

биогра́фия *f*	**Lebenslauf** *m*
Напиши́те Ва́шу биогра́фию.	Schreiben Sie Ihren Lebenslauf.
жена́тый	**verheiratet** *(vom Mann)*
Мой брат жена́т уже́ 10 лет.	Mein Bruder ist schon seit 10 Jahren verheiratet.
за́мужем	**verheiratet** *(von einer Frau)*
Та́ня, ты за́мужем? – Да, за́мужем.	Tanja, bist du verheiratet? – Ja.
интеллиге́нция *f*	**Intelligenz** *f*
Я прочита́ла интере́сную статью́ о ру́сской интеллиге́нции.	Ich las einen interessanten Artikel über die russische Intelligenz.
ли́чно *Adv*	**persönlich**
Ему́ ну́жно ли́чно яви́ться в декана́т.	Er muss persönlich im Dekanat erscheinen.
молодёжный	**Jugend-, jugendlich**
Где ближа́йшая молодёжная туристи́ческая ба́за?	Wo ist die nächste Jugendherberge?
па́рень *m*	**Kerl** *m*, **Bursche** *m*
Твой друг – отли́чный па́рень.	Dein Freund ist ein toller Kerl.
происхожде́ние *n*	**Herkunft** *f*
Социа́льное происхожде́ние не игра́ет ро́ли при поступле́нии в вуз.	Die soziale Herkunft spielt keine Rolle bei der Immatrikulation.
ча́стный	**Privat-**
В кино́ идёт интере́сный фильм «Ча́стная жизнь».	Im Kino läuft ein interessanter Film „Das Privatleben“.

ю́ноша *m* Ю́ноше ско́ро 20 лет.	**junger Bursche, junger Mann** Der junge Mann wird bald 20 Jahre alt.

1.1.4.2 FAMILIE

«1–2000»

ба́бушка *f* Моя́ ба́бушка живёт в дере́вне.	**Großmutter** *f* Meine Großmutter lebt auf dem Lande.
брат *m* У моего́ бра́та дво́е дете́й.	**Bruder** *m* Mein Bruder hat zwei Kinder.
выходи́ть/вы́йти за́муж Моя́ подру́га ра́но вы́шла за́муж.	**heiraten** *(bei einer Frau)* Meine Freundin hat früh geheiratet.
де́душка *m* Моему́ де́душке 70 лет.	**Großvater** *m* Mein Großvater ist 70 Jahre alt.
де́ти *Pl* Во вре́мя кани́кул де́ти уезжа́ют в дере́вню.	**Kinder** *Pl* Während der Ferien fahren die Kinder aufs Land.
дочь *f* Моя́ дочь у́чится в 10 кла́ссе.	**Tochter** *f* Meine Tochter geht in die 10. Klasse.
дя́дя *m* Дя́дя подари́л мне ко дню рожде́ния соба́ку.	**Onkel** *m* Der Onkel schenkte mir zum Geburtstag einen Hund.
жена́ *f* У твое́й жены́ хоро́ший вкус.	**(Ehe-)Frau** *f* Deine Frau hat einen guten Geschmack.
ма́ма *f* Ма́ма, расскажи́ мне ска́зку про Кра́сную ша́почку.	**Mutti** *f* Mutti, erzähl mir das Märchen vom Rotkäppchen.
мать *f* Тебе́ понра́вился рома́н Го́рького «Мать»?	**Mutter** *f* Hat dir der Roman „Die Mutter" von Gorki gefallen?
муж *m* Муж мое́й подру́ги рабо́тает инжене́ром.	**(Ehe-)Mann** *m* Der Mann meiner Freundin ist Ingenieur.
оте́ц *m* Де́ти вы́росли без отца́.	**Vater** *m* Die Kinder sind ohne Vater aufgewachsen.

па́па *m* Я люблю́ моего́ па́пу.	**Papa** *m* Ich liebe meinen Papa.
ребёнок *m*, **де́ти** *Pl* У ма́ленького ребёнка высо́кая температу́ра.	**Kind** *n* Das kleine Kind hat hohes Fieber.
роди́тели *m Pl* У мои́х роди́телей большо́й дом.	**Eltern** *Pl* Meine Eltern haben ein großes Haus.
родно́й Ты так измени́лся, что тебя́ родна́я мать не узна́ет.	**blutsverwandt, leiblich** Du hast dich so verändert, dass dich nicht einmal deine leibliche Mutter wiedererkennt.
семья́ *f* На́ша семья́ ча́сто е́здит ле́том на мо́ре.	**Familie** *f* Unsere Familie fährt im Sommer oft ans Meer.
сестра́ *f* Моя́ сестра́ у́чится в университе́те.	**Schwester** *f* Meine Schwester studiert an der Universität.
ста́рший Ста́ршая дочь рабо́тает на заво́де.	**ältere(r)** Die ältere Tochter arbeitet im Werk.
сын *m* Сы́на мое́й подру́ги зову́т Анто́ном.	**Sohn** *m* Der Sohn meiner Freundin heißt Anton.
тётя *f* Хорошо́ иметь бога́тую тётю!	**Tante** *f* Es ist schön, eine reiche Tante zu haben.

«2001–4000»

бли́зкий На день рожде́ния пригласи́ли то́лько бли́зких ро́дственников.	**nah** Zum Geburtstag wurden nur die nächsten Verwandten eingeladen.
брак *m* Брак мое́й тёти был счастли́вым.	**Ehe** *f* Die Ehe meiner Tante war glücklich.
внук *m* Де́душка и ба́бушка ра́ды прие́зду вну́ка.	**Enkel** *m* Die Großeltern freuen sich über die Ankunft des Enkels.

вну́чка *f* Ба́бушка научи́ла вну́чку печь пироги́.	**Enkelin** *f* Die Großmutter brachte der Enkelin das Backen bei.
дед *m* В э́той дере́вне живёт дед, кото́рому 100 лет.	**alter Mann** *m* In diesem Dorf wohnt ein alter Mann, der 100 Jahre alt ist.
де́тский Моя́ дочь боле́ла почти́ все́ми де́тскими боле́знями.	**Kinder-, kindlich** Meine Tochter hatte fast alle Kinderkrankheiten.
де́тство *n* В де́тстве он жил в дере́вне.	**Kindheit** *f* In der Kindheit lebte er auf dem Lande.
жени́ться/пожени́ться *(nur Pl)* Мои́ роди́тели пожени́лись в 1944 году.	**heiraten** *(vom Ehepaar)* Meine Eltern heirateten im Jahre 1944.
жени́ться Андре́й жени́лся на мое́й сестре́.	**heiraten** *(vom Mann)* Andrej hat meine Schwester geheiratet.
мла́дший Мла́дший сын мое́й подру́ги у́чится в пя́том кла́ссе.	**jünger** Der jüngere Sohn meiner Freundin geht in die 5. Klasse.
пе́нсия *f* Моя́ ма́ма получа́ет ма́ленькую пе́нсию.	**Rente** *f* Meine Mutter bekommt eine niedrige Rente.
поколе́ние *n* В телепереда́че шла диску́ссия о молодо́м поколе́нии.	**Generation** *f* In einer Fernsehsendung lief eine Diskussion über die junge Generation.
расходи́ться/разойти́сь В про́шлом году́ он разошёлся с жено́й.	**sich trennen, sich scheiden lassen** Im vorigen Jahr hat er sich von seiner Frau getrennt.
ро́дственник *m* У моего́ му́жа мно́го ро́дственников.	**Verwandte(r)** *m* Mein Mann hat viele Verwandte.
сва́дьба *f* На сва́дьбу пригласи́ли мно́го госте́й.	**Hochzeit** *f* Zur Hochzeit waren viele Gäste eingeladen.
я́сли *m Pl* Ба́бушка отво́дит вну́чку в я́сли.	**(Kinder-)Krippe** *f* Die Oma bringt die Enkelin in die Krippe.

1.1.4.3 SOZIALE BINDUNGEN

«1–2000»

вдвоём Дома́шние зада́ния они́ де́лают вдвоём.	**zu zweit** Die Hausaufgaben machen sie (immer) zu zweit.
гру́ппа *f* В на́шей гру́ппе 6 челове́к.	**Gruppe** *f* Unsere Gruppe ist 6 Mann stark.
друг *m* За́втра я пойду́ с мои́м дру́гом в теа́тр.	**Freund** *m* Morgen gehe ich mit meinem Freund ins Theater.
дру́жба *f* Их дру́жба начала́сь ещё в де́тстве.	**Freundschaft** *f* Ihre Freundschaft begann bereits in der Kindheit.
знако́мый Ко мне пришёл в го́сти мой ста́рый знако́мый. Лицо́ мужчи́ны показа́лось мне знако́мым.	**Bekannte(r)** *m;* **bekannt** Zu mir kam mein alter Bekannter zu Besuch. Das Gesicht des Mannes kam mir bekannt vor.
коллекти́в *m* Весь коллекти́в заво́да собра́лся в за́ле.	**Kollektiv** *n*, **Belegschaft** *f* Die ganze Betriebsbelegschaft versammelte sich im Saal.
обще́ственный При социали́зме существу́ет обще́ственная со́бственность.	**gesellschaftlich, Gesellschafts-** Im Sozialismus gibt es das gesellschaftliche Eigentum.
о́бщество *n* Исто́рия – э́то нау́ка о разви́тии о́бщества.	**Gesellschaft** *f* Die Geschichte ist die Wissenschaft von der Entwicklung der Gesellschaft.
организа́ция *f* В собра́нии принима́ли уча́стие представи́тели обще́ственных организа́ций.	**Organisation** *f* An der Versammlung nahmen Vertreter gesellschaftlicher Organisationen teil.
отря́д *m* Ле́том студе́нты рабо́тают в строи́тельных отря́дах.	**Abteilung** *f*, **Gruppe** *f* Im Sommer arbeiten die Studenten in (studentischen) Baugruppen.
па́ра *f* Молода́я па́ра получи́ла мно́го пода́рков.	**(Ehe-)Paar** *n* Das junge Paar bekam viele Geschenke.

сосе́дний Моя́ подру́га живёт в сосе́днем до́ме .	**Nachbar-** Im Nachbarhaus wohnt meine Freundin.
спу́тник *m* Мой спу́тник е́хал в Берли́н.	**(Reise-)Gefährte** *m* Mein Reisegefährte fuhr nach Berlin.
това́рищ *m* Он чита́л рома́н «Три това́рища».	**Kamerad** *m*, **Genosse** *m* Er las den Roman „Drei Kameraden".
челове́чество *n* Нау́чные откры́тия должны́ испо́льзоваться на бла́го всего́ челове́чества.	**Menschheit** *f* Wissenschaftliche Entdeckungen müssen zum Wohle der ganzen Menschheit genutzt werden.
член *m* Он – действи́тельный член Акаде́мии нау́к.	**Mitglied** *n* Er ist ordentliches Mitglied der Akademie der Wissenschaften.

«2001–4000»

дру́жеский В воскресе́нье состои́тся дру́жеская встре́ча э́тих кома́нд.	**freundschaftlich, Freundschafts-** Am Sonntag findet ein Freundschaftstreffen dieser Mannschaften statt.
дружи́ть Они́ уже́ давно́ дру́жат.	**befreundet sein** Sie sind schon lange befreundet.
дру́жно *Adv* Де́душка и бабу́шка жи́ли всю жизнь дру́жно.	**einträchtig, einmütig** Die Großeltern lebten ihr ganzes Leben lang einträchtig zusammen.
дру́жный Семья́ моего́ му́жа о́чень дру́жная.	**einig, einträchtig** Die Familie meines Mannes lebt einträchtig zusammen.
коллекти́вный В статье́ шла речь о коллекти́вной вине́.	**kollektiv** Der Artikel handelt von der kollektiven Schuld.
незнако́мый Незнако́мая же́нщина попроси́ла меня́ помо́чь ей.	**unbekannt** Eine unbekannte Frau bat mich, ihr zu helfen.

óбщий — **gemeinsam; allgemein**
У них есть óбщие интерéсы. — Sie haben gemeinsame Interessen.
Э́та грýппа занимáется óбщими вопрóсами филосóфии. — Diese Gruppe beschäftigt sich mit allgemeinen philosophischen Problemen.

одинóкий — **einsam, allein stehend**
В большóм гóроде он чýвствует себя́ одинóким. — In einer Großstadt fühlt er sich einsam.
Натáша – одинóкая жéнщина. — Natascha ist allein stehend.

подрýга *f* — **Freundin** *f*
Моя́ подрýга рабóтает учи́тельницей. — Meine Freundin ist Lehrerin.

подружи́ться — **sich anfreunden**
С Ми́шей я подружи́лся в институ́те. — Mit Mischa habe ich mich am Institut angefreundet.

приятель *m* — **Freund** *m*, **Kamerad** *m*
Вéчером я пойдý с прия́телем в ресторáн. — Am Abend gehe ich mit meinem Freund ins Restaurant.

сосéд *m* — **Nachbar** *m*
Мой сосéд по профéссии инженéр. — Mein Nachbar ist von Beruf Ingenieur.

толпá *f* — **Menge** *f*
Пéред магази́ном собралáсь большáя толпá нарóду. — Vor dem Laden versammelte sich eine große Menschenmenge.

чужóй — **fremd**
Чужóй мужчи́на меня́ испугáл. — Der fremde Mensch erschreckte mich.

1.1.4.4 BERUFE

«1–2000»

врач *m* — **Arzt** *m*, **Ärztin** *f*
Глазнóй врач принимáет с 9-и до 15-и. — Der Augenarzt hat von 9 bis 15 Uhr Sprechstunde.

журнали́ст *m*, **журнали́стка** *f* — **Journalist(in)** *m, f*
Пóсле окончáния университéта он нáчал рабóтать журнали́стом в редáкции газéты. — Nach Abschluss der Universität begann er als Journalist in einer Zeitungsredaktion zu arbeiten.

инжене́р *m* Э́тот институ́т гото́вит инжене́ров.	**Ingenieur(in)** *m, f* Dieses Institut bildet Ingenieure aus.
корреспонде́нт *m*, **корреспонде́нтка** *f* По зада́нию реда́кции корреспонде́нт пое́хал в дере́вню.	**Korrespondent(in)** *m, f* Im Auftrag der Redaktion fuhr der Korrespondent aufs Land.
крестья́нин *m*, **крестья́нка** *f* Де́душка был крестья́нином.	**Bauer** *m*, **Bäuerin** *f* Großvater war Bauer.
моря́к *m* Сын мое́й подру́ги стал моряко́м.	**Seemann** *m* Der Sohn meiner Freundin wurde Seemann.
профе́ссия *f* По профе́ссии мой друг врач.	**Beruf** *m* Mein Freund ist von Beruf Arzt.
секрета́рь *m*, **секрета́рша** *f* В Москву́ прие́хал ли́чный секрета́рь президе́нта. А́нна рабо́тает секрета́ршей.	**Sekretär** *m*, **Sekretärin** *f* Der persönliche Sekretär des Präsidenten kam nach Moskau. Anna ist Sekretärin.
специали́ст *m* Я ду́маю, из него́ вы́йдет хоро́ший специали́ст.	**Fachmann** *m* Ich denke, aus ihm wird ein guter Fachmann.
строи́тель *m* Строи́тели получа́ют высо́кую зарпла́ту.	**Bauarbeiter** *m* Die Bauarbeiter bekommen einen hohen Lohn.
худо́жник *m*, **худо́жница** *f* Ре́пин – изве́стный ру́сский худо́жник.	**(Kunst-)Maler(in)** *m, f;* **Künstler(in)** *m, f* Repin ist ein berühmter russischer Maler.
шофёр *m* Шофёр останови́л маши́ну о́коло теа́тра.	**Fahrer** *m* Der Fahrer hielt am Theater an.

«2001–4000»

гео́лог *m* Он рабо́тает гео́логом уже́ 10 лет.	**Geologe** *m*, **Geologin** *f* Er arbeitet schon seit 10 Jahren als Geologe.
лётчик *m*, **лётчица** *f* Лётчик несёт большу́ю отве́тственность.	**Pilot** *m*, **Pilotin** *f* Der Pilot trägt eine große Verantwortung.

медсестрá *f* Медсестрá принеслá больнóму лекáрство.	**Krankenschwester** *f* Die Krankenschwester brachte dem Kranken die Arznei.
механик *m* Óпытный механик быстро починил машину.	**Mechaniker** *m* Ein erfahrener Mechaniker reparierte schnell das Auto.
музыкáнт *m* Мáльчик выбрал профéссию музыкáнта.	**Musiker** *m* Der Junge hat den Musikerberuf gewählt.
пóвар *m* Э́тот пóвар получил пéрвый приз на кóнкурсе в Лóндоне.	**Koch** *m* Dieser Koch bekam den ersten Preis bei einem Wettbewerb in London.
профессионáльный У учителя большóй профессионáльный óпыт.	**Berufs-** Der Lehrer hat große Berufserfahrungen.
слéсарь *m* Слéсарь починил замóк в двери.	**Schlosser** *m* Der Schlosser reparierte das Türschloss.
слýжащий *m*, **слýжащая** *f* Егó отéц – слýжащий в большóм министéрстве.	**Angestellter** *m*, **Angestellte** *f* Sein Vater ist Angestellter in einem großen Ministerium.
тéхник *m* Над э́тим проéктом рабóтала грýппа инженéров и тéхников.	**Techniker** *m* An diesem Projekt arbeitete eine Gruppe von Ingenieuren und Technikern.
тóкарь *m* Мой сосéд – тóкарь высóкой квалификáции.	**Dreher** *m* Mein Nachbar ist ein hoch qualifizierter Dreher.
физик *m* Áльберт Эйнштéйн был гениáльным физиком.	**Physiker** *m*, **Physikerin** *f* Albert Einstein war ein genialer Physiker.
химик *m* Мой муж рабóтает химиком на завóде.	**Chemiker** *m*, **Chemikerin** *f* Mein Mann arbeitet als Chemiker in einem Werk.
шахтёр *m* Óсенью бастовáли шахтёры.	**Bergarbeiter** *m* Im Herbst streikten die Bergarbeiter.

1.1.4.5 SOZIALE POSITION

«1–2000»

влия́ние *n* Кни́ги ока́зывают большо́е влия́ние на формирова́ние хара́ктера.	**Einfluss** *m* Bücher üben einen großen Einfluss auf die Herausbildung des Charakters aus.
глава́ *f* В Брюссе́ле состоя́лось совеща́ние глав прави́тельств европе́йских госуда́рств.	**(Staats-)Oberhaupt** *n* In Brüssel fand die Beratung der Regierungschefs der europäischen Staaten statt.
гла́вный В э́той стране́ гла́вной пробле́мой явля́ется разви́тие эконо́мики.	**Haupt-** Das Hauptproblem in diesem Land ist die Entwicklung der Wirtschaft.
де́ятель *m* Н. – ви́дный госуда́рственный де́ятель.	**Staatsmann** *m*, **Persönlichkeit** *f*, **Funktionär** *m* N. ist ein bedeutender Staatsmann.
нача́льник *m* Нача́льника сего́дня нет, он уе́хал в министе́рство.	**Chef** *m*, **Leiter** *m* Der Chef ist heute nicht da, er ist ins Ministerium gefahren.
пост *m* Его́ оте́ц занима́ет высо́кий пост в министе́рстве.	**Stellung** *f*, **Posten** *m* Sein Vater nimmt eine hohe Stellung im Ministerium ein.
председа́тель *m* Председа́тель руководи́л собра́нием.	**Vorsitzende(r)** *m* Der Vorsitzende leitete die Versammlung.
представи́тель *m* На совеща́нии прису́тствовали представи́тели мно́гих фирм.	**Vertreter** *m* Bei der Beratung waren die Vertreter vieler Firmen anwesend.
признава́ть/призна́ть Герма́ния призна́ла но́вое африка́нское госуда́рство.	**anerkennen** Deutschland hat den neuen afrikanischen Staat anerkannt.
прика́зывать/приказа́ть Де́лай то, что тебе́ приказа́л нача́льник.	**befehlen** Tu das, was dir der Chef befohlen hat.
сте́пень *f* Вам обяза́тельно на́до указа́ть учёную сте́пень.	**Grad** *m* Sie müssen unbedingt den wissenschaftlichen Grad angeben.

честь *f*	**Ehre** *f*
В честь инострáнной делегáции президéнт устрóил торжéственный приём.	Zu Ehren der ausländischen Delegation gab der Präsident einen festlichen Empfang.

«2001–4000»

влия́ть/повлия́ть	**beeinflussen**
Заня́тие спóртом влия́ет на физи́ческое разви́тие детéй.	Sport beeinflusst die physische Entwicklung der Kinder.
дóлжность *f*	**Stelle** *f*, **Funktion** *f*
Он занимáет дóлжность глáвного инженéра.	Er übt die Funktion eines leitenden Ingenieurs aus.
замести́тель *m*	**Stellvertreter** *m*
По э́тому вопрóсу обрати́тесь, пожáлуйста, к замести́телю.	Wenden Sie sich bitte in dieser Frage an den Stellvertreter.
звáние *n*	**Titel** *m*
Какóе звáние у нóвого преподавáтеля?	Welchen Titel hat der neue Lehrer?
назначáть/назнáчить	**ernennen, einsetzen, berufen**
Её отцá назнáчили дирéктором завóда.	Ihr Vater wurde als Werkdirektor eingesetzt.
организáтор *m*	**Organisator** *m*
Любóй руководи́тель дóлжен быть хорóшим организáтором.	Jeder Leiter muss ein guter Organisator sein.
ответственный	**verantwortlich**
Мой знакóмый рабóтает отвéтственным редáктором на рáдио.	Mein Bekannter ist verantwortlicher Redakteur beim Rundfunk.
уважáть	**achten**
Учи́теля математики уважáют все ученики́.	Den Mathematiklehrer achten alle Schüler.
уважéние *n*	**Achtung** *f*
Э́тот учи́тель пóльзуется уважéнием всех коллéг.	Dieser Lehrer genießt die Achtung aller Kollegen.
цени́ть	**zu schätzen wissen**
Я óчень ценю́ дрýжбу с Натáшей.	Ich weiß die Freundschaft mit Natascha zu schätzen.

1.1.4.6 POSITIVES UND NEUTRALES SOZIALVERHALTEN

«1–2000»

благодари́ть/поблагодари́ть	**danken**
Я благодарю́ Вас за Ва́шу по́мощь.	Ich danke Ihnen für Ihre Hilfe.
де́ло *n*	**Arbeit** *f*, **Beschäftigung** *f*; **Angelegenheit** *f*
Он за́нят ва́жным де́лом: мое́т маши́ну.	Er ist mit einer wichtigen Arbeit beschäftigt: Er wäscht das Auto.
Э́то моё ли́чное де́ло.	Das ist meine Privatangelegenheit.
В чём де́ло?	Worum handelt es sich?
Не твоё де́ло!	Das geht dich nichts an!
долг *m*	**Pflicht** *f*
Я счита́ю свои́м до́лгом сказа́ть тебе́ э́то.	Ich halte es für meine Pflicht, dir das zu sagen.
до́лжен, должна́	**müssen**
За́втра мы должны́ встре́титься.	Wir müssen uns morgen treffen.
достава́ть/доста́ть	**besorgen**
Моя́ подру́га доста́ла биле́ты на конце́рт.	Meine Freundin hat Eintrittskarten für ein Konzert besorgt.
забо́та *f*	**Sorge** *f*
У моéй ма́мы мно́го забо́т.	Meine Mutter hat viele Sorgen.
обеща́ть/пообеща́ть	**versprechen**
Сын обеща́л верну́ться за́втра.	Der Sohn versprach, morgen zurückzukommen.
обнима́ть/обня́ть	**umarmen**
На проща́нье они́ о́бняли друг дру́га.	Beim Abschied umarmten sie einander.
обяза́тельно *Adv*	**unbedingt**
Ты за́втра придёшь? – Обяза́тельно.	Kommst du morgen? – Unbedingt.
относи́ться/отнести́сь	**sich verhalten**
Как к тебе́ отно́сится но́вый дире́ктор?	Wie verhält sich der neue Direktor dir gegenüber?
отноше́ние *n*	**Beziehung** *f*
Ме́жду двумя́ госуда́рствами бы́ли устано́влены дипломати́ческие отноше́ния.	Zwischen zwei Staaten wurden diplomatische Beziehungen aufgenommen.

поддéрживать/поддержáть	**unterstützen**
Друг всегдá поддéржит меня́, éсли бýдет трýдно.	Mein Freund unterstützt mich immer, wenn es Probleme gibt.
поздравля́ть/поздрáвить	**gratulieren**
Сердéчно поздравля́ем вас с прáздником.	Wir gratulieren euch recht herzlich zum Fest.
помогáть/помóчь	**helfen**
Дочь помогáет мáтери по хозя́йству.	Die Tochter hilft der Mutter im Haushalt.
пóмощь *f*	**Hilfe** *f*
Э́ту проблéму мóжно реши́ть с пóмощью специали́ста.	Dieses Problem kann man mit Hilfe eines Fachmannes lösen.
примéр *m*	**Beispiel** *n;* **Vorbild** *n*
В лéкции профéссор привóдит примéры из истóрии.	In der Vorlesung führt der Professor Beispiele aus der Geschichte an.
Егó жизнь былá примéром для други́х.	Sein Leben war ein Vorbild für andere.
стреми́ться	**streben**
Человéк стреми́тся к счáстью.	Der Mensch strebt nach Glück.
целовáть/поцеловáть	**küssen**
Мать поцеловáла ребёнка в лоб.	Die Mutter küsste das Kind auf die Stirn.

«2001–4000»

благодáрность *f*	**Dankbarkeit** *f*
В знак благодáрности он подари́л мне цветы́.	Als Zeichen der Dankbarkeit schenkte er mir Blumen.
благорóдный	**edel(mütig)**
Мы не забýдем э́того чéстного и благорóдного человéка.	Wir werden diesen ehrlichen und edlen Menschen nicht vergessen.
вéжливо *Adv*	**höflich**
Он вéжливо поздорóвался и пригласи́л гостéй в кóмнату.	Er begrüßte höflich die Gäste und lud sie ins Zimmer ein.
вéжливый	**höflich**
Нóвый коллéга óчень вéжливый человéк.	Der neue Kollege ist ein sehr höflicher Mensch.

внима́тельно *Adv* Студе́нты внима́тельно слу́шают ле́кцию.	**aufmerksam** Die Studenten hören aufmerksam der Vorlesung zu.
внима́тельный Бу́дьте внима́тельны при перехо́де у́лицы.	**aufmerksam** Seien Sie aufmerksam beim Überqueren der Straße.
геро́ический За геро́ический посту́пок солда́т был награждён о́рденом.	**heldenhaft** Für die heldenhafte Tat wurde der Soldat mit einem Orden ausgezeichnet.
горди́ться Роди́тели гордя́тся свои́ми детьми́.	**stolz sein** Die Eltern sind stolz auf ihre Kinder.
го́рдость *f* Он с го́рдостью расска́зывал о свои́х друзья́х.	**Stolz** *m* Voller Stolz erzählte er über seine Freunde.
дисципли́на *f* Э́тот учени́к ча́сто наруша́ет дисципли́ну.	**Disziplin** *f* Dieser Schüler verstößt oft gegen die Disziplin.
доверя́ть/дове́рить Я во всём доверя́ю своему́ врачу́.	**vertrauen** In allem vertraue ich meinem Arzt.
забо́титься/позабо́титься Мать забо́титься о здоро́вье дете́й.	**sorgen, sich kümmern** Die Mutter sorgt sich um die Gesundheit der Kinder.
извиня́ться/извини́ться Тебе́ на́до извини́ться пе́ред ней, ты её о́чень оби́дел.	**sich entschuldigen** Du musst dich bei ihr entschuldigen, du hast sie sehr gekränkt.
инициати́ва *f* Учени́к подгото́вил докла́д по со́бственной инициати́ве.	**Initiative** *f* Der Schüler bereitete aus eigener Initiative den Vortrag vor.
мири́ться/помири́ться Они́ ча́сто ссо́рятся, но та́кже ча́сто ми́рятся.	**sich versöhnen** Sie streiten sich oft, aber genauso oft versöhnen sie sich.
награжда́ть/награди́ть Молодо́го челове́ка награди́ли меда́лью за то, что он спас ребёнка.	**auszeichnen** Der junge Mann wurde mit einer Medaille ausgezeichnet, weil er ein Kind gerettet hat.
обеща́ние *n* К сожале́нию, она не всегда́ выполня́ет свои́ обеща́ния.	**Versprechen** *n* Leider hält sie ihre Versprechen nicht immer ein.

обя́занность *f*	**Pflicht** *f*
У ка́ждого чле́на семьи́ бы́ли свои́ обя́занности.	Jedes Familienmitglied hatte seine Pflichten.
патрио́т *m*	**Patriot** *m*
Патрио́ты боро́лись за свобо́ду ро́дины.	Die Patrioten kämpften für die Freiheit der Heimat.
полага́ться/положи́ться	**sich verlassen auf**
На моего́ дру́га я могу́ по́лностью положи́ться.	Ich kann mich völlig auf meinen Freund verlassen.
помо́щник *m*	**Helfer** *m*, **Gehilfe** *m*
Сын был хоро́шим помо́щником отцу́.	Der Sohn war dem Vater ein guter Helfer.
поруча́ть/поручи́ть	**beauftragen**
Журнали́сту поручи́ли написа́ть статью́ о кри́зисе в эконо́мике.	Man beauftragte den Journalisten, einen Artikel über die Krise in der Wirtschaft zu schreiben.
предупрежда́ть/предупреди́ть	**warnen**
По ра́дио предупреди́ли, что ожида́ются си́льные моро́зы.	Im Radio warnte man vor den zu erwartenden starken Frösten.
приве́тствовать	**begrüßen**
Я приве́тствую Вас от и́мени ре́ктора на́шего ву́за.	Ich begrüße Sie im Namen des Rektors unserer Hochschule.
солида́рность *f*	**Solidarität** *f*
На ша́хте начала́сь забасто́вка солида́рности.	Im Bergwerk begann ein Solidaritätsstreik.
сопровожда́ть/сопроводи́ть	**begleiten**
Гру́ппу тури́стов во вре́мя экску́рсии по го́роду сопровожда́л перево́дчик.	Ein Dolmetscher begleitete die Touristengruppe während der Stadtrundfahrt.

1.1.4.7 NEGATIVES SOZIALVERHALTEN

«1–2000»

бить	**schlagen**
Он бьёт свою́ соба́ку.	Er schlägt seinen Hund.
заставля́ть/заста́вить	**zwingen, nötigen**
Обстоя́тельства заставля́ют меня́ так де́йствовать.	Die Umstände zwingen mich, so zu handeln.

меша́ть Шум меша́ет мне рабо́тать.	**stören** Der Lärm stört mich bei der Arbeit.
обма́нывать/обману́ть Вас обману́ли. Он сказа́л, что помо́жет, но обману́л.	**betrügen; sein Versprechen nicht halten** Man hat Sie betrogen. Er sagte, dass er helfen will, hielt aber sein Versprechen nicht.
опа́здывать/опозда́ть По́езд опозда́л на 10 мину́т.	**sich verspäten** Der Zug verspätete sich um 10 Minuten.
отнима́ть/отня́ть Ма́льчик о́тнял игру́шку у де́вочки.	**(weg)nehmen** Der Junge nahm dem Mädchen das Spielzeug weg.
руга́ть Учи́тельница руга́ла ученика́ за плохо́е поведе́ние.	**schimpfen** Die Lehrerin schimpfte mit dem Schüler wegen seines schlechten Verhaltens.
спо́рить/поспо́рить О вку́сах не спо́рят. Дава́й поспо́рим, что я съем все конфе́ты.	**sich streiten; wetten** Über Geschmack lässt sich nicht streiten. Wollen wir wetten, dass ich alle Pralinen aufesse?
ссо́риться/поссо́риться Он ча́сто ссо́риться со свои́ми роди́телями.	**sich streiten** Er streitet sich oft mit seinen Eltern.
угро́за *f* Я не бою́сь ва́ших угро́з.	**Bedrohung** *f*; **Drohung** *f* Ich habe keine Angst vor euren Drohungen.

«2001–4000»

надоеда́ть/надое́сть Мне надое́ли э́ти разгово́ры.	**satt haben, überdrüssig werden** Ich habe diese Gespräche satt.
ненави́деть Ка́тя ненави́дела свою́ тётю за то, что та её би́ла.	**hassen** Katja hasste ihre Tante, weil diese sie schlug.
обижа́ть/оби́деть Почему́ ты пла́чешь? Кто тебя́ оби́дел?	**kränken, beleidigen** Warum weinst du? Wer hat dich gekränkt?

огорча́ть/огорчи́ть Скажи́ мне, что тебя́ так огорча́ет.	**betrüben, Kummer bereiten** Sag mir, was dir solchen Kummer bereitet.
отбира́ть/отобра́ть У престу́пника отобра́ли докуме́нты и де́ньги.	**wegnehmen** Dem Verbrecher nahm man Papiere und Geld weg.
отсу́тствовать Кто сего́дня отсу́тствует?	**fehlen** Wer fehlt heute?
по́ртить/испо́ртить Его́ поведе́ние оконча́тельно испо́ртило мне настрое́ние.	**verderben** Sein Benehmen verdarb mir endgültig die Laune.
пресле́довать Солда́ты до́лго пресле́довали врага́.	**verfolgen** Die Soldaten verfolgten lange den Feind.
пуга́ть/напуга́ть и **испуга́ть** Де́вочку напуга́ла соба́ка.	**erschrecken, Furcht einjagen** Ein Hund erschreckte das Mädchen.
серди́ться/рассерди́ться Я бо́льше не сержу́сь на тебя́.	**sich ärgern, böse sein** Ich bin dir nicht mehr böse.
угрожа́ть Челове́честву угрожа́ет опа́сность поги́бнуть в результа́те экологи́ческой катастро́фы.	**drohen** Der Menschheit droht die Gefahr, nach einer ökologischen Katastrophe umzukommen.

1.1.4.8 KONTAKTE UND VERANSTALTUNGEN

«1–2000»

вме́сте *Adv* В кино́ я хожу́ вме́сте с мои́м дру́гом.	**zusammen, gemeinsam** Ich gehe gemeinsam mit meinem Freund ins Kino.
встреча́ть/встре́тить На у́лице Я́на случа́йно встре́тила свою́ подру́гу.	**treffen, begegnen** Auf der Straße traf Jana zufällig ihre Freundin.
встре́ча *f* Де́вушки бы́ли ра́ды встре́че.	**Treffen** *n*, **Begegnung** *f* Die Mädchen freuten sich über die Begegnung.

гость *m*	**Gast** *m*
Мы ча́сто хо́дим в го́сти.	Wir gehen oft zu Besuch.
У нас в гостя́х была́ моя́ подру́га с му́жем.	Meine Freundin und ihr Mann waren bei uns zu Besuch.
докла́д *m*	**Vortrag** *m*
К сожале́нию, я не могу́ прийти́ на Ваш докла́д.	Leider kann ich nicht zu Ihrem Vortrag kommen.
знако́миться/познако́миться	**kennen lernen**
Мы познако́мились с но́вым профе́ссором.	Wir lernten den neuen Professor kennen.
клуб *m*	**Klub** *m*
Неда́вно в Москве́ откры́лся клуб миллионе́ров.	Vor kurzem wurde in Moskau ein Klub der Millionäre eröffnet.
комите́т *m*	**Komitee** *n*
Сего́дня заседа́ет Национа́льный олимпи́йский комите́т.	Heute tagt das Nationale Olympische Komitee.
обраща́ться/обрати́ться	**sich wenden**
По э́тому вопро́су обрати́тесь к врачу́.	Wenden Sie sich in dieser Angelegenheit an den Arzt.
пра́здник *m*	**Feiertag** *m*, **Fest** *n*
Лю́ди поздравля́ли друг дру́га с пра́здником.	Die Menschen gratulierten einander zum Feiertag.
проща́ться/попроща́ться	**sich verabschieden**
Бы́ло по́здно. Го́сти попроща́лись и ушли́.	Es war schon spät. Die Gäste verabschiedeten sich und gingen.
приглаша́ть/пригласи́ть	**einladen**
На́ши друзья́ пригласи́ли нас к себе́ в го́сти.	Unsere Freunde luden uns zu sich ein.
приём *m*	**Empfang** *m*
Президе́нт устро́ил торже́ственный приём.	Der Präsident gab einen festlichen Empfang.
принима́ть/приня́ть	**empfangen; Sprechstunde abhalten**
Дире́ктор принима́ет сего́дня делега́цию из Япо́нии.	Der Direktor empfängt heute eine japanische Delegation.
Врач принима́ет два ра́за в неде́лю.	Der Arzt hat zweimal in der Woche Sprechstunde.

свида́ние *n* Де́вушка ча́сто опа́здывает на свида́ние.	**Verabredung** *f*, **Rendezvous** *n* Das Mädchen kommt oft zur Verabredung zu spät.
собира́ться/собра́ться Уча́стники конфере́нции собра́лись в за́ле.	**sich versammeln** Die Konferenzteilnehmer versammelten sich im Saal.
собра́ние *n* За́втра в 15 часо́в состо́ится профсою́зное собра́ние.	**Versammlung** *f* Morgen findet um 15 Uhr die Gewerkschaftsversammlung statt.
совеща́ние *n* Наш дире́ктор уе́хал в Москву́ на совеща́ние.	**Beratung** *f* Unser Direktor fuhr zu einer Beratung nach Moskau.
сою́з *m* Сою́з Сове́тских Социалисти́ческих респу́блик был осно́ван в 1922 году́.	**Union** *f* Die Union der Sozialistischen Sowjetrepubliken wurde 1922 gegründet.
уча́ствовать В конфере́нции уча́ствовали зарубе́жные учёные.	**teilnehmen** An der Konferenz nahmen ausländische Wissenschaftler teil.
уча́стие *n* Подтверди́те, пожа́луйста, Ва́ше уча́стие в конфере́нции до пя́того ма́я.	**Teilnahme** *f* Bestätigen Sie bitte Ihre Teilnahme an der Konferenz bis zum 5. Mai.
уча́стник *m* Уча́стники экску́рсии встре́тились на вокза́ле.	**Teilnehmer** *m* Die Exkursionsteilnehmer trafen sich am Bahnhof.

«2001–4000»

визи́т *m* В Герма́нию при́был с официа́льным визи́том президе́нт Росси́и.	**Besuch** *m* Der Präsident Russlands kam zu einem offiziellen Besuch nach Deutschland.
догова́риваться/договори́ться Мы договори́лись посети́ть больну́ю подру́гу.	**sich verabreden** Wir haben uns verabredet, die kranke Freundin zu besuchen.
заседа́ние *n* На заседа́нии обсужда́ются ва́жные вопро́сы.	**Sitzung** *f* In der Sitzung werden wichtige Fragen diskutiert.

здоро́ваться/поздоро́ваться	**(be)grüßen**
Сосе́д всегда́ со мной здоро́вается.	Der Nachbar grüßt mich immer.
знако́миться/познако́миться	**kennen lernen**
Мы познако́мились с популя́рным актёром кино́.	Wir lernten einen bekannten Filmschauspieler kennen.
конгре́сс *m*	**Kongress** *m*
В конгре́ссе принима́ют уча́стие делега́ции из мно́гих стран.	Delegationen aus vielen Ländern nehmen am Kongress teil.
обще́ние *n*	**Kommunikation** *f*
Язы́к – э́то сре́дство обще́ния.	Die Sprache ist ein Kommunikationsmittel.
перегово́ры *m Pl*	**Verhandlung** *f*
Перегово́ры дли́лись две́ неде́ли.	Die Verhandlungen dauerten 2 Wochen.
посети́тель *m*	**Besucher** *m*
Посети́тели вы́ставки задава́ли вопро́сы худо́жникам.	Die Besucher der Ausstellung stellten den Künstlern Fragen.
посеща́ть/посети́ть	**besuchen**
На́шу шко́лу посети́ла иностра́нная делега́ция.	Eine ausländische Delegation besuchte unsere Schule.
посеще́ние *n*	**Besuch** *m*
По́сле посеще́ния Ру́сского музе́я все о́чень уста́ли.	Nach dem Besuch des Russischen Museums waren alle sehr müde.
пра́здновать	**feiern**
Сва́дьбу мое́й подру́ги пра́здновали 3 дня.	Die Hochzeit meiner Freundin wurde 3 Tage lang gefeiert.
приглаше́ние *n*	**Einladung** *f*
Мы получи́ли приглаше́ние на официа́льный приём.	Wir bekamen eine Einladung zu einem offiziellen Empfang.
прису́тствовать	**anwesend sein**
На ле́кции прису́тствовали все студе́нты.	Während der Vorlesung waren alle Studenten anwesend.
проща́ться/прости́ться	**sich verabschieden**
Они́ прости́лись навсегда́.	Sie haben sich für immer verabschiedet.

состоя́ться В ноябре́ состои́тся вы́ставка изве́стного худо́жника.	**stattfinden** Im November findet eine Ausstellung eines bekannten Malers statt.
сотру́дничество *n* На перегово́рах обсужда́ли догово́р о сотру́дничестве.	**Zusammenarbeit** *f* In den Verhandlungen diskutierte man das Abkommen über die Zusammenarbeit.
сою́зный СССР состоя́л из 15 сою́зных респу́блик.	**Unions-** Die UdSSR bestand aus 15 Unionsrepubliken.
съезд *m* В Берли́не проходи́л Междунаро́дный съезд враче́й.	**Kongress** *m;* **Tagung** *f;* **Parteitag** *m* In Berlin fand der Internationale Ärztekongress statt.
я́рмарка *f* На осе́ннюю я́рмарку прие́хали фи́рмы из Испа́нии и Чи́ли.	**Messe** *f* Zur Herbstmesse sind Firmen aus Spanien und Chile angereist.

1.1.5 SCHICKSAL UND ZUFALL

«1–2000»

беда́ *f* Друг всегда́ помо́жет тебе́ в беде́.	**Unglück** *n*, **Not** *f* Ein Freund hilft dir immer in der Not.
опа́сность *f* Больно́й был вне опа́сности.	**Gefahr** *f* Der Kranke war außer Gefahr.
опа́сный Путеше́ствие в А́фрику бы́ло опа́сным.	**gefährlich** Die Reise nach Afrika war gefährlich.
пробле́ма *f* Гру́ппа учёных рабо́тает над интере́сной пробле́мой.	**Problem** *n* Eine Gruppe Wissenschaftler arbeitet an einem interessanten Problem.
слу́чай *m* Я хочу́ рассказа́ть тебе́ смешно́й слу́чай.	**Erlebnis** *n* Ich möchte dir ein komisches Erlebnis erzählen.

случа́ться/случи́ться С мое́й подру́гой случи́лось несча́стье.	**geschehen** Meiner Freundin geschah ein Unglück.
собы́тие *n* Все газе́ты писа́ли об э́том собы́тии.	**Ereignis** *n* Alle Zeitungen berichteten über dieses Ereignis.
судьба́ *f* Я ве́рю в судьбу́.	**Schicksal** *n* Ich glaube an das Schicksal.
сча́стье *n* Мы жела́ем вам сча́стья в жи́зни.	**Glück** *n* Wir wünschen euch Glück im Leben.
теря́ть/потеря́ть Ба́бушка постоя́нно теря́ет очки́.	**verlieren** Die Großmutter verliert ständig ihre Brille.
тру́дность *f* Е́сли у тебя́ бу́дут тру́дности с ви́зой, позвони́ мне.	**Schwierigkeit** *f* Rufe mich an, wenn du Schwierigkeiten mit dem Visum haben solltest.
успе́х *m* Жела́ю вам мно́го успе́хов в рабо́те.	**Erfolg** *m* Ich wünsche euch viel Erfolg bei der Arbeit.
чу́до *n*, **чудеса́** *Pl* Не жди от врача́ чу́да.	**Wunder** *n* Erwarte vom Arzt keine Wunder.

«2001–4000»

несча́стный У де́вушки бы́ло несча́стное лицо́.	**unglücklich** Das Mädchen machte ein unglückliches Gesicht.
несча́стье *n* С ним случи́лось несча́стье.	**Unglück** *n* Ihm ist ein Unglück zugestoßen.
неуда́ча *f* Всю жизнь его́ пресле́дуют неуда́чи.	**Pech** *n* Sein ganzes Leben lang wird er vom Pech verfolgt.
пре́мия *f* Изве́стный певе́ц получи́л пре́мию за лу́чшую пе́сню го́да.	**Prämie** *f*; **Auszeichnung** *f* Der bekannte Sänger bekam eine Auszeichnung für das beste Lied des Jahres.
препя́тствие *n* Для него́ не существу́ет никаки́х препя́тствий.	**Hindernis** *n* Für ihn gibt es keine Hindernisse.

прои́грывать/проигра́ть Э́та кома́нда ре́дко прои́грывает.	**verlieren** Diese Mannschaft verliert selten.
случа́йно *Adv* В библиоте́ке я случа́йно встре́тила О́лю.	**zufällig** In der Bibliothek traf ich zufällig Olja.
спаса́ть/спасти́ Ребёнка спас незнако́мый челове́к.	**retten** Ein Unbekannter rettete das Kind.
уга́дывать/угада́ть Угада́й, кого́ я сего́дня ви́дела в магази́не.	**(er)raten** Rate mal, wen ich heute im Laden getroffen habe.
уда́ча *f* Друг пожела́л мне уда́чи.	**Gelingen** *n*, **Erfolg** *m* Der Freund wünschte mir Erfolg.
уда́чно *Adv* Опера́ция прошла́ уда́чно, и больно́й бы́стро вы́здоровел.	**erfolgreich** Die Operation verlief erfolgreich und der Kranke wurde schnell gesund.
успе́шно *Adv* Космона́вты успе́шно вы́полнили зада́ние.	**erfolgreich** Die Kosmonauten erfüllten erfolgreich ihre Aufgabe.
успе́шный Мы расска́зывали друзья́м об успе́шной пое́здке.	**erfolgreich** Wir erzählten unseren Freunden von einer erfolgreichen Reise.

1.2 Alltagswelt

1.2.1 DER MENSCH UND SEIN ZUHAUSE

1.2.1.1 HAUS UND WOHNUNG

«1–2000»

быт *m* Студе́нты изуча́ют быт наро́дов А́фрики.	**Lebensweise** *f* Die Studenten studieren/erforschen die Lebensweise der Völker Afrikas.
воро́та *n Pl* У воро́т стоя́ла маши́на.	**Tor** *n* Am Tor stand ein Auto.

вы́ход *m* Мой друг бу́дет жда́ть меня́ у вы́хода из метро́.	**Ausgang** *m* Mein Freund wird am Metroausgang auf mich warten.
дверь *f* Закро́й, пожа́луйста, дверь. В ко́мнате хо́лодно.	**Tür** *f* Mach bitte die Tür zu. Es ist kalt im Zimmer.
двор *m* Во дворе́ игра́ли де́ти.	**Hof** *m* Auf dem Hof spielten Kinder.
дом *m* В како́м до́ме ты живёшь? Мы верну́лись домо́й о́чень по́здно. Где Ва́ля? – Она́ до́ма.	**Haus** *n* In welchem Haus wohnst du? Wir kehrten sehr spät nach Hause zurück. Wo ist Walja? – Sie ist zu Hause.
жить В како́м го́роде Вы живёте?	**leben, wohnen** In welcher Stadt wohnen Sie?
карти́на *f* Из музе́я укра́ли карти́ну изве́стного худо́жника.	**Bild** *n*, **Gemälde** *n* Aus dem Museum hat man ein Gemälde des bekannten Malers gestohlen.
кварти́ра *f* На́ша семья́ перее́хала на но́вую кварти́ру.	**Wohnung** *f* Unsere Familie zog in eine neue Wohnung um.
ко́мната *f* Посреди́ ко́мнаты стоя́л кру́глый стол.	**Zimmer** *n* Mitten im Zimmer stand ein runder Tisch.
кры́ша *f* Кры́шу до́ма ну́жно сро́чно отремонти́ровать.	**Dach** *n* Das Dach des Hauses muss dringend repariert werden.
ку́хня *f* Ма́ма на ку́хне гото́вит обе́д.	**Küche** *f* Die Mutter bereitet in der Küche das Mittagessen zu.
окно́ *n* У окна́ стои́т пи́сьменный стол.	**Fenster** *n* Am Fenster steht ein Schreibtisch.
пол *m* На полу́ лежи́т ковёр.	**Fußboden** *m* Auf dem Fußboden liegt ein Teppich.
стена́ *f* Сте́ны до́ма бы́ли о́чень то́лстые.	**Wand** *f* Die Wände des Hauses waren sehr dick.

туале́т *m* Скажи́те, пожа́луйста, где здесь туале́т?	**Toilette** *f* Sagen sie mir bitte, wo ist hier eine Toilette?
у́гол *m* В углу́ стоя́ла больша́я ва́за с цвета́ми.	**Ecke** *f* In der Ecke stand eine große Vase mit Blumen.

«2001–4000»

балко́н *m* На балко́не в я́щике расту́т цветы́.	**Balkon** *m* Auf dem Balkon wachsen Blumen im Kasten.
ва́нная *f* Мне не нра́вится, что на́ша ва́нная без окна́.	**Bad(ezimmer)** *n* Mir gefällt es nicht, dass unser Bad kein Fenster hat.
вход *m* Я жду́ тебя́ у вхо́да.	**Eingang** *m* Ich warte auf dich am Eingang.
гара́ж *m* Мы ре́дко ста́вим маши́ну в гара́ж.	**Garage** *f* Wir stellen das Auto selten in die Garage.
гости́ная *f* Я хочу́ купи́ть но́вую ме́бель для гости́ной.	**Wohnzimmer** *n* Ich möchte neue Möbel für das Wohnzimmer kaufen.
замо́к *m* Замо́к, наве́рное, слома́лся.	**(Tür-)Schloss** *n* Das Schloss ist wahrscheinlich kaputt.
изба́ *f* В ста́рой избе́ жила́ больша́я семья́.	**Bauernhaus** *n* Im alten Bauernhaus lebte eine große Familie.
коридо́р *m* Ле́на вы́шла из ко́мнаты в коридо́р.	**Korridor** *m* Lena ging aus dem Zimmer in den Korridor.
ко́рпус *m* А́дрес: у́лица Ми́ра дом 6, ко́рпус 45, кварти́ра 10.	**Gebäude** *n*, **Block** *m* Die Adresse: Friedensstraße, Haus 6, Block 45, Wohnung 10.
ле́стница *f* На второ́й эта́ж вела́ широ́кая ле́стница. Де́рево о́чень высо́кое, мне нужна́ ле́стница, что́бы нарва́ть я́блок.	**Treppe** *f*; **Leiter** *f* In den 1. Stock führte eine breite Treppe. Der Baum ist zu hoch, ich brauche eine Leiter, um die Äpfel zu pflücken.

лифт *m* В гости́нице есть 3 ли́фта.	**Fahrstuhl** *m* Im Hotel gibt es 3 Fahrstühle.
подва́л *m* В подва́ле мы храни́м карто́фель.	**Keller** *m* Bei uns werden Kartoffeln im Keller gelagert.
подъе́зд *m* В пя́том подъе́зде живу́т на́ши друзья́.	**Eingang** *m*, **Treppenaufgang** *m* Im Aufgang Nr. 5 wohnen unsere Freunde.
ремо́нт *m* Ремо́нт кварти́ры дли́лся 2 ме́сяца.	**Renovierung** *f* Die Renovierung der Wohnung dauerte 2 Monate.
ремонти́ровать/отремонти́ровать Наш дом неда́вно отремонти́ровали.	**renovieren** Unser Haus wurde vor kurzem renoviert.
спа́льня *f* В спа́льне стоя́т две крова́ти и шкаф.	**Schlafzimmer** *n* Im Schlafzimmer stehen zwei Betten und ein Schrank.
фо́рточка *f* Откро́й фо́рточку, в ко́мнате о́чень жа́рко.	**Klappfenster** *n*, **Lüftungsklappe** *f* Mach das Klappfenster auf, im Zimmer ist es sehr warm.
эта́ж *m* Библиоте́ка нахо́дится на 5-ом этаже́.	**Etage** *f*, **Stock** *m* Die Bibliothek befindet sich im 4. Stock.

1.2.1.2 EINRICHTUNG

«1–2000»

вещь *f* В ко́мнате лежа́ло мно́го веще́й. На вокза́ле я сдала́ ве́щи в ка́меру хране́ния.	**Ding** *n*, **Sache** *f*; **Gepäck** *n* Im Zimmer lagen viele Sachen. Auf dem Bahnhof gab ich mein Gepäck bei der Gepäckaufbewahrung ab.
дива́н *m* На дива́не всегда́ спит ко́шка.	**Sofa** *n* Die Katze schläft immer auf dem Sofa.
душ *m* Мы жи́ли в гости́нице в но́мере с ду́шем.	**Dusche** *f* Wir wohnten im Hotel in einem Zimmer mit Dusche.

зе́ркало *n* В коридо́ре на стене́ висе́ло кру́глое зе́ркало.	**Spiegel** *m* Im Korridor hing ein runder Spiegel an der Wand.
кран *m* В ва́нной litigation сломáлся кран.	**(Wasser-)Hahn** *m* Im Bad ist der Wasserhahn kaputt.
кре́сло *n* По вечера́м ба́бушка сиди́т в кре́сле и чита́ет.	**Sessel** *m* Abends sitzt die Oma im Sessel und liest.
крова́ть *f* У стены́ стоя́ла широ́кая крова́ть.	**Bett** *n* An der Wand stand ein breites Bett.
ла́мпа *f* В кабине́те на столе́ стоя́ла ла́мпа.	**Lampe** *f* Im Arbeitszimmer stand eine Lampe auf dem Tisch.
обстано́вка *f* Обстано́вка кабине́та была́ просто́й и удо́бной.	**Einrichtung** *f* Die Einrichtung des Arbeitszimmers war einfach und bequem.
печь *f*, **пе́чка** *f* Ря́дом с пе́чкой лежа́ла ко́шка.	**Ofen** *m* Neben dem Ofen lag eine Katze.
поду́шка *f* Я сплю без поду́шки, потому́ что у меня́ боли́т спина́.	**Kissen** *n* Ich schlafe ohne Kissen, weil ich Rückenschmerzen habe.
стол *m* За сто́лом сиде́ла вся семья́ и у́жинала.	**Tisch** *m* Die ganze Familie saß am Tisch und aß zu Abend.
стул *m*, **сту́лья** *Pl* Для гости́ной мы купи́ли шесть сту́льев.	**Stuhl** *m* Für das Wohnzimmer kauften wir 6 Stühle.
удо́бный Я люблю́ сиде́ть в э́том удо́бном кре́сле.	**bequem** Ich sitze gern in diesem bequemen Sessel.
шкаф *m* На шкафу́ лежа́ли кни́ги.	**Schrank** *m* Auf dem Schrank lagen Bücher.

«2001–4000»

ва́нна *f* Мать мы́ла ребёнка в голубо́й ва́нне.	**(Bade-)Wanne** *f* Die Mutter badete das Kind in einer blauen Badewanne.
ковёр *m* В э́том магази́не мо́жно купи́ть недорого́й ковёр.	**Teppich** *m* In diesem Laden kann man einen preiswerten Teppich kaufen.
ла́мпочка *f* В коридо́ре не гори́т свет. Замени́ ла́мпочку.	**Glühlampe** *f* Im Korridor brennt kein Licht, wechsele die Glühlampe.
матра́с *m* Э́тот матра́с мя́гкий и удо́бный.	**Matratze** *f* Diese Matratze ist weich und bequem.
ме́бель *f* Мы купи́ли но́вую ме́бель.	**Möbel** *n (meist Pl)* Wir haben neue Möbel gekauft.
одея́ло *n* Он лёг и с голово́й укры́лся одея́лом.	**Bettdecke** *f* Er legte sich hin und zog die Bettdecke über den Kopf.
покрыва́ло *n* На сва́дьбу нам подари́ли краси́вое покрыва́ло.	**Tagesdecke** *f* Man hat uns zur Hochzeit eine schöne Tagesdecke geschenkt.
по́лка *f* Поста́вь, пожа́луйста, слова́рь на по́лку.	**Regal** *n* Stell bitte das Wörterbuch ins Regal.
посте́ль *f* Медсестра́ сиде́ла у посте́ли больно́го.	**Bett** *n* Die Krankenschwester saß am Bett des Kranken.
простыня́ *f* Возьми́ све́жую простыню́ из шка́фа.	**Laken** *n* Nimm ein frisches Laken aus dem Schrank.
ра́ма *f* На стене́ висе́л портре́т в краси́вой ра́ме.	**Rahmen** *m* An der Wand hing ein Porträt in einem schönen Rahmen.
скаме́йка *f* В саду́ под де́ревом стои́т скаме́йка.	**Bank** *f* Im Garten steht eine Bank unter dem Baum.
ска́терть *f* Принеси́, пожа́луйста, бе́лую ска́терть.	**Tischdecke** *f* Bring bitte eine weiße Tischdecke.

тахта́ *f*	**Liege** *f*
Е́сли прие́дет моя́ сестра́, то она́ мо́жет спа́ть на тахте́.	Wenn meine Schwester kommt, kann sie auf der Liege schlafen.
топи́ть	**heizen**
В ста́рых дома́х пе́чи то́пят дрова́ми и углём.	In alten Häusern heizt man die Öfen mit Holz und Kohlen.
холоди́льник *m*	**Kühlschrank** *m*
Положи́ мя́со в холоди́льник, оно́ мо́жет испо́ртиться.	Leg das Fleisch in den Kühlschrank, sonst wird es schlecht.
я́щик *m*	**Kiste** *f*, **Schublade** *f*
В я́щике лежа́ли я́блоки и гру́ши.	In der Kiste lagen Äpfel und Birnen.

1.2.1.3 GEBRAUCHSGEGENSTÄNDE

«1–2000»

ба́нка *f*	**(Konserven-)Glas** *n;* **Büchse** *f*
В магази́не я купи́ла одну́ ба́нку смета́ны.	Ich kaufte im Laden ein Glas saure Sahne.
Откро́й, пожа́луйста, э́ту ба́нку.	Mach bitte diese Büchse auf.
буди́льник *m*	**Wecker** *m*
Он забы́л завести́ буди́льник, поэ́тому проспа́л.	Er hatte vergessen, den Wecker aufzuziehen, deshalb hat er verschlafen.
звоно́к *m*	**Klingel** *f;* **Klingelzeichen** *n*
У на́с о́чень гро́мкий звоно́к, та́к как ба́бушка пло́хо слы́шит.	Weil die Großmutter schlecht hört, haben wir eine sehr laute Klingel.
До звонка́ ещё 20 мину́т.	Bis zum Klingelzeichen sind es noch 20 Minuten.
ключ *m*	**Schlüssel** *m*
Он забы́л ключи́ и не смог попа́сть в кварти́ру.	Er hatte seine Schlüssel vergessen und konnte nicht in die Wohnung hinein.
кошелёк *m*	**Börse** *f*, **Portemonnaie** *n*
Я то́чно по́мню, что положи́ла кошелёк в карма́н.	Ich kann mich genau erinnern, dass ich das Portemonnaie in die Tasche gesteckt habe.

мешóк *m* Из дерéвни нам привезли́ 5 мешкóв картóфеля.	**Sack** *m* Aus dem Dorf brachte man uns 5 Sack Kartoffeln mit.
очки́ *n Pl* Без очкóв бáбушка не мóжет смотрéть телеви́зор.	**Brille** *f* Ohne Brille kann die Großmutter nicht fernsehen.
портфéль *m* Тетрáди и учéбники нáдо вéчером класть в портфéль.	**Aktentasche** *f* Hefte und Lehrbücher muss man abends in die Aktentasche packen.
свечá *f* Не забýдь купи́ть свеч для ёлки.	**Kerze** *f* Vergiss nicht, die Kerzen für den Tannenbaum zu kaufen.
спи́чка *f* Дай мне, пожáлуйста, спи́чки.	**Streichholz** *n* Gib mir bitte Streichhölzer.
сýмка *f* Положи́, пожáлуйста, кошелёк в твою́ сýмку.	**Tasche** *f* Leg bitte das Portemonnaie in deine Tasche.
часы́ *m Pl* Я никáк не могý найти́ мои́ часы́, навéрно, я их потеря́ла.	**Uhr** *f* Ich kann meine Uhr einfach nicht finden, wahrscheinlich habe ich sie verloren.
я́щик *m* В коридóре стоя́ли я́щики с кни́гами.	**Kiste** *f* Im Korridor standen Kisten mit Büchern.

«2001–4000»

ведрó *n* В вáнной стóяло ведрó с гря́зным бельём.	**Eimer** *m* Im Bad stand ein Eimer mit schmutziger Wäsche.
верёвка *f* Мне нýжно ещё повéсить бельё на верёвку.	**Schnur** *f*, **Leine** *f* Ich muss noch Wäsche auf die Leine hängen.
вéшалка *f* Твоё пальтó виси́т в коридóре на вéшалке.	**Kleiderständer** *m* Dein Mantel hängt im Korridor am Kleiderständer.
гвоздь *m* Чтóбы почини́ть шкаф, мне нужны́ гвóзди.	**Nagel** *m* Ich brauche Nägel, um den Schrank zu reparieren.

зонт *m*, **зо́нтик** *m* Возьми́ с собо́й зонт, сего́дня бу́дет дождь.	**Regenschirm** *m* Nimm einen Regenschirm mit, heute wird es regnen.
игла́ *f*, **иго́лка** *f* Возьми́ иго́лку и прише́й пу́говицу.	**Nadel** *f* Nimm eine Nadel und näh den Knopf an.
коро́бка *f* В коро́бке лежа́ли ста́рые фотогра́фии.	**Schachtel** *f* In der Schachtel lagen alte Fotos.
молото́к *m* У тебя́ есть молото́к?	**Hammer** *m* Hast du einen Hammer?
нить *f*, **ни́тка** *f* Э́ту ткань на́до шить то́нкими ни́тками.	**Faden** *m*, **Garn** *n* Diesen Stoff muss man mit dünnem Faden nähen.
но́жницы *f Pl* Мне нужны́ специа́льные но́жницы, что́бы ре́зать мета́лл.	**Schere** *f* Ich brauche eine Spezialschere, um Metall zu schneiden.
пила́ *f* Он купи́л себе́ но́вую пилу́.	**Säge** *f* Er kaufte sich eine neue Säge.
тря́пка *f* Вы́три, пожа́луйста, пыль э́той тря́пкой.	**Lappen** *m* Wisch bitte mit diesem Lappen Staub.
утю́г *m* Но́вый утю́г ча́сто лома́ется.	**Bügeleisen** *n* Das neue Bügeleisen ist oft kaputt.

1.2.2 KLEIDUNG UND SCHMUCK

«1–2000»

бельё *n* По суббо́там я обы́чно стира́ю бельё.	**Wäsche** *f* Sonnabends wasche ich für gewöhnlich Wäsche.
блу́зка *f* Э́та блу́зка тебе́ о́чень идёт.	**Bluse** *f* Diese Bluse steht dir sehr gut.
боти́нок *m* Ребёнку нужны́ на́ зиму тёплые боти́нки.	**Schuh** *m* Das Kind braucht für den Winter warme Schuhe.

брю́ки *f Pl* Брю́ки мне широки́, так как э́то не мой разме́р.	**Hose** *f* Die Hose ist mir zu weit, weil das nicht meine Größe ist.
джи́нсы *f Pl* Джи́нсы – о́чень практи́чный вид оде́жды.	**Jeans** *Pl* Jeans sind eine sehr praktische Kleidung.
идти́ Мне не иду́т широ́кие ю́бки.	**stehen** Mir stehen weite Röcke nicht.
карма́н *m* Ма́ленькая де́вочка лю́бит пла́тья с карма́нами.	**Tasche** *f* Das kleine Mädchen mag Kleider mit Taschen.
колго́тки *n Pl* Мно́го де́нег я тра́чу на колго́тки.	**Strumpfhose** *f* Ich gebe viel Geld für Strumpfhosen aus.
кольцо́ *n* Он, ви́димо, жена́т, так как он но́сит кольцо́.	**Ring** *m* Er ist anscheinend verheiratet, da er einen Ring trägt.
костю́м *m* В э́том сезо́не мо́дны класси́ческие костю́мы.	**Anzug** *m* In dieser Saison sind klassische Anzüge modern.
краси́вый Где ты купи́ла э́то краси́вое кольцо́?	**schön** Wo hast du diesen schönen Ring gekauft?
мо́да *f* Она́ была́ оде́та по после́дней мо́де.	**Mode** *f* Sie war nach der letzten Mode gekleidet.
«мо́лния» *f;* **замо́к-мо́лния** *f* Помоги́ мне, пожа́луйста, вшить «мо́лнию».	**Reißverschluss** *m* Hilf mir bitte den Reißverschluss einzunähen.
надева́ть/наде́ть Наде́нь пальто́, сего́дня на у́лице хо́лодно.	**anziehen** Zieh den Mantel an, heute ist es kalt draußen.
носи́ть Мно́гие же́нщины но́сят брю́ки.	**tragen** Viele Frauen tragen Hosen.
пальто́ *n (unveränd.)* Неда́вно я купи́ла себе́ элега́нтное пальто́.	**Mantel** *m* Vor kurzem kaufte ich mir einen eleganten Mantel.
плато́к *m* К пальто́ мне на́до купи́ть бе́лый или кра́сный плато́к.	**Tuch** *n* Zum Mantel brauche ich noch ein weißes oder ein rotes Tuch.

пла́тье *n*	**Kleid** *n*
В э́том магази́не большо́й вы́бор пла́тьев.	In diesem Laden gibt es eine große Auswahl an Kleidern.
по́яс *m*	**Gürtel** *m*
Тебе́ бо́льше иду́т пла́тья без по́яса.	Dir stehen Kleider ohne Gürtel besser.
пу́говица *f*	**Knopf** *m*
По-моему, э́ти кра́сные пу́говицы не иду́т к зелёному пла́тью.	Ich finde, diese roten Knöpfe passen nicht zum grünen Kleid.
раздева́ться/разде́ться	**sich ausziehen; ablegen**
Ребёнок раздева́ется ме́дленно, та́к как он не хо́чет идти́ спать.	Das Kind zieht sich langsam aus, weil es nicht schlafen gehen will.
Го́сти разде́лись и прошли́ в ко́мнату.	Die Gäste legten ab und gingen ins Zimmer.
разме́р *m*	**Größe** *f*
Да́йте мне, пожа́луйста, бе́лую руба́шку 40-го разме́ра.	Geben Sie mir bitte ein weißes Hemd in der Größe 40.
руба́шка *f*	**Hemd** *n*
Мой брат но́сит то́лько бе́лые руба́шки.	Mein Bruder trägt nur weiße Hemden.
рука́в *m*	**Ärmel** *m*
На де́вушке была́ краси́вая блу́зка без рукаво́в.	Das Mädchen trug eine hübsche ärmellose Bluse.
сапо́г *m*	**Stiefel** *m*
В э́том сезо́не мо́дны сапоги́ на ни́зком каблуке́.	In dieser Saison sind Stiefel mit flachen Absätzen modern.
снима́ть/снять	**ausziehen**
Сними́ ту́фли, они́ у тебя́ гря́зные.	Zieh die Schuhe aus, sie sind schmutzig.
ту́фля *f*, **ту́фли** *Pl*	**Schuh** *m*
Моя́ подру́га но́сит лакиро́ванные ту́фли.	Meine Freundin trägt Lackschuhe.
ша́пка *f*	**Mütze** *f*
Кака́я у тебя́ краси́вая ша́пка!	Was für eine schöne Mütze du hast!
шу́ба *f*	**Pelzmantel** *m*
Продаве́ц посове́товал мне купи́ть синтети́ческую шу́бу.	Der Verkäufer empfahl mir, einen synthetischen Pelzmantel zu kaufen.

ю́бка *f* Кака́я ю́бка идёт к э́той блу́зке?	**Rock** *m* Welcher Rock passt zu dieser Bluse?

«2001–4000»

брасле́т *m* Э́тот брасле́т он привёз из Кита́я.	**Armband** *n* Dieses Armband brachte er aus China mit.
воротни́к *m* Чёрное пла́тье с бе́лым воротнико́м тебе́ идёт.	**Kragen** *m* Das schwarze Kleid mit dem weißen Kragen steht dir.
га́лстук *m* Колле́ги подари́ли моему́ му́жу га́лстук.	**Krawatte** *f* Die Kollegen schenkten meinem Mann eine Krawatte.
гла́дить/погла́дить Моя́ дочь не лю́бит гла́дить бельё и оде́жду.	**bügeln** Meine Tochter mag es nicht, Wäsche und Kleidung zu bügeln.
го́лый «А коро́ль-то го́лый!» – сказа́л ма́ленький ма́льчик.	**nackt** „Aber der König ist ja nackt!“ – sagte der kleine Junge.
застёгивать/застегну́ть Сестра́ помога́ет бра́ту застегну́ть пальто́.	**zuknöpfen** Die Schwester hilft dem Bruder, den Mantel zuzuknöpfen.
каблу́к *m* Моя́ жена́ наде́ла в теа́тр ту́фли на высо́ком каблуке́.	**Absatz** *m* Meine Frau zog ins Theater Schuhe mit hohen Absätzen an.
ко́фта *f* Дочь подари́ла ма́тери на день рожде́ния шерстяну́ю ко́фту.	**(Strick-)Jacke** *f* Die Tochter schenkte der Mutter eine wollene Strickjacke zum Geburtstag.
купа́льный костю́м *m*, **купа́льник** *m* В э́том магази́не я купи́ла краси́вый купа́льник.	**Badeanzug** *m* In diesem Geschäft kaufte ich einen schönen Badeanzug.
ле́нта *f* Моя́ сестра́ завя́зывает во́лосы ле́нтой.	**Band** *n* Meine Schwester bindet die Haare mit einem Band zusammen.

ма́йка *f* Да́йте мне, пожа́луйста, ма́йку 48-го разме́ра.	**Turnhemd** *n*, **T-Shirt** *n* Geben Sie mir bitte ein Turnhemd, Größe 48.
носо́к *m*, **носки́** *Pl* Э́ти носки́ о́чень то́нкие.	**Socke** *f* Diese Socken sind sehr dünn.
о́бувь *f Sg* О́бувь в э́том магази́не о́чень дорога́я.	**Schuhe** *Pl* In diesem Laden sind Schuhe sehr teuer.
одева́ться/оде́ться Одева́йся быстре́е, а то мы опозда́ем в теа́тр.	**sich anziehen** Zieh dich schnell an, sonst kommen wir zu spät ins Theater.
оде́жда *f* Отнеси́, пожа́луйста, оде́жду в химчи́стку.	**Kleider** *Pl*, **Kleidung** *f* Schaff bitte die Kleider in die chemische Reinigung.
переодева́ться/переоде́ться Когда́ я прихожу́ с рабо́ты, я сра́зу переодева́юсь.	**sich umziehen** Wenn ich von der Arbeit nach Hause komme, ziehe ich mich sofort um.
перча́тка *f* Ка́жется, я потеря́ла ле́вую перча́тку.	**Handschuh** *m* Ich glaube, ich habe meinen linken Handschuh verloren.
пиджа́к *m* К э́тому пиджаку́ иду́т све́тлые брю́ки.	**Jackett** *n* Zu diesem Jackett passt eine helle Hose.
пла́вки *f Pl* На молодо́м челове́ке бы́ли одни́ то́лько пла́вки.	**Badehose** *f* Der junge Mann hatte nur eine Badehose an.
плащ *m* Ты е́дешь в А́нглию? Не забу́дь взять с собо́й плащ.	**Regenmantel** *m* Fährst du nach England? Vergiss nicht, deinen Regenmantel mitzunehmen.
примеря́ть/приме́рить Я хоте́ла бы приме́рить э́ту ю́бку.	**anprobieren** Ich möchte diesen Rock anprobieren.
реме́нь *m* К э́тим брю́кам тебе́ ну́жно купи́ть краси́вый реме́нь.	**Gürtel** *m* Zu dieser Hose musst du einen hübschen Gürtel kaufen.
сви́тер *m* Э́тот сви́тер на́до стира́ть рука́ми: он из чи́стой ше́рсти.	**Pullover** *m* Dieser Pullover muss mit der Hand gewaschen werden, er ist aus reiner Wolle.

трусы́ *m Pl*
В ко́мнате бы́ло жа́рко, поэ́тому на нём бы́ли то́лько одни́ трусы́.

Unterhose *f*, **Turnhose** *f*
Im Zimmer war es heiß, deswegen hatte er nur eine Unterhose an.

фура́жка *f*
В ца́рской Росси́и шко́льники носи́ли фура́жки.

Schirmmütze *f*
Im zaristischen Russland trugen die Schüler Schirmmützen.

хала́т *m*
Врач наде́л све́жий хала́т.

Kittel *m*
Der Arzt zog einen frischen Kittel an.

чуло́к *m*, **чулки́** *Pl*
Ба́бушка попроси́ла меня́ купи́ть ей шерстяны́е чулки́.

Strumpf *m*
Die Großmutter bat mich, ihr wollene Strümpfe zu kaufen.

шить/сшить
Подру́га обеща́ла сшить мне пла́тье.

nähen
Die Freundin versprach, mir ein Kleid zu nähen.

шля́па *f*
Мой па́па но́сит шля́пу.

Hut *m*
Mein Vater trägt einen Hut.

элега́нтный
Э́то элега́нтное пла́тье о́чень дорого́е.

elegant
Dieses elegante Kleid ist sehr teuer.

1.2.3 ERNÄHRUNG

1.2.3.1 MAHLZEITEN, RESTAURANT

«1–2000»

аппети́т *m*
Хозя́йка пожела́ла гостя́м прия́тного аппети́та.

Appetit *m*
Die Gastgeberin wünschte den Gästen einen guten Appetit.

ви́лка *f*
Я не зна́ю, почему́ мне положи́ли две ви́лки.

Gabel *f*
Ich weiß nicht, warum man mir zwei Gabeln hingelegt hat.

вку́сный
Ба́бушка гото́вит на обе́д вку́сный борщ.

schmackhaft
Die Großmutter kocht zu Mittag einen schmackhaften Borschtsch.

выбира́ть/вы́брать
На второ́е мы вы́брали жа́реную ры́бу.

wählen
Als zweiten Gang wählten wir gebratenen Fisch.

вы́бор *m* В э́том рестора́не большо́й вы́бор блюд ру́сской ку́хни.	**Auswahl** *f* In diesem Restaurant hat man eine große Auswahl an Gerichten der russischen Küche.
голо́дный Я сего́дня го́лоден, как волк.	**hungrig, Hunger haben** Ich habe heute einen Bärenhunger.
горчи́ца *f* На у́жин мы е́ли соси́ски с горчи́цей.	**Senf** *m* Zum Abendbrot aßen wir Würstchen mit Senf.
гото́вить/пригото́вить Его́ жена́ хорошо́ гото́вит.	**zubereiten, kochen** Seine Frau kann gut kochen.
есть/пое́сть и **съе́сть** Почему́ ты ешь так бы́стро? Ребёнок съел всю ка́шу и споко́йно спал всю ночь.	**essen** Warum isst du so schnell? Das Kind aß den ganzen Brei auf und schlief dann ruhig die ganze Nacht.
за́втрак *m* На за́втрак бы́ли я́йца и ко́фе.	**Frühstück** *n* Zum Frühstück gab es Eier und Kaffee.
за́втракать/поза́втракать Я за́втракаю в 7 часо́в.	**frühstücken** Ich frühstücke um 7 Uhr.
зака́зывать/заказа́ть К на́шему сто́лику подошёл официа́нт, и мы заказа́ли обе́д.	**bestellen** Der Kellner kam an unseren Tisch und wir bestellten das Mittagessen.
заку́ска *f* На столе́ стоя́ло мно́го ра́зных заку́сок.	**(kleine pikante) Vorspeise** *f*, **Appetithäppchen** *n* Auf dem Tisch standen viele Vorspeisen.
кастрю́ля *f* Кастрю́лю с су́пом я поста́вила в холоди́льник.	**(Koch-)Topf** *m* Den Topf mit Suppe stellte ich in den Kühlschrank.
ло́жка *f* Официа́нт забы́л принести́ мне ло́жку.	**Löffel** *m* Der Kellner vergaß, mir einen Löffel zu bringen.
ме́сто *n* В рестора́не все места́ бы́ли за́няты.	**Platz** *m* Im Restaurant waren alle Plätze besetzt.
нож *m* Мне ну́жно купи́ть специа́льный нож для чи́стки карто́феля.	**Messer** *n* Ich muss ein spezielles Messer zum Kartoffelschälen kaufen.

на второ́е	**als zweiter Gang**
На второ́е ма́ма пригото́вила котле́ты с ри́сом.	Als zweiten Gang bereitete die Mutter Buletten mit Reis zu.
на пе́рвое	**als erster Gang**
На пе́рвое обы́чно едя́т суп или борщ.	Als erster Gang wird oft Suppe oder Borschtsch gegessen.
на тре́тье	**als dritter Gang, als Nachspeise**
На тре́тье мы заказа́ли моро́женое.	Als dritten Gang bestellten wir Eis.
обе́д *m*	**Mittagessen** *n;* **Mittagspause** *f*
Ру́сский обе́д состои́т, как пра́вило, из трёх блюд.	Das russische Mittagessen besteht in der Regel aus drei Gängen.
Магази́н закры́т на обе́д.	Das Geschäft hat Mittagspause.
обе́дать	**zu Mittag essen**
Где ты обы́чно обе́даешь?	Wo isst du gewöhnlich zu Mittag?
про́бовать/попро́бовать	**kosten, probieren**
Попро́буйте вот э́тот сала́т, он о́чень вку́сный.	Probieren Sie diesen Salat, er schmeckt sehr gut.
рестора́н *m*	**Restaurant** *n*
Сва́дьбу реши́ли пра́здновать в рестора́не.	Man beschloss, die Hochzeit im Restaurant zu feiern.
столо́вая *f*	**Mensa** *f*
Недалеко́ от университе́та нахо́дится столо́вая.	Nicht weit von der Universität befindet sich die Mensa.
счёт *m*	**Rechnung** *f*
Мы попроси́ли официа́нта принести́ счёт.	Wir baten den Kellner, die Rechnung zu bringen.
таре́лка *f*	**Teller** *m*
Он съел це́лую таре́лку су́па.	Er aß den ganzen Teller Suppe auf.
у́жин *m*	**Abendessen** *n,* **Abendbrot** *n*
Я позвоню́ тебе́ по́сле у́жина.	Ich rufe dich nach dem Abendbrot an.
у́жинать/поу́жинать	**zu Abend essen**
Вся семья́ у́жинает обы́чно в 7 часо́в ве́чера.	Die ganze Familie isst gewöhnlich um 19 Uhr zu Abend.

«2001–4000»

блю́до *n* Каки́е блю́да ру́сской ку́хни вы зна́ете? На блю́де лежа́ли пиро́жены́е.	**Gericht** *n;* **Kuchenplatte** *f* Welche Gerichte der russischen Küche kennen Sie? Auf der Kuchenplatte lagen Törtchen.
буфе́т *m* В гости́нице есть буфе́т, в кото́ром мо́жно поза́втракать.	**Büfett** *n* Im Hotel gibt es ein Büfett, in dem man frühstücken kann.
варёный К мя́су по́дали варёный карто́фель.	**gekocht** Zum Fleisch gab es gekochte Kartoffeln.
вку́сно *Adv* Моя́ сестра́ вку́сно гото́вит.	**schmackhaft** Meine Schwester kocht sehr schmackhaft.
го́лод *m* В э́той африка́нской стране́ де́ти умира́ют от го́лода.	**Hunger** *m* In diesem afrikanischen Land sterben Kinder an Hunger.
жа́реный Каку́ю ры́бу вы предпочита́ете – жа́реную и́ли варёную?	**gebraten** Welchen Fisch essen Sie lieber: gebratenen oder gekochten?
кафе́ *n (unveränd.)* В э́том кафе́ продаётся вку́сное моро́женое.	**Café** *n* In diesem Café gibt es schmackhaftes Eis.
кипе́ть/вскипе́ть Когда́ вода́ вскипи́т, на́до положи́ть капу́сту.	**kochen** Wenn das Wasser kocht, legt man den Kohl hinein.
меню́ *n (unveränd.)* В меню́ рестора́на большо́й вы́бор блюд ру́сской ку́хни.	**Speisekarte** *f* Auf der Speisekarte des Restaurants stehen viele Gerichte der russischen Küche.
моро́женое *n* На тре́тье мы заказа́ли моро́женое.	**Eis** *n* Als dritten Gang bestellten wir Eis.
официа́нт *m,* **официа́нтка** *f* Брат мое́й подру́ги рабо́тает официа́нтом.	**Kellner** *m,* **Kellnerin** *f* Der Bruder meiner Freundin ist Kellner.
обслу́живать/обслужи́ть Нас бы́стро обслужи́л молодо́й официа́нт.	**bedienen** Ein junger Kellner bediente uns schnell.

пита́ться
Во вре́мя похо́да в го́ры мы пита́лись консе́рвами.

(er)nähren
Während unserer Wanderung in die Berge ernährten wir uns von Konserven.

пи́ща *f*
Пи́ща должна́ быть вку́сной и разнообра́зной.

Nahrung *f*
Die Nahrung muss schmackhaft und abwechslungsreich sein.

по́рция *f*
Официа́нтка спроси́ла нас, ско́лько по́рций сала́та мы заказа́ли.

Portion *f*
Die Kellnerin fragte uns, wie viel Portionen Salat wir bestellt hatten.

посу́да *f*
Ма́ма мо́ет посу́ду, а дочь вытира́ет её.

Geschirr *n*
Die Mutter spült das Geschirr und die Tochter trocknet es ab.

проголода́ться
Я це́лый день ничего́ не е́ла и си́льно проголода́лась.

Hunger haben
Den ganzen Tag habe ich nichts gegessen und habe großen Hunger.

салфе́тка *f*
Салфе́тка должна́ лежа́ть спра́ва от таре́лки.

Serviette *f*
Die Serviette muss rechts vom Teller liegen.

сы́тый
Ребёнок сыт, он неда́вно пообе́дал.

satt
Das Kind ist satt, es hat vor kurzem zu Mittag gegessen.

шашлы́к *m*
Шашлы́к сего́дня получи́лся о́чень вку́сный.

Schaschlik *m, n*
Das Schaschlik ist heute sehr gut gelungen.

1.2.3.2 LEBENSMITTEL UND SPEISEN
(Siehe auch OBST UND GEMÜSE 1.2.3.3)

«1–2000»

борщ *m*
Он так лю́бит борщ, что мо́жет есть его́ 3 ра́за в день.

Borschtsch *m*, **Rote-Bete-Suppe** *f*
Er mag Borschtsch so sehr, dass er ihn dreimal am Tage essen könnte.

бу́лка *f*
В магази́н привезли́ све́жие бу́лки.

Brötchen *n*
In den Laden brachte man frische Brötchen.

вари́ть/свари́ть Э́то мя́со ну́жно до́лго вари́ть.	**kochen** Dieses Fleisch muss man lange kochen.
го́рький Огурцы́, кото́рые ты купи́л на ры́нке, го́рькие.	**bitter** Die Gurken, die du auf dem Markt gekauft hast, sind bitter.
еда́ *f* Э́то лека́рство на́до принима́ть до еды́.	**Essen** *n* Diese Arznei muss man vor dem Essen einnehmen.
ка́ша *f* Мой сын лю́бит ка́шу.	**Brei** *m* Mein Sohn isst gern Brei.
колбаса́ *f* Купи́, пожа́луйста, полкило́ колбасы́.	**Wurst** *f* Kauf bitte ein halbes Kilo Wurst.
конфе́та *f* Не дава́й ребёнку шокола́дных конфе́т, э́то вре́дно для зубо́в.	**Praline** *f*, **Konfekt** *n* Gib dem Kind keine Pralinen, das ist schädlich für die Zähne.
кусо́к *m* Он положи́л кусо́к мя́са на таре́лку. Отре́жь мне, пожа́луйста, кусо́к хле́ба.	**Stück** *n;* **Scheibe** *f* Er legte ein Stück Fleisch auf den Teller. Schneide mir bitte eine Scheibe Brot ab.
ма́сло *n* Ры́бу мо́жно жа́рить и на сли́вочном, и на подсо́лнечном ма́сле.	**Butter** *f;* **Öl** *n* Den Fisch kann man sowohl in Butter als auch in Öl braten.
мука́ *f* Для то́рта ну́жно 250 гра́ммов муки́.	**Mehl** *n* Für die Torte braucht man 250 g Mehl.
мя́со *n* Ната́ша уме́ет печь вку́сные пироги́ с мя́сом.	**Fleisch** *n* Natascha kann schmackhafte Fleischpasteten backen.
о́стрый Дай мне, пожа́луйста, о́стрый нож.	**scharf** Gib mir bitte ein scharfes Messer.
проду́кты *m Pl* По́сле рабо́ты она́ пошла́ в магази́н, что́бы купи́ть проду́кты.	**Lebensmittel** *n Pl* Nach der Arbeit ging sie in den Laden, um Lebensmittel einzukaufen.
са́хар *m* Я пью ко́фе с молоко́м и са́харом.	**Zucker** *m* Ich trinke Kaffee mit Milch und Zucker.

соль *f*	**Salz** *n*
Не клади́ так мно́го со́ли в суп.	Gib nicht so viel Salz in die Suppe.
суп *m*	**Suppe** *f*
Ма́льчик съел с аппети́том таре́лку су́па.	Der Junge aß mit Appetit einen Teller Suppe.
сыр *m*	**Käse** *m*
На таре́лке лежа́ли кусо́чки сы́ра.	Auf dem Teller lagen Käsestückchen.
у́ксус *m*	**Essig** *m*
В э́том сала́те сли́шком ма́ло у́ксуса.	An diesem Salat ist zu wenig Essig.
хлеб *m*	**Brot** *n*
Сходи́, пожа́луйста, в магази́н и купи́ хле́ба.	Geh bitte in den Laden und kauf Brot.
яйцо́ *n*, **я́йца** *Pl*	**Ei** *n*
На за́втрак я обы́чно ем одно́ яйцо́.	Zum Frühstück esse ich gewöhnlich ein Ei.

«2001–4000»

бара́нина *f*	**Hammelfleisch** *n*
Настоя́щий шашлы́к гото́вят из бара́нины.	Echtes Schaschlik wird aus Hammelfleisch zubereitet.
бутербро́д *m*	**belegtes Brot** *n*
На таре́лке лежа́ли бутербро́ды с колбасо́й.	Auf dem Teller lagen belegte Brote mit Wurst.
варе́нье *n*	**Warenje** *f*, **(Konfitüre** *f***)**
По вечера́м на́ша семья́ пьёт чай с варе́ньем.	Abends trinkt unsere Familie Tee mit Warenje.
ветчина́ *f*	**Schinken** *m*
Да́йте мне, пожа́луйста, 300 гра́ммов ветчины́.	Geben Sie mir bitte 300 g Schinken.
говя́дина *f*	**Rindfleisch** *n*
Ско́лько сто́ит килогра́мм говя́дины?	Wie viel kostet ein Kilo Rindfleisch?
жа́рить/пожа́рить	**braten**
Что ты де́лаешь? – Жа́рю мя́со на у́жин.	Was machst du? – Ich brate Fleisch zum Abendbrot.

жарко́е *n* В э́том рестора́не гото́вят настоя́щее ру́сское жарко́е.	**Braten** *m* In diesem Restaurant wird echter russischer Braten zubereitet.
жир *m* На како́м жиру́ лу́чше всего́ жа́рить карто́фель?	**Fett** *n* Mit welchem Fett kann man Kartoffeln am besten braten?
котле́та *f* На обе́д ма́ма пригото́вила котле́ты.	**Frikadelle** *f*, **Bulette** *f* Zum Mittagessen bereitete die Mutter Frikadellen zu.
накрыва́ть/накры́ть Ско́ро приду́т го́сти, пора́ накрыва́ть на стол.	**decken** Bald kommen die Gäste, es ist Zeit, den Tisch zu decken.
пе́рец *m* Что́бы котле́ты бы́ли вкусне́е, в них на́до положи́ть пе́рец.	**Pfeffer** *m* Damit die Buletten besser schmecken, muss man sie mit Pfeffer würzen.
пече́нье *n* Ба́бушка лю́бит пить чай с пече́ньем.	**Keks** *m* Die Großmutter trinkt gern Tee und isst Kekse dazu.
печь/испе́чь К пра́зднику мы всегда́ печём торт.	**backen** Zum Fest backen wir immer eine Torte.
пиро́г *m* Твой пиро́г с я́блоками о́чень вку́сный. Дай мне, пожа́луйста, реце́пт пирого́в с мя́сом.	**Kuchen** *m*; **Pirogge** *f* Dein Apfelkuchen schmeckt sehr gut. Gib mir bitte das Rezept für Piroggen mit Fleisch.
сала́т *m* К нам ве́чером приду́т го́сти, поэ́тому я хочу́ пригото́вить два сала́та.	**Salat** *m* Am Abend kommen Gäste zu uns, deshalb möchte ich zwei Salate machen.
свини́на *f* Для борща́ лу́чше всего́ взять и говя́дину, и свини́ну.	**Schweinefleisch** *n* Für Borschtsch nimmt man am besten sowohl Rind- als auch Schweinefleisch.
смета́на *f* Ты забы́л купи́ть смета́ну.	**saure Sahne** *f* Du hast vergessen, saure Sahne zu kaufen.
теля́тина *f* Мне ну́жно купи́ть килогра́мм теля́тины.	**Kalbfleisch** *n* Ich muss ein Kilo Kalbfleisch kaufen.

те́сто *n* — **Teig** *m*
Из како́го те́ста де́лают кекс? — Aus welchem Teig wird Rührkuchen gemacht?

шокола́д *m* — **Schokolade** *f*
Все де́ти о́чень лю́бят шокола́д. — Alle Kinder mögen gern Schokolade.

щи *f Pl* — **Kohlsuppe** *f*
Дава́й зака́жем на пе́рвое щи. — Wollen wir als ersten Gang Kohlsuppe bestellen?

1.2.3.3 OBST UND GEMÜSE

«1–2000»

арбу́з *m* — **Wassermelone** *f*
Арбу́з был о́чень сла́дкий. — Die Wassermelone war sehr süß.

гру́ша *f* — **Birne** *f*
Ско́лько сто́ит килогра́мм груш? — Wie viel kostet ein Kilo Birnen?

капу́ста *f* — **Kohl** *m*
Мне на́до купи́ть на ры́нке капу́сту. — Ich muss auf dem Markt Kohl kaufen.

карто́фель *m Sg* — **Kartoffeln** *f Pl*
Карто́фель сего́дня на ры́нке дешёвый. — Kartoffeln sind heute auf dem Markt billig.

ки́слый — **sauer**
Я́блоко я не съе́ла, потому́ что оно́ ки́слое. — Den Apfel habe ich nicht aufgegessen, weil er sauer ist.

лук *m Sg* — **Zwiebel** *f*
В сала́т на́до ещё доба́вить лук. — Zum Salat muss man noch Zwiebeln zugeben.

морко́вь *f Sg* — **Mohrrübe** *f*
В морко́ви мно́го витами́нов. — Mohrrüben haben viele Vitamine.

о́вощи *m Pl* — **Gemüse** *n*
Све́жие о́вощи о́чень поле́зны для здоро́вья. — Frisches Gemüse ist sehr gesund.

огуре́ц *m* — **Gurke** *f*
Для сала́та мне нужны́ огурцы́. — Ich brauche Gurken für den Salat.

помидо́р *m*	**Tomate** *f*
Наре́жь, пожа́луйста, помидо́ры для сала́та.	Schneide bitte Tomaten für den Salat.
све́жий	**frisch**
В э́том магази́не о́вощи всегда́ све́жие.	In diesem Laden ist das Gemüse immer frisch.
сла́дкий	**süß**
На за́втрак она́ пила́ сла́дкий чай.	Zum Frühstück trank sie süßen Tee.
сли́ва *f*	**Pflaume** *f*
За́втра я хочу́ испе́чь пиро́г со сли́вами.	Morgen möchte ich Pflaumenkuchen backen.
спе́лый	**reif**
Тру́дно узна́ть, спе́лый ли арбу́з и́ли нет.	Es ist schwer festzustellen, ob die Wassermelone reif ist oder nicht.
сыро́й	**roh**
Сыры́е о́вощи соде́ржат бо́льше витами́нов, чем варёные.	Rohes Gemüse enthält mehr Vitamine als gekochtes.
фру́кты *m Pl*	**Obst** *n*
На ры́нке мо́жно купи́ть све́жие фру́кты.	Auf dem Markt kann man frisches Obst kaufen.
чесно́к *m*	**Knoblauch** *m*
Чесно́к о́чень поле́зен для здоро́вья.	Knoblauch ist sehr gesund.
я́блоко *n*	**Apfel** *m*
На тре́тье сего́дня мусс из я́блок.	Als dritten Gang gibt es heute Apfelkompott.
я́года *f*	**Beere** *f*
В э́том лесу́ мно́го я́год.	In diesem Wald gibt es viele Beeren.

«2001–4000»

апельси́н *m*	**Apfelsine** *f*
Я купи́ла де́тям килогра́мм апельси́нов.	Ich kaufte für die Kinder ein Kilo Apfelsinen.
бана́н *m*	**Banane** *f*
Бана́ны расту́т в А́фрике.	Bananen wachsen in Afrika.
лимо́н *m*	**Zitrone** *f*
Лимо́ны импорти́руют из Испа́нии.	Zitronen werden aus Spanien eingeführt.

мандари́н *m* Э́ти мандари́ны ма́ленькие, но сла́дкие.	**Mandarine** *f* Diese Mandarinen sind klein, aber süß.
пе́рсик *m* В э́том году́ бы́ло мно́го пе́рсиков в саду́.	**Pfirsich** *m* In diesem Jahr gab es im Garten viele Pfirsiche.
рис *m* В Кита́е едя́т мно́го ри́са.	**Reis** *m* In China wird viel Reis gegessen.

1.2.3.4 TRINKEN, RAUCHEN

«1–2000»

буты́лка *f* На столе́ стоя́ло не́сколько буты́лок с напи́тками.	**Flasche** *f* Auf dem Tisch standen einige Flaschen mit Getränken.
вино́ *n* Како́е вино́ тебе́ нали́ть – кра́сное и́ли бе́лое?	**Wein** *m* Welchen Wein soll ich dir einschenken, Rot- oder Weißwein?
вода́ *f* Принеси́ мне, пожа́луйста, стака́н воды́.	**Wasser** *n* Bring mir bitte ein Glas Wasser.
горя́чий Почему́ ты не пьёшь ко́фе? – Он ещё горя́чий.	**heiß** Warum trinkst du den Kaffee nicht? – Er ist noch heiß.
кефи́р *m* Кефи́р о́чень поле́зен для здоро́вья.	**Kefir** *m* Kefir ist sehr gut für die Gesundheit.
кре́пкий Ве́чером я вы́пила кре́пкого ча́я и до́лго не могла́ засну́ть.	**stark** Am Abend trank ich starken Tee und konnte lange nicht einschlafen.
кури́ть В э́той ко́мнате не ку́рят.	**rauchen** In diesem Zimmer wird nicht geraucht.
лёд *m* Официа́нт принёс стака́н минера́льной воды́ со льдом.	**Eis** *n* Der Kellner brachte ein Glas Mineralwasser mit Eis.

молоко́ *n* Ты пьёшь ко́фе с молоко́м или без молока́?	**Milch** *f* Trinkst du Kaffee mit Milch oder ohne?
налива́ть/нали́ть Нале́й мне, пожа́луйста, ча́ю.	**eingießen, einschenken** Gieß mir bitte Tee ein.
пить/вы́пить Го́сти сиде́ли до́лго и вы́пили всё вино́.	**trinken** Die Gäste saßen lange und tranken den ganzen Wein aus.
пья́ный В па́рке на скаме́йке лежа́л пья́ный мужчи́на. Пья́ного отвезли́ в мили́цию.	**betrunken; Betrunkene(r)** *m* Im Park lag auf einer Bank ein betrunkener Mann. Der Betrunkene wurde zur Miliz gebracht.
сигаре́та *f* Э́та же́нщина ку́рит 20 сигаре́т в день.	**Zigarette** *f* Diese Frau raucht 20 Zigaretten pro Tag.
стака́н *m* На за́втрак я выпива́ю стака́н со́ка.	**Glas** *n* Zum Frühstück trinke ich ein Glas Saft.
чай *m* У нас ко́нчился чай.	**Tee** *m* Der Tee ist alle.
ча́йник *m* Я подари́ла подру́ге на де́нь рожде́ния краси́вый ча́йник.	**Teekessel** *m*, **Teekanne** *f* Ich schenkte meiner Freundin eine schöne Teekanne zum Geburtstag.
ча́шка *f* Ко́шка пры́гнула на стол и разби́ла мою́ люби́мую ча́шку.	**Tasse** *f* Die Katze sprang auf den Tisch und zerschlug meine Lieblingstasse.

«2001–4000»

алкого́льный Алкого́льные напи́тки продаю́тся с 10-и часо́в утра́.	**alkoholisch** Alkoholische Getränke werden ab 10 Uhr verkauft.
бока́л *m* На столе́ стоя́л бока́л с кра́сным вино́м.	**Weinglas** *n* Auf dem Tisch stand ein Glas mit Rotwein.
зажига́лка *f* Га́зовую зажига́лку мо́жно купи́ть в любо́м магази́не.	**Feuerzeug** *n* Ein Gasfeuerzeug kann man in jedem Laden kaufen.

кака́о *n (unveränd.)* Она́ не пьёт какао́.	**Kakao** *m* Sie trinkt keinen Kakao.
конья́к *m* Что Вы бу́дете пить, конья́к и́ли во́дку?	**Kognac** *m* Was möchten Sie trinken: Kognac oder Wodka?
ко́фе *m (unveränd.)* По утра́м я обы́чно пью кре́пкий ко́фе.	**Kaffee** *m* Morgens trinke ich gewöhnlich starken Kaffee.
лимона́д *m* Для ребёнка мы заказа́ли лимона́д.	**Limonade** *f* Für das Kind haben wir Limonade bestellt.
минера́льный Официа́нт принёс буты́лку минера́льной воды́.	**Mineral-** Der Kellner brachte eine Flasche Mineralwasser.
напи́ток *m* Каки́е напи́тки мы зака́жем?	**Getränk** *n* Welche Getränke wollen wir bestellen?
пе́пельница *f* Мы попроси́ли официа́нта принести́ пе́пельницу.	**Aschenbecher** *m* Wir baten den Kellner, einen Aschenbecher zu bringen.
пи́во *n* В Пра́ге мы пи́ли кре́пкое тёмное пи́во.	**Bier** *n* In Prag tranken wir starkes dunkles Bier.
рю́мка *f* Э́то ты разби́л рю́мку?	**Wein-, Schnapsglas** *n* Hast du das Weinglas zerbrochen?
самова́р *m* Иногда́ мы пьём чай из самова́ра.	**Samowar** *m* Manchmal trinken wir Tee aus dem Samowar.
тост *m* Господа́! Я предлага́ю тост за хозя́йку.	**Trinkspruch** *m* Meine Herren! Ich möchte einen Trinkspruch auf die Gastgeberin ausbringen.
тру́бка *f* Наш дире́ктор ку́рит тру́бку.	**Pfeife** *f* Unser Direktor raucht Pfeife.
шампа́нское *n* По́сле су́па официа́нт принёс шампа́нское.	**Sekt** *m*, **Schaumwein** *m* Nach der Suppe brachte der Kellner den Sekt.

1.2.4 SCHULE UND AUSBILDUNG

(Siehe auch LERNEN UND WISSEN, 1.1.2.9)

1.2.4.1 ALLGEMEINES

«1–2000»

воспита́ние *n*	**Erziehung** *f*
Семья́ игра́ет большу́ю роль в воспита́нии дете́й.	Die Familie spielt eine große Rolle bei der Erziehung der Kinder.
вуз *m (вы́сшее учё́бное заведе́ние)*	**Hochschule** *f*
В э́том го́роде есть три ву́за.	In dieser Stadt gibt es drei Hochschulen.
вы́сший	**höchst, Hoch-**
Спортсме́нка получи́ла вы́сшую оце́нку.	Die Sportlerin bekam die Höchstnote.
Э́то вы́сшее учё́бное заведе́ние гото́вит учителе́й.	Diese Hochschule bildet Lehrer aus.
заня́тие *n*	**Beschäftigung** *f;* **Unterricht** *m*
Чте́ние – моё люби́мое заня́тие.	Lesen ist meine Lieblingsbeschäftigung.
Заня́тия в ву́зах начина́ются 1-го сентября́.	Der Unterricht an den Hochschulen beginnt am 1. September.
изуча́ть/изучи́ть	**lernen; studieren; wissenschaftlich untersuchen**
В гимна́зии шко́льники изуча́ют лати́нский язы́к.	Am Gymnasium lernen die Schüler Latein.
Он изуча́ет хи́мию в университе́те.	Er studiert Chemie an der Universität.
Био́логи изуча́ют поведе́ние живо́тных.	Die Biologen untersuchen das Verhalten der Tiere.
институ́т *m*	**Institut** *n,* **Hochschule** *f*
Моя́ подру́га око́нчила педаго́гический институ́т.	Meine Freundin absolvierte die pädagogische Hochschule.
класс *m*	**Klasse** *f*
Са́ша у́чится в пя́том кла́ссе.	Sascha geht in die 5. Klasse.
конча́ть/ко́нчить	**beenden**
Он ко́нчил шко́лу и на́чал рабо́тать на заво́де.	Er beendete die Schule und begann in einem Werk zu arbeiten.
поступа́ть/поступи́ть	**immatrikuliert werden/sein**
Моя́ знако́мая поступи́ла в университе́т.	Meine Bekannte wurde an der Universität immatrikuliert.

профе́ссор *m* Ле́кции по литерату́ре чита́ет профе́ссор Н.	**Professor** *m* Die Literaturvorlesungen liest Professor N.
стипе́ндия *f* Почти́ все́ студе́нты получа́ют стипе́ндию.	**Stipendium** *n* Fast alle Studenten bekommen ein Stipendium.
студе́нт *m*, **студе́нтка** *f* Студе́нты успе́шно сда́ли экза́мен по матема́тике.	**Student(in)** *m (f)* Die Studenten legten erfolgreich die Mathematikprüfung ab.
университе́т *m* В э́том го́роде есть два университе́та.	**Universität** *f* In dieser Stadt gibt es zwei Universitäten.
учени́к *m*, **учени́ца** *f* Ученики́ пя́того кла́сса ходи́ли на экску́рсию в музе́й.	**Schüler(in)** *m (f)* Die Schüler der fünften Klasse unternahmen eine Exkursion ins Museum.
учи́тель *m*, **учи́тельница** *f* Матема́тику преподаёт молодо́й учи́тель.	**Lehrer(in)** *m (f)* Ein junger Lehrer unterrichtet Mathematik.
учи́ть/научи́ть Мари́я Ива́новна у́чит студе́нтов пра́вильному произноше́нию.	**lehren, beibringen** Maria Iwanowna lehrt die Studenten die richtige Aussprache.
учи́ть/вы́учить Ве́чером де́ти учи́ли но́вые слова́.	**(auswendig) lernen** Am Abend lernten die Kinder neue Vokabeln.
учи́ться Моя́ дочь у́чится в гимна́зии. В университе́те у́чатся 8 ты́сяч студе́нтов.	**lernen; studieren** Meine Tochter lernt am Gymnasium. Achttausend Studenten studieren an der Universität.
ци́фра *f* На э́том уро́ке де́ти у́чатся писа́ть ци́фры.	**Ziffer** *f* In dieser Unterrichtsstunde lernen die Schüler Ziffern zu schreiben.
шко́ла *f* Каку́ю шко́лу ты око́нчила?	**Schule** *f* Welche Schule hast du beendet?

«2001–4000»

дополни́тельный Ученики́ получи́ли дополни́тельное зада́ние.	**Zusatz-** Die Schüler bekamen eine Zusatzaufgabe.
обуче́ние *n* Обуче́ние на э́том факульте́те продолжа́ется 5 лет.	**Ausbildung** *f* Die Ausbildung an dieser Fakultät dauert 5 Jahre.
общежи́тие *n* Мно́гие студе́нты живу́т в общежи́тии.	**Wohnheim** *n* Viele Studenten wohnen im Wohnheim.
оконча́ние *n* По́сле оконча́ния ву́за она́ вы́шла за́муж.	**Beendigung** *f*, **Abschluss** *m* Nach dem Abschluss der Hochschule hat sie geheiratet.
переме́на *f* По́сле второ́го уро́ка – больша́я переме́на.	**Pause** *f* Die große Pause ist nach der 2. Stunde.
преподава́тель *m*, **преподава́тельница** *f* Моя́ тётя рабо́тает преподава́тельницей в институ́те.	**Lehrer(in)** *m (f) (an einer Hochschule)* Meine Tante arbeitet als Lehrerin an einer Hochschule.
преподава́ть Он преподаёт неме́цкий язы́к уже́ 10 лет.	**unterrichten** Er unterrichtet schon seit 10 Jahren Deutsch.
гото́виться Мне ну́жно гото́виться к экза́менам.	**sich vorbereiten** Ich muss mich auf die Prüfungen vorbereiten.
дневни́к *m* Ученики́ записа́ли в дневни́к дома́шнее зада́ние.	**Hausaufgabenheft** *n* Die Schüler schrieben die Hausaufgaben in das Hausaufgabenheft.
допуска́ть/допусти́ть Студе́нты, не сда́вшие пи́сьменные экза́мены, к у́стному экза́мену не допуска́ются. Учени́к допусти́л в дикта́нте 5 оши́бок.	**zulassen; Fehler machen** Studenten, die die schriftlichen Prüfungen nicht bestanden haben, werden zur mündlichen Prüfung nicht zugelassen. Der Schüler machte im Diktat 5 Fehler.
доска́ *f* Учи́тель написа́л на доске́ но́вые слова́.	**Tafel** *f* Der Lehrer schrieb die neuen Vokabeln an die Tafel.

задава́ть/зада́ть Сего́дня нам ничего́ не за́дали.	**aufgeben** Heute hat man uns nichts aufgegeben.
зада́ние *n* Вы по́няли зада́ние?	**Aufgabe** *f*, **Übungsanweisung** *f* Habt ihr die Aufgabe verstanden?
зада́ча *f* Учени́к бы́стро реши́л все зада́чи.	**Aufgabe** *f* Der Schüler hat alle Aufgaben schnell gelöst.
тетра́дь *f* Запиши́те но́вые слова́ в тетра́дь.	**Heft** *n* Schreibt die neuen Vokabeln ins Heft.
уча́щийся *m* Уча́щиеся 10 кла́сса сдаю́т экза́мен на аттеста́т зре́лости. Уча́щиеся ву́зов получа́ют стипе́ндию.	**Schüler** *m;* **Student** *m* Die Schüler der 10. Klasse legen die Reifeprüfung ab. Hochschulstudenten bekommen ein Stipendium.
учёба *f* Друзья́ ча́сто вспомина́ют го́ды учёбы в Росси́и.	**Studium** *n* Die Freunde erinnern sich oft an ihr Studium in Russland.
чертёж *m* Чертёж до́ма до́лжен быть гото́в за́втра.	**technische Zeichnung** *f*, **Plan** *m* Der Plan des Hauses muss morgen früh fertig sein.
шко́льник *m*, **шко́льница** *f* Сын мое́й подру́ги уже́ шко́льник.	**Schüler(in)** *m (f)* Der Sohn meiner Freundin ist bereits Schüler.

1.2.4.2 UNTERRICHT UND PRÜFUNGEN

«1–2000»

вы́держать Он вы́держал все экза́мены.	**bestehen** *(Prüfung)* Er hat alle Prüfungen bestanden.
вызыва́ть/вы́звать Учи́тель вы́звал ученика́ к доске́.	**aufrufen** Der Lehrer rief den Schüler an die Tafel.
исто́рия *f* Исто́рию преподаёт Ива́н Петро́вич.	**Geschichte** *f* Iwan Petrowitsch unterrichtet Geschichte.

курс *m*	**Studienjahr** *n;* **Lehrgang** *m*
По́сле тре́тьего ку́рса у студе́нтов быва́ет пра́ктика в шко́ле.	Nach dem 3. Studienjahr haben die Studenten ihr Schulpraktikum.
Он у́чится на интенси́вных ку́рсах.	Er nimmt an einem Intensivlehrgang teil.
ле́кция *f*	**Vorlesung** *f*
Ле́кция по литерату́ре начина́ется в 12 часо́в.	Die Literaturvorlesung beginnt um 12 Uhr.
объясне́ние *n*	**Erklärung** *f*
Не все по́няли объясне́ние но́вого пра́вила.	Nicht alle verstanden die Erklärung der neuen Regel.
объясня́ть/объясни́ть	**erklären**
Объясни́, пожа́луйста, как рабо́тает э́тот прибо́р.	Erkläre bitte, wie dieses Gerät funktioniert.
отли́чно *Adv*	**ausgezeichnet**
Экза́мен он сдал на оли́чно.	Die Prüfung hat er mit „Auszeichnung" abgelegt.
оце́нка *f*	**Note** *f,* **Zensur** *f*
Каку́ю оце́нку ты получи́л вчера́ по фи́зике?	Welche Zensur hast du gestern in Physik bekommen?
оши́бка *f*	**Fehler** *m*
Учени́ца написа́ла дикта́нт без оши́бок.	Die Schülerin schrieb das Diktat ohne Fehler.
пи́сьменно *Adv*	**schriftlich**
Как мы должны́ переводи́ть текст: у́стно и́ли пи́сьменно?	Wie sollen wir den Text übersetzen – mündlich oder schriftlich?
пра́вило *n*	**Regel** *f*
Сего́дня нам за́дали на́ дом пра́вила склоне́ния существи́тельных.	Heute hat man uns die Deklinationsregeln der Substantive aufgegeben.
пра́вильно *Adv*	**richtig**
Вы пра́вильно отве́тили на все вопро́сы.	Sie haben alle Fragen richtig beantwortet.
пра́вильный	**richtig**
Он дал пра́вильную оце́нку собы́тиям, происходя́щим в Росси́и.	Er gab eine richtige Einschätzung der Ereignisse in Russland.
сдава́ть/сдать	**ablegen** *(eine Prüfung),* **bestehen**
Ты уже́ сдал экза́мен по неме́цкому языку́?	Hast du schon die Deutschprüfung abgelegt?

уро́к *m* Пе́рвый уро́к начина́ется в 8 часо́в.	**(Unterrichts-)Stunde** *f* Die 1. Stunde beginnt um 8 Uhr.
у́стно *Adv* Э́то упражне́ние ну́жно вы́полнить у́стно.	**mündlich** Diese Übung ist mündlich zu machen.
фи́зика *f* У него́ плохи́е отме́тки по фи́зике.	**Physik** *f* Er hat schlechte Zensuren in Physik.
филосо́фия *f* Он изуча́л филосо́фию 4 го́да.	**Philosophie** *f* Er studierte 4 Jahre lang Philosophie.
экза́мен *m* Все экза́мены он сдал на тро́йки.	**Prüfung** *f* Alle Prüfungen legte er mit einer Drei ab.

«2001–4000»

аттеста́т *m* В деся́том кла́ссе ученики́ сдаю́т экза́мены и получа́ют аттеста́т зре́лости.	**(Reife-)Zeugnis** *n* In der 10. Klasse legen die Schüler die Prüfungen ab und bekommen ihre Reifezeugnisse.
биоло́гия *f* Мой това́рищ интересу́ется биоло́гией.	**Biologie** *f* Mein Freund interessiert sich für Biologie.
геогра́фия *f* Он хорошо́ зна́ет геогра́фию э́той страны́.	**Geografie** *f* Er kennt sich in der Geografie dieses Landes aus.
дво́йка *f* За пи́сьменную рабо́ту учени́к получи́л дво́йку.	**Zwei** *f (Zensur)* Für die schriftliche Arbeit bekam der Schüler eine Fünf.
диктова́ть Учи́тельница ме́дленно диктова́ла, а ученики́ писа́ли.	**diktieren** Die Lehrerin diktierte langsam, und die Schüler schrieben.
дипло́м *m* Сего́дня студе́нты получа́ют дипло́мы.	**Diplom** *n* Heute bekommen die Studenten ihre Diplome.
дома́шний Ты сде́лал дома́шнее зада́ние по ру́сскому языку́?	**Haus-, häuslich** Hast du die Hausaufgaben in Russisch gemacht?

едини́ца *f* Са́мая плоха́я оце́нка в ру́сских шко́лах – э́то едини́ца.	**Eins** *f (Zensur)* Die schlechteste Zensur in russischen Schulen ist eine Eins.
кани́кулы *f Pl* Че́рез две неде́ли начина́ются кани́кулы.	**Ferien** *Pl* In zwei Wochen beginnen die Ferien.
контро́льный Мне на́до гото́виться к контро́льной рабо́те.	**Kontroll-** Ich muss mich auf die Kontrollarbeit vorbereiten.
матема́тика *f* Матема́тика – э́то его́ люби́мый предме́т.	**Mathematik** *f* Mathematik ist sein Lieblingsfach.
отме́тка *f* Каки́е отме́тки у тебя́ по матема́тике?	**Note** *f*, **Zensur** *f* Welche Zensuren hast du in Mathematik?
подска́зывать/подсказа́ть Петро́в! Переста́нь подска́зывать.	**vorsagen** Petrow! Hör auf vorzusagen!
провали́ться Он провали́лся на экза́мене по филосо́фии.	**durchfallen** Er ist in der Philosophieprüfung durchgefallen.
пятёрка *f* Пятёрка – са́мая хоро́шая оце́нка в ру́сских шко́лах.	**Fünf** *f (Zensur)* Eine Fünf ist die beste Note in russischen Schulen.
свиде́тельство *n* Выпускники́ ку́рса получа́ют свиде́тельства.	**Zeugnis** *n* Die Absolventen des Lehrganges bekommen Zeugnisse.
тро́йка *f* По хи́мии он получи́л вчера́ тро́йку.	**Drei** *f (Zensur)* In Chemie hat er gestern eine Drei bekommen.
уче́бник *m* Сотру́дники на́шего институ́та разрабо́тали уче́бник ру́сского языка́.	**Lehrbuch** *n* Die Mitarbeiter unseres Instituts haben ein Russischlehrbuch ausgearbeitet.
уче́бный Уче́бный год в ру́сских шко́лах конча́ется в ию́не.	**Schul-, Studien-** Das Schuljahr endet an den russischen Schulen im Juni.
хи́мия *f* Он изуча́л хи́мию в университе́те.	**Chemie** *f* Er studierte Chemie an der Universität.

1.2.5 ARBEITSWELT

(Siehe auch BERUFE 1.1.4.4)

«1–2000»

безрабо́тица *f*	**Arbeitslosigkeit** *f*
Безрабо́тица явля́ется серьёзной пробле́мой.	Arbeitslosigkeit ist ein ernsthaftes Problem.
безрабо́тный	**arbeitslos; Arbeitslose(r)** *m*
Безрабо́тным учителя́м тру́дно найти́ рабо́ту.	Arbeitslose Lehrer finden nur schwer eine Arbeit.
В э́той стране́ мно́го безрабо́тных.	In diesem Land gibt es viele Arbeitslose.
зараба́тывать/зарабо́тать	**verdienen**
Оте́ц рабо́тает инжене́ром и непло́хо зараба́тывает.	Der Vater ist Ingenieur und verdient nicht schlecht.
за́работная пла́та *f*, **зарпла́та** *f*	**(Arbeits-)Lohn** *m*
В э́том году́ нам повы́сили зарпла́ту.	Unser Lohn wurde in diesem Jahr erhöht.
рабо́та *f*	**Arbeit** *f*, **Arbeitsstelle** *f*
Он вы́полнил рабо́ту бы́стро.	Er hat die Arbeit schnell erledigt.
Я е́зжу на рабо́ту на трамва́е.	Ich fahre mit der Straßenbahn zur Arbeit.
рабо́тать	**arbeiten**
Где рабо́тает твой оте́ц?	Wo arbeitet dein Vater?
рабо́чий	**Arbeiter-; Arbeiter** *m;* **Arbeits-**
Нау́чный сотру́дник занима́ется пробле́мами рабо́чего движе́ния.	Ein wissenschaftlicher Mitarbeiter beschäftigt sich mit den Problemen der Arbeiterbewegung.
На собра́нии прису́тствовали рабо́чие и слу́жащие предприя́тия.	In der Versammlung waren Arbeiter und Angestellte des Betriebes anwesend.
За́втра рабо́чий день.	Morgen ist ein Arbeitstag.
стро́ить/постро́ить	**bauen, aufbauen**
Недалеко́ от на́шего до́ма стро́ят шко́лу.	Nicht weit von unserem Haus wird eine Schule gebaut.
труд *m*	**Arbeit** *f*
Труд крестья́нина о́чень тяжёлый.	Die Arbeit eines Bauern ist sehr schwer.

трудя́щийся *m*	**Werktätige(r)** *m*, **Beschäftigte(r)** *m*
Мно́гие трудя́щиеся го́рода вы́шли на демонстра́цию.	Viele Werktätige der Stadt sind zur Demonstration gegangen.
увольня́ть/уво́лить	**kündigen**
В э́том ме́сяце уво́лили двух рабо́чих.	In diesem Monat wurde zwei Arbeitern gekündigt.

«2001–4000»

забасто́вка *f*	**Streik** *m*
Шахтёры Украи́ны организова́ли забасто́вку.	Die Bergarbeiter in der Ukraine organisierten einen Streik.
за́работок *m*	**Verdienst** *m*, **Lohn** *m*
Его́ за́работок составля́ет 50 000 рубле́й.	Sein Verdienst beträgt 50 000 Rubel.
обраба́тывать/обрабо́тать	**bearbeiten**
Весно́й крестья́не на́чали обраба́тывать зе́млю.	Im Frühling begannen die Bauern, den Boden zu bearbeiten.
отде́л *m* **ка́дров**	**Personalabteilung** *f*
Моя́ подру́га рабо́тает в отде́ле ка́двор.	Meine Freundin arbeitet in der Personalabteilung.
о́тпуск *m*	**Urlaub** *m*
Он вернётся из о́тпуска че́рез неде́лю.	Er kommt in einer Woche aus dem Urlaub zurück.
профсою́з *m*, **профессиона́льный сою́з** *m*	**Gewerkschaft** *f*
Неда́вно он вступи́л в профсою́з.	Vor kurzem trat er der Gewerkschaft bei.
стро́йка *f*	**Baustelle** *f*
Мой дя́дя рабо́тает на стро́йке.	Mein Onkel arbeitet auf einer Baustelle.
труди́ться	**arbeiten**
На стро́йках Сиби́ри труди́лось мно́го молодёжи.	Auf den Baustellen Sibiriens arbeiteten viele junge Leute.

1.2.6 WIRTSCHAFTSLEBEN

1.2.6.1 ALLGEMEINES

«1–2000»

выпуска́ть/вы́пустить Заво́д выпуска́ет цветны́е телеви́зоры.	**herstellen** Im Werk werden Farbfernseher hergestellt.
дире́ктор *m* Дире́ктора нет, он в о́тпуске.	**Direktor** *m* Der Direktor ist nicht da, er ist im Urlaub.
заво́д *m* Мой брат рабо́тает сле́сарем на заво́де.	**Werk** *n* Mein Bruder arbeitet als Schlosser in einem Werk.
ка́чество *n* Необходи́мо повыша́ть ка́чество проду́кции.	**Qualität** *f* Es ist notwendig, die Qualität der Erzeugnisse zu erhöhen.
конкуре́нция *f* Конкуре́нция на миров́ом ры́нке обостря́ется.	**Konkurrenz** *f* Die Konkurrenz auf dem Weltmarkt verschärft sich.
обеспе́чивать/обеспе́чить Необходи́мо обеспе́чить заво́д у́глем.	**versorgen** Es ist notwendig, das Werk mit Kohlen zu versorgen.
о́трасль *f* В министе́рстве обсужда́ли разви́тие не́которых о́траслей эконо́мики.	**Zweig** *m* Im Ministerium diskutierte man über die Entwicklung einiger Wirtschaftszweige.
потребля́ть/потреби́ть Промы́шленность потребля́ет в настоя́щее вре́мя мно́го электроэне́ргии.	**verbrauchen** Die Industrie verbraucht gegenwärtig sehr viel Elektroenergie.
предприя́тие *n* Э́то предприя́тие произво́дит пластма́ссы.	**Betrieb** *m* Dieser Betrieb produziert Kunststoffe.
проду́кция *f* Фа́брика выпуска́ет проду́кцию высо́кого ка́чества.	**Erzeugnisse** *Pl* Die Fabrik produziert Qualitätserzeugnisse.
производи́ть/произвести́ Заво́д произво́дит това́ры на э́кспорт.	**produzieren** Das Werk produziert Waren für den Export.

произво́дство *n* Заво́д увели́чил произво́дство о́буви.	**Produktion** *f* Das Werk erhöhte die Schuhproduktion.
промы́шленность *f* В э́той стране́ высоко́ ра́звита лёгкая промы́шленность.	**Industrie** *f* In diesem Land gibt es eine hoch entwickelte Leichtindustrie.
рекла́ма *f* Фи́рма тра́тит на рекла́му мно́го де́нег.	**Reklame** *f*, **Werbung** *f* Die Firma gibt viel Geld für Werbung aus.
руководи́тель *m* Он был руководи́телем э́того предприя́тия 25 лет.	**Leiter** *m* Er war 25 Jahre lang Leiter dieses Betriebes.
создава́ть/созда́ть В стране́ создаю́тся акционе́рные о́бщества.	**schaffen, gründen** Im Land werden Aktiengesellschaften gegründet.
това́р *m* В магази́н поступи́ли но́вые това́ры.	**Ware** *f* Im Laden sind neue Waren eingetroffen.
усло́вие *n* О́бе страны́ выполня́ют усло́вия догово́ра.	**Bedingung** *f* Beide Länder erfüllen die Vertragsbedingungen.
хозя́йство *n* Необходи́мо в пе́рвую о́чередь развива́ть се́льское хозя́йство.	**Wirtschaft** *f*, **Haushalt** *m* Es ist notwendig, in erster Linie die Landwirtschaft zu entwickeln.
эконо́мика *f* Эконо́мика страны́ развива́ется бы́стрыми те́мпами.	**Wirtschaft** *f* Die Wirtschaft des Landes entwickelt sich schnell.
экономи́ческий На совеща́нии обсужда́лись вопро́сы экономи́ческой по́мощи.	**Wirtschafts-, wirtschaftlich** Auf der Beratung besprach man Fragen der Wirtschaftshilfe.

«2001–4000»

изде́лие *n* Изде́лия э́той фа́брики экспорти́руются в Герма́нию.	**Erzeugnis** *n* Die Erzeugnisse dieser Fabrik werden nach Deutschland exportiert.

и́мпорт *m* В э́том году́ и́мпорт маши́н увели́чился в два ра́за.	**Import** *m* Der Autoimport verdoppelte sich in diesem Jahr.
импорти́ровать Страна́ импорти́рует нефть.	**importieren, einführen** Das Land importiert Erdöl.
осно́вывать/основа́ть Э́та фи́рма была́ осно́вана в 19-ом ве́ке.	**gründen** Diese Firma wurde im 19. Jahrhundert gegründet.
поставля́ть/поста́вить Фа́брика поста́вит ме́бель в сле́дующем ме́сяце.	**liefern** Die Fabrik wird im nächsten Monat Möbel liefern.
потреби́тель *m* Гла́вный потреби́тель электроэне́ргии – э́то промы́шленность.	**Konsument** *m*, **Verbraucher** *m* Die Industrie ist der größte Stromverbraucher.
производи́тельность *f* По́сле устано́вки но́вых маши́н производи́тельность возросла́ в два ра́за.	**Produktivität** *f* Nach der Montage neuer Maschinen stieg die Produktivität auf das Doppelte.
сбыт *m* Инжене́р Н. отвеча́ет за сбыт проду́кции.	**Absatz** *m* Der Ingenieur N. ist für den Absatz der Produkte verantwortlich.
снабже́ние *n* Он рабо́тает в отде́ле снабже́ния и сбы́та. Снабже́ние населе́ния проду́ктами пита́ния уху́дшилось.	**Beschaffung** *f*; **Versorgung** *f* Er arbeitet in der Abteilung für Einkauf und Absatz. Die Versorgung der Bevölkerung mit Lebensmitteln hat sich verschlechtert.
торго́вля *f* Торго́вля со стра́нами А́фрики развива́ется.	**Handel** *m* Der Handel mit den afrikanischen Ländern entwickelt sich.
фа́брика *f* Э́та фа́брика выпуска́ет тка́ни.	**Fabrik** *f* Diese Fabrik produziert Stoffe.
э́кспорт *m* Э́та фи́рма занима́ется э́кспортом сельскохозя́йственных проду́ктов.	**Export** *m* Diese Firma befasst sich mit dem Export von landwirtschaftlichen Produkten.
экспорти́ровать Росси́я экспорти́рует нефть и газ.	**ausführen, exportieren** Russland exportiert Erdöl und Erdgas.

1.2.6.2 GESCHÄFTE, EINKAUF

«1–2000»

бу́лочная *f* Недалеко́ от на́шего до́ма нахо́дится бу́лочная.	**Bäckerei** *f* Nicht weit von unserem Haus ist eine Bäckerei.
дешёвый В э́том магази́не мо́жно купи́ть дешёвые проду́кты.	**billig** In diesem Laden kann man billige Lebensmittel kaufen.
до́рого *Adv* Сапоги́ сто́или о́чень до́рого.	**teuer** Die Stiefel waren sehr teuer.
дорого́й Она́ купи́ла себе́ дорого́е кольцо́.	**teuer** Sie kaufte sich einen teuren Ring.
закрыва́ть/закры́ть Все магази́ны сего́дня закры́ты.	**zumachen, schließen** Alle Geschäfte sind heute geschlossen.
магази́н *m* Магази́н открыва́ется в 8 часо́в.	**Laden** *m* Der Laden öffnet um 8 Uhr.
открыва́ть/откры́ть Универма́г откры́т с 10-и до 20-и часо́в.	**(er)öffnen** Das Kaufhaus ist von 10 bis 20 Uhr geöffnet.
о́чередь *f* Пе́ред мясны́м магази́ном стоя́ла больша́я о́чередь.	**Schlange** *f* Vor dem Fleischerladen stand eine lange Schlange.
плати́ть/заплати́ть За все поку́пки я заплати́ла 500 рубле́й.	**zahlen, bezahlen** Für alle Einkäufe bezahlte ich 500 Rubel.
покупа́тель *m* Покупа́тель попроси́л показа́ть ему́ зи́мнее пальто́.	**Käufer** *m* Der Käufer bat, ihm einen Wintermantel zu zeigen.
покупа́ть/купи́ть Где ты купи́ла таки́е краси́вые ту́фли? Ка́ждое у́тро я покупа́ю молоко́.	**kaufen** Wo hast du diese schönen Schuhe gekauft? Jeden Morgen kaufe ich Milch.
продава́ть/прода́ть В овощно́м магази́не продаю́т лук.	**verkaufen** Im Gemüseladen werden Zwiebeln verkauft.

ры́нок *m* О́вощи лу́чше всего́ покупа́ть на ры́нке.	**Markt** *m* Gemüse kauft man am besten auf dem Markt.
сто́ить Ско́лько сто́ит литр молока́?	**kosten** Wie viel kostet ein Liter Milch?
универма́г *m*, **универса́льный магази́н** *m* В универма́ге я купи́ла мо́дное пальто́.	**Kaufhaus** *n* Im Kaufhaus kaufte ich einen modernen Mantel.
хле́бный Моя́ знако́мая рабо́тает в хле́бном магази́не.	**Brot-** Meine Bekannte arbeitet im Brotladen.
цена́ *f* Це́ны на проду́кты пита́ния повы́сились.	**Preis** *m* Die Preise für Lebensmittel sind gestiegen.

«2001–4000»

витри́на *f* В витри́не универма́га я уви́дела элега́нтный костю́м.	**Schaufenster** *n* Im Schaufenster des Kaufhauses sah ich einen eleganten Anzug.
дёшево *Adv* Кни́ги сто́или ра́ньше о́чень дёшево.	**billig** Bücher waren früher sehr billig.
ка́сса *f* Плати́те в ка́ссу 50 рубле́й.	**Kasse** *f* Zahlen Sie bitte an der Kasse 50 Rubel.
касси́р *m*, **касси́рша** *f* У касси́рши не́ было ме́лких де́нег.	**Kassierer(in)** *m (f)* Die Kassiererin hatte kein Kleingeld.
корзи́на *f* На ры́нке я купи́ла це́лую корзи́ну я́блок.	**Korb** *m* Auf dem Markt kaufte ich einen ganzen Korb Äpfel.
мясно́й Мясно́й магази́н сего́дня закры́т.	**Fleisch-** Der Fleischerladen ist heute geschlossen.
обувно́й В э́том универма́ге есть обувно́й отде́л.	**Schuh-** In diesem Kaufhaus gibt es eine Schuhabteilung.

переры́в *m* — **(Mittags-)Pause** *f*
Э́тот магази́н рабо́тает без переры́ва. — Dieses Geschäft hat keine Mittagspause.

поку́пка *f* — **Kauf** *m*, **Besorgung** *f*
Пе́ред пра́здником муж до́лжен был сходи́ть за поку́пками. — Vor dem Feiertag musste der Ehemann Besorgungen machen.

приобрета́ть/приобрести́ — *(käuflich)* **erwerben**
Библиоте́ка приобрела́ це́нные кни́ги. — Die Bibliothek erwarb wertvolle Bücher.

ры́бный — **Fisch-**
К у́жину я купи́ла ры́бные консе́рвы. — Zum Abendbrot kaufte ich Fischkonserven.

самообслу́живание *n* — **Selbstbedienung** *f*
Почти́ во всех продово́льственных магази́нах – самооб-слу́живание. — Fast in allen Lebensmittelläden gibt es Selbstbedienung.

сда́ча *f* — **Restgeld** *n*, **Wechselgeld** *n*
Касси́рша забы́ла дать мне сда́чу. — Die Kassiererin vergaß, mir das Restgeld zu geben.

се́тка *f* — **Netz** *n*
В се́тку я положи́ла карто́фель, морко́вь и капу́сту. — Ins Netz legte ich Kartoffeln, Mohrrüben und Kohl.

суперма́ркет *m* — **Supermarkt** *m*
В Москве́ бы́ли откры́ты пе́рвые суперма́ркеты. — In Moskau wurden erste Supermärkte eröffnet.

чек *m* — **Kassenzettel** *m*
Чек на кни́ги я отдала́ продавщи́це. — Ich gab der Verkäuferin den Kassenzettel für die Bücher.

1.2.6.3 GELD

«1–2000»

банк *m* — **Bank** *f*
В ба́нке мо́жно откры́ть счёт. — In der Bank kann man ein Konto eröffnen.

беспла́тный — **kostenlos**
Для дете́й и студе́нтов вход на вы́ставку беспла́тный. — Für Kinder und Studenten ist der Eintritt zur Ausstellung kostenlos.

валю́та *f*	**Valuta** *f*
Мно́гие ве́щи мо́жно купи́ть то́лько за валю́ту.	Viele Sachen kann man nur gegen Valuta kaufen.
де́ньги *f Pl*	**Geld** *n*
Ну́жно о́чень мно́го де́нег, что́бы купи́ть маши́ну.	Um ein Auto zu kaufen, braucht man sehr viel Geld.
до́лжен	**schulden**
Друг до́лжен мне 1000 рубле́й.	Der Freund schuldet mir 1000 Rubel.
капита́л *m*	**Kapital** *n*
Вы зна́ете определе́ние поня́тия «капита́л»?	Kennen Sie die Definition des Begriffs „Kapital"?
квартпла́та *f*	**Miete** *f*
В сле́дующем ме́сяце ожида́ют повыше́ние квартпла́ты.	Im nächsten Monat wird eine Mieterhöhung erwartet.
пла́та *f*	**Bezahlung** *f*
Пожило́й мужчи́на рабо́тает здесь за небольшу́ю пла́ту.	Ein älterer Mann arbeitet hier gegen eine geringe Bezahlung.
понижа́ть/пони́зить	**verringern, senken**
В э́том ме́сяце пони́зили це́ны на телеви́зоры.	Die Preise für Fernseher hat man in diesem Monat gesenkt.
при́быль *f*	**Gewinn** *m*, **Profit** *m*
Хозя́ина предприя́тия интересу́ет то́лько при́быль.	Den Inhaber des Betriebes interessiert nur der Gewinn.
Э́то предприя́тие прино́сит большу́ю при́быль.	Dieser Betrieb erwirtschaftet einen hohen Gewinn.
проце́нт *m*	**Prozent** *n*
Приблизи́тельно 30 проце́нтов зарпла́ты он тра́тит на проду́кты.	Ungefähr 30% des Lohnes gibt er für Lebensmittel aus.
рубль *m*	**Rubel** *m*
За слова́рь я заплати́ла 150 рубле́й.	Ich zahlte für das Wörterbuch 150 Rubel.
сто́ить	**kosten**
Ско́лько сто́ят э́ти часы́?	Wie viel kostet diese Uhr?
счёт *m*	**Rechnung** *f*
Официа́нт принёс нам счёт.	Der Kellner brachte uns die Rechnung.
су́мма *f*	**Summe** *f*
В ба́нке он получи́л кру́пную су́мму де́нег.	In der Bank erhielt er eine große Geldsumme.

тра́тить/потра́тить Мою́ ме́сячную зарпла́ту я потра́тила на пое́здку в Ки́ев.	**ausgeben** Für die Reise nach Kiew gab ich meinen Monatslohn aus.
це́нный В колле́кции моего́ дру́га есть о́чень це́нные моне́ты.	**wertvoll** In der Sammlung meines Freundes gibt es sehr wertvolle Münzen.
эконо́мить/сэконо́мить Ты не уме́ешь эконо́мить де́ньги.	**sparen** Du kannst kein Geld sparen.

«2001–4000»

беспла́тно *Adv* Знако́мый беспла́тно отвёз меня́ в Берли́н.	**kostenlos** Ein Bekannter fuhr mich kostenlos nach Berlin.
долг *m*, **долги́** *Pl* Мой друг возврати́л долг че́рез две неде́ли.	**Schuld** *f* Mein Freund zahlte die Schulden nach 2 Wochen zurück.
дохо́д *m* Дохо́ды населе́ния увели́чились в два ра́за.	**Einkommen** *n* Das Einkommen der Bevölkerung verdoppelte sich.
квита́нция *f* Когда́ бу́дешь сдава́ть ту́фли в ремо́нт, не забу́дь взять квита́нцию.	**Quittung** *f* Wenn du die Schuhe zur Reparatur schaffst, vergiss nicht, dir eine Quittung geben zu lassen.
копе́йка *f* Авто́бусный биле́т сто́ил ра́ньше 5 копе́ек.	**Kopeke** *f* Ein Busfahrschein kostete früher 5 Kopeken.
креди́т *m* В ба́нке он получи́л креди́т.	**Kredit** *m* Bei der Bank bekam er einen Kredit.
ме́лочь *f* У меня́ в кошельке́ оста́лась одна́ ме́лочь.	**Kleingeld** *n* In meinem Geldbeutel ist nur Kleingeld übrig geblieben.
моне́та *f* Мой де́душка собира́л золоты́е моне́ты.	**Münze** *f* Mein Großvater sammelte Goldmünzen.
нало́г *m* Гра́ждане Герма́нии пла́тят высо́кие нало́ги.	**Steuer** *f* Die Bürger Deutschlands zahlen hohe Steuern.

обмéнивать/обменя́ть — **umtauschen**
В бáнке вы мóжете обменя́ть рубли́ на дóллары. — Bei der Bank können Sie Rubel gegen Dollar tauschen.

ски́дка *f* — **Preisnachlass** *m*, **Ermäßigung** *f*
В э́том отдéле продаю́т товáры со ски́дкой. — In dieser Abteilung werden Waren mit Preisnachlass verkauft.

чаевы́е *(дéньги) f Pl* — **Trinkgeld** *n*
Официáнтам при́нято давáть чаевы́е, éсли они́ хорошó обслу́живают. — Es ist üblich, Kellnern Trinkgeld zu geben, wenn sie gut bedienen.

чек *m* — **Scheck** *m*
Инострáнцы мóгут заплати́ть чéком в нéкоторых москóвских ресторáнах. — Ausländer können in einigen Moskauer Restaurants mit Scheck bezahlen.

1.2.6.4 BESITZ

«1–2000»

бéдный — **arm**
Писáтель роди́лся в бéдной крестья́нской семьé. — Der Schriftsteller wurde in einer armen Bauernfamilie geboren.

богáтство *n* — **Reichtum** *m*
Материáльные богáтства егó не интересу́ют. — Materieller Reichtum interessiert ihn nicht.

богáтый — **reich**
У неё богáтые роди́тели. — Sie hat reiche Eltern.

имéть — **haben**
Он óчень богáт: имéет маши́ну, дом. — Er ist sehr reich: Er hat ein Auto, ein Haus.

принадлежáть — **gehören**
Дом принадлежи́т мои́м роди́телям. — Das Haus gehört meinen Eltern.

сóбственный — **eigener, Eigen-**
У моéй тёти есть сóбственный дом. — Meine Tante hat ein Eigenheim.
У тебя́, к сожалéнию, никогдá нет сóбственного мнéния. — Du hast leider nie eine eigene Meinung.

теря́ть/потеря́ть Ма́льчик ча́сто теря́ет ключ от кварти́ры.	**verlieren** Der Junge verliert oft den Wohnungsschlüssel.
хозя́ин *m*, **хозя́йка** *f* Хозя́ин до́ма предложи́л нам войти́.	**Hausherr(in)** *m (f)* Der Hausherr bat uns einzutreten.
владе́ть Мой колле́га владе́ет да́чей и маши́ной.	**besitzen** Mein Kollege besitzt ein Wochenendhaus und ein Auto.
распоряжа́ться/распоряди́ться Он мо́жет распоряжа́ться свои́ми деньга́ми.	**verfügen** Er kann über sein Geld verfügen.
со́бственность *f* Револю́ция отмени́ла ча́стную со́бственность на зе́млю.	**Eigentum** *n* Die Revolution schaffte das Privateigentum an Boden ab.
состоя́ние *n* Молодо́й челове́к проигра́л состоя́ние отца́.	**Vermögen** *n* Der junge Mann verspielte das Vermögen des Vaters.
страхова́ние *n* В э́той стра́не есть социа́льное страхова́ние.	**Versicherung** *f* In diesem Land gibt es eine Sozialversicherung.

1.2.7 RECHT UND VERWALTUNG

1.2.7.1 POST UND TELEFON

«1–2000»

а́дрес *m* А́дрес на конве́рте был напи́сан си́ними черни́лами.	**Adresse** *f* Die Adresse auf dem Umschlag wurde mit blauer Tinte geschrieben.
алло́ Алло́! Мо́жно Ва́лю?	**hallo!** Hallo! Kann ich Walja sprechen?
де́вушка *f* Де́вушка! Я хочу́ заказа́ть разгово́р с Ки́евом.	**Fräulein** *n (vom Amt)* Fräulein! Ich möchte ein Gespräch mit Kiew anmelden.
звони́ть/позвони́ть Позвони́те мне, пожа́луйста, за́втра.	**anrufen** Rufen Sie mich bitte morgen an.

звоно́к *m* Я кре́пко спала́ и совсе́м не слы́шала звонка́.	**Klingeln** *n*, **Klingelzeichen** *n* Ich schlief fest und hörte das Klingeln gar nicht.
междунаро́дный Текст междунаро́дной телегра́ммы на́до писа́ть лати́нскими бу́квами.	**international** Den Text des Auslandstelegramms muss man mit lateinischen Buchstaben schreiben.
но́мер *m* Како́й у Вас но́мер телефо́на?	**Nummer** *f* Welche Telefonnummer haben Sie?
отправля́ть/отпра́вить Мне ну́жно сро́чно отпра́вить телегра́мму в Москву́.	**abschicken** Ich muss dringend ein Telegramm nach Moskau abschicken.
письмо́ *n* Мои́ роди́тели ча́сто пи́шут мне пи́сьма.	**Brief** *m* Ich bekomme oft Briefe von meinen Eltern.
посыла́ть/посла́ть Я посла́ла кни́ги и журна́лы мое́й подру́ге.	**schicken** Ich schickte Bücher und Zeitschriften an meine Freundin.
по́чта *f* На по́чте он купи́л ма́рки и конве́рты.	**Post** *f* Auf der Post kaufte er Briefmarken und Briefumschläge.
присыла́ть/присла́ть Бы́вший учени́к присла́л учи́тельнице откры́тку ко дню рожде́ния.	**schicken** Ein ehemaliger Schüler schickte der Lehrerin eine Geburtstagskarte.
разгово́р *m* Мне на́до заказа́ть разгово́р с Пра́гой.	**Gespräch** *n* Ich muss ein Gespräch nach Prag anmelden.
связь *f* Телефо́нная связь с Воро́нежем прервала́сь.	**Verbindung** *f* Die Telefonverbindung mit Woronesh wurde unterbrochen.
слу́шать Алло́! Я слу́шаю.	**(zu)hören** Hallo! Ich höre.
слы́шать Я вас пло́хо слы́шу, говори́те, пожа́луйста, гро́мче.	**hören** Ich höre Sie schlecht. Sprechen Sie bitte lauter.
телегра́мма *f* Подру́га присла́ла мне телегра́мму, в кото́рой сообщи́ла день прие́зда.	**Telegramm** *n* Meine Freundin schickte mir ein Telegramm, in dem sie ihren Ankunftstag mitteilte.

телефóн *m* У вас есть телефóн?	**Telefon** *n* Haben Sie ein Telefon?
телефóн-автомáт *m* Недалекó от нáшего дóма есть телефóн-автомáт.	**Fernsprecher** *m* Nicht weit von unserem Haus ist ein Fernsprecher.
трýбка *f* Не клади́те, пожáлуйста, трýбку.	**(Telefon-)Hörer** *m* Legen Sie den Hörer bitte nicht auf.
я́щик *m* Вчерá он опусти́л письмó в почтóвый я́щик.	**Kasten** *m* Gestern steckte er den Brief in den Briefkasten.

«2001–4000»

авиапóчта *f* Письмó во Фрáнцию я отошлю́ авиапóчтой.	**Luftpost** *f* Ich schicke den Brief per Luftpost nach Frankreich.
бланк *m* Мне нýжен бланк для срóчной телегрáммы.	**Formular** *n* Ich brauche ein Formular für ein dringendes Telegramm.
заказнóй Отошли́ э́ти докумéнты заказны́м письмóм.	**Einschreibe-** Schicke diese Dokumente als Einschreibebrief.
зáнято *Adv* Вчерá я не смоглá до тебя́ дозвони́ться, всё врéмя бы́ло зáнято.	**besetzt** Gestern konnte ich dich nicht erreichen, es war immer besetzt.
извещéние *n* Возьми́ извещéние и сходи́ на пóчту за посы́лкой.	**Benachrichtigung** *f* Nimm die Benachrichtigung und hol das Paket von der Post ab.
и́ндекс *m* На конвéрте нáдо обязáтельно указáть и́ндекс гóрода.	**Postleitzahl** *f* Die Postleitzahl muss unbedingt auf dem Briefumschlag angegeben werden.
код *m* Запиши́те, пожáлуйста, нóвый код Москвы́.	**Vorwahl** *f* Schreiben Sie bitte die neue Vorwahl von Moskau auf.
конвéрт *m* Купи́ на пóчте 10 конвéртов.	**(Brief-)Umschlag** *m* Kauf auf der Post 10 Briefumschläge.

ма́рка *f* Да́йте мне, пожа́луйста, 10 конве́ртов с ма́рками.	**(Brief-)Marke** *f* Geben Sie mir bitte 10 Briefumschläge mit Briefmarken.
междугоро́дный Я заказа́ла на за́втра междугоро́дный разгово́р.	**Fern-** Ich habe für morgen ein Ferngespräch angemeldet.
набира́ть/набра́ть Он до́лго набира́л но́мер, но всё вре́мя бы́ло за́нято.	**wählen** Er wählte lange die Nummer, aber es war immer besetzt.
откры́тка *f* Мой друг присла́л из Ло́ндона краси́вую откры́тку.	**(Post-)Karte** *f* Mein Freund schickte aus London eine schöne Ansichtskarte.
отправи́тель *m* Не забу́дьте указа́ть а́дрес отправи́теля.	**Absender** *m* Vergessen Sie nicht, den Absender anzugeben.
получа́тель *m* Вы забы́ли написа́ть на конве́рте и́мя получа́теля.	**Empfänger** *m* Sie haben vergessen, den Namen des Empfängers auf dem Umschlag anzugeben.
посы́лка *f* Вчера́ я отпра́вила посы́лку мои́м роди́телям.	**Paket** *n* Gestern schickte ich ein Paket an meine Eltern.
почтальо́н *m* Почтальо́н принёс газе́ты.	**Briefträger** *m* Der Briefträger brachte die Zeitungen.
почта́мт *m* Посы́лку ты мо́жешь отосла́ть на почта́мте.	**Postamt** *n* Das Paket kannst du auf dem Postamt abschicken.
почто́вый Опусти́, пожа́луйста, письмо́ в почто́вый я́щик.	**Brief-, Post-** Wirf bitte den Brief in den Briefkasten.
соединя́ть/соедини́ть Де́вушка! Соедини́те меня́, пожа́луйста, с дире́ктором.	**verbinden** Fräulein! Verbinden Sie mich bitte mit dem Direktor.
сро́чный Он получи́л сро́чную телегра́мму от жены́.	**dringend** Er bekam ein dringendes Telegramm von seiner Frau.

1.2.7.2 BEHÖRDEN, POLIZEI

«1–2000»

действи́тельный	**gültig**
У э́того иностра́нца нет действи́тельной ви́зы.	Dieser Ausländer hat kein gültiges Visum.
ко́нсульство *n*	**Konsulat** *n*
По э́тому вопро́су Вам на́до обрати́ться в ко́нсульство.	In dieser Frage müssen Sie sich an das Konsulat wenden.
контро́ль *m*	**Kontrolle** *f*
Гру́ппа тури́стов уже́ прошла́ па́спортный контро́ль.	Die Touristengruppe passierte bereits die Passkontrolle.
печа́ть *f*	**Siegel** *n*, **Stempel** *m*
На э́том докуме́нте не хвата́ет печа́ти институ́та.	Auf diesem Dokument fehlt der Institutsstempel.
подпи́сывать/подписа́ть	**unterschreiben**
Э́ти докуме́нты до́лжен подписа́ть дире́ктор заво́да.	Diese Papiere muss der Werkdirektor unterschreiben.
посо́льство *n*	**Botschaft** *f*
Муж мое́й колле́ги рабо́тает в посо́льстве.	Der Mann meiner Kollegin arbeitet in der Botschaft.
проверя́ть/прове́рить	**kontrollieren**
На грани́це у нас до́лго проверя́ли докуме́нты.	An der Grenze wurden unsere Dokumente lange kontrolliert.
спи́сок *m*	**Liste** *f*, **Verzeichnis** *n*
У вас есть спи́сок пропа́вших веще́й?	Haben Sie die Liste der verschwundenen Sachen?
управле́ние *n*	**Verwaltung** *f*
Его́ оте́ц рабо́тает в управле́нии желе́зной доро́ги.	Sein Vater arbeitet bei der Eisenbahnverwaltung.
учрежде́ние *n*	**Institution** *f*, **Einrichtung** *f*
Сего́дня госуда́рственные учрежде́ния не рабо́тают.	Heute sind alle staatlichen Einrichtungen geschlossen.

«2001–4000»

деклара́ция *f*	**(Zoll-)Erklärung** *f*
На грани́це мы запо́лнили тамо́женную деклара́цию.	An der Grenze füllten wir die Zollerklärung aus.

милиционе́р *m* Мы спроси́ли милиционе́ра, где нахо́дится у́лица Тверска́я.	**Milizionär** *m* Wir fragten den Milizionär, wo sich die Twerskaja Straße befindet.
мили́ция *f* Вам на́до яви́ться в мили́цию 25-го ноября́.	**Miliz** *f* Sie haben am 25. November zur Miliz zu kommen.
око́шко *n* Ну́жный вам бланк вы мо́жете получи́ть в пя́том око́шке.	**Schalter** *m* Das notwendige Formular können Sie am Schalter 5 erhalten.
оформля́ть/офо́рмить Он оформля́ет все докуме́нты для вы́езда в Аме́рику.	**Formalitäten erledigen** Er erledigt alle Formalitäten für die Ausreise nach Amerika.
по́дпись *f* Секрета́рь отпра́вил письмо́ без по́дписи дире́ктора.	**Unterschrift** *f* Der Sekretär schickte den Brief ohne Unterschrift des Direktors ab.
прописа́ться Ему́ удало́сь прописа́ться в го́роде.	**sich anmelden** *(bei der Miliz)* Es ist ihm gelungen, sich in der Stadt polizeilich anzumelden.
пропи́ска *f* Э́тот студе́нт живёт без пропи́ски в Москве́ уже́ 2 го́да.	*(polizeiliche)* **Anmeldung** *f*, **Passeintragung** *f* Dieser Student wohnt bereits 2 Jahre ohne polizeiliche Anmeldung in Moskau.
тамо́женный Тамо́женный контро́ль продолжа́лся 2 часа́.	**Zoll-** Die Zollkontrolle dauerte 2 Stunden.
тамо́женник *m* Тамо́женник поста́вил печа́ть на деклара́циях и верну́л их нам.	**Zollbeamte(r)** *m* Der Zollbeamte stempelte die Zollerklärungen ab und gab sie uns zurück.
та́можня *f* С 1-го октября́ 1993 на грани́це Украи́ны и Росси́и де́йствуют та́можни.	**Zollamt** *n* Seit dem 1. Oktober 1993 gibt es an der Grenze zwischen der Ukraine und Russland Zollämter.

1.2.7.3 RECHTSWESEN, DELIKTE

«1–2000»

адвока́т *m* Я дам тебе́ но́мер телефо́на хоро́шего адвока́та.	**(Rechts-)Anwalt** *m* Ich gebe dir die Telefonnummer eines guten Rechtsanwalts.
аресто́вывать/арестова́ть Мили́ция арестова́ла трёх челове́к.	**verhaften** Die Miliz verhaftete 3 Menschen.
доказа́тельство *n* У суда́ не́ было никаки́х доказа́тельств.	**Beweis** *m* Das Gericht hatte keine Beweise.
дока́зывать/доказа́ть Он доказа́л, что он не вино́вен.	**beweisen** Er hat bewiesen, dass er nicht schuldig ist.
зако́н *m* В парла́менте обсужда́ли прое́кт но́вого зако́на.	**Gesetz** *n* Im Parlament diskutierte man einen neuen Gesetzentwurf.
отвеча́ть за Ка́ждый челове́к до́лжен отвеча́ть за свои́ посту́пки.	**verantworten** Jeder Mensch muss seine Taten verantworten.
пра́во *n* Права́ и обя́занности гра́ждан гаранти́рует конститу́ция.	**Recht** *n* Die Verfassung garantiert Rechte und Pflichten der Bürger.
преступле́ние *n* Он соверши́л тяжёлое преступле́ние.	**Verbrechen** *n* Er beging ein schweres Verbrechen.
признава́ть/призна́ть Он призна́л свою́ оши́бку.	**gestehen** Er gestand seinen Fehler.
проце́сс *m* Проце́сс по э́тому де́лу состо́ится че́рез три дня.	**Prozess** *m*, **Verhandlung** *f* Die Verhandlung dieses Falles findet in drei Tagen statt.
соверша́ть/соверши́ть Тот, кто соверши́л э́то преступле́ние, до́лжен быть нака́зан.	**begehen** Derjenige, der dieses Vergehen beging, muss bestraft werden.

справедли́вый Реше́ние суда́, по-моему, справедли́вое.	**gerecht** Die Entscheidung des Gerichts ist meiner Meinung nach gerecht.
суд *m* Суд приговори́л его́ к трём года́м тюрьмы́.	**Gericht** *n*, **Gerichtsprozess** *m* Das Gericht verurteilte ihn zu 3 Jahren Gefängnis.
суди́ть За тако́й посту́пок его́ ну́жно суди́ть.	**richten, verurteilen** Für diese Tat muss man ihn verurteilen.
тюрьма́ *f* Престу́пник нахо́дится в тюрьме́.	**Gefängnis** *n* Der Verbrecher ist im Gefängnis.

«2001–4000»

вор *m* Во́ра арестова́ли на сле́дующий день.	**Dieb** *m* Der Dieb wurde am nächsten Tag gefasst.
воровство́ *n* Же́нщину суди́ли за воровство́.	**Diebstahl** *m* Die Frau wurde wegen Diebstahls verurteilt.
же́ртва *f* Он стал же́ртвой несча́стного слу́чая.	**Opfer** *n* Er wurde Opfer eines Unglücksfalls.
зако́нный Реше́ние суда́ бы́ло зако́нным.	**gesetzlich, rechtmäßig** Die Entscheidung des Gerichts war rechtmäßig.
защи́тник *m* Мне ну́жно посове́товаться с защи́тником.	**Verteidiger** *m* Ich muss den Verteidiger zu Rate ziehen.
кля́сться/покля́сться Поклянитесь, что бу́дете говори́ть то́лько пра́вду.	**schwören** Schwören Sie, die ganze Wahrheit zu sagen.
нака́зывать/наказа́ть Воро́в ну́жно стро́го нака́зывать.	**bestrafen** Diebe müssen streng bestraft werden.
наруша́ть/нару́шить Гру́ппа ма́льчиков постоя́нно наруша́ет дисципли́ну в шко́ле.	**verletzen** Eine Gruppe von Jungen verletzt ständig die Disziplin in der Schule.

невинóвный Суд убеди́лся в том, что молодóй человéк невинóвен.	**nicht schuldig, unschuldig** Das Gericht hat sich davon überzeugt, dass der junge Mann unschuldig ist.
обвиня́ть/обвини́ть Суд обвини́л граждани́на Н. в преступлéнии.	**beschuldigen** Das Gericht beschuldigte den Bürger N. eines Verbrechens.
ответственность *f* Роди́тели несýт отвéтственность за детéй.	**Verantwortung** *f* Die Eltern tragen die Verantwortung für ihre Kinder.
престýпник *m* Мили́ция арестовáла опáсного престýпника.	**Verbrecher** *m* Die Miliz verhaftete einen gefährlichen Verbrecher.
престýпность *f* Престýпность среди́ молодёжи катастрофи́чески растёт.	**Kriminalität** *f* Die Kriminalität unter Jugendlichen nimmt katastrophal zu.
приговáривать/приговори́ть Вóра приговори́ли к 2 (двум) годáм тюрьмы́.	**verurteilen** Der Dieb wurde zu 2 Jahren Gefängnis verurteilt.
признавáться/признáться Ми́ша признáлся, что он разби́л вáзу.	**bekennen, (ein)gestehen** Mischa gestand, die Vase zerschlagen zu haben.
свидéтель *m* На судé присýтствовали свидéтели преступлéния.	**Zeuge** *m* Beim Gerichtsprozess waren Zeugen des Verbrechens anwesend.
судья́ *m* Мой знакóмый рабóтает судьёй в райóнном судé.	**Richter** *m* Mein Bekannter arbeitet als Richter im Amtsgericht.
хулигáнство *n* Ученикá 10-го клáсса суди́ли за хулигáнство.	**Rowdytum** *n* Der Schüler der 10. Klasse wurde wegen Rowdytums verurteilt.
штраф *m* Шофёр дóлжен заплати́ть 100 рублéй штрáфа.	**(Geld-)Strafe** *f* Der Fahrer muss 100 Rubel Strafe zahlen.

1.2.8 ARZT UND KRANKENHAUS

(Siehe auch KÖRPER 1.1.1.1, GESUNDHEIT UND KRANKHEIT 1.1.1.7)

«1–2000»

больни́ца *f* Ба́бушку отвезли́ в больни́цу.	**Krankenhaus** *n* Die Großmutter wurde ins Krankenhaus gebracht.
больно́й Больно́й ма́льчик зна́ет, что его́ боле́знь о́чень опа́сная. К больно́му вы́звали врача́.	**krank; Kranke(r)** *m* Der kranke Junge weiß, dass seine Krankheit sehr gefährlich ist. Man hat einen Arzt zum Kranken gerufen.
врач *m* Моя́ дочь хо́чет стать врачо́м.	**Arzt** *m* Meine Tochter möchte Arzt werden.
вре́дный В воде́ содержа́лись вре́дные вещества́.	**schädlich, Schad-** Im Wasser waren Schadstoffe enthalten.
выпи́сывать/вы́писать Врач вы́писал мне табле́тки от головно́й бо́ли.	**verschreiben** Der Arzt verschrieb mir Kopfschmerztabletten.
до́ктор *m* До́ктор! Вы́пишите мне, пожа́луйста, что́-нибудь от гри́ппа.	**Doktor** *m* Herr Doktor! Verschreiben Sie mir bitte etwas gegen Grippe.
жа́ловаться/пожа́ловаться Больно́й жа́луется на бо́ли в ноге́.	**klagen** Der Kranke klagt über Schmerzen im Bein.
лечи́ть/вы́лечить Мою́ ма́му ле́чит о́пытный врач.	**behandeln** Meine Mutti wird von einem erfahrenen Arzt behandelt.
опера́ция *f* По́сле опера́ции больно́й чу́вствовал себя́ пло́хо.	**Operation** *f* Der Kranke fühlte sich nach der Operation schlecht.
принима́ть/приня́ть Принима́йте э́ти табле́тки 3 ра́за в день.	**einnehmen** Diese Tabletten müssen Sie dreimal am Tag einnehmen.
табле́тка *f* Э́ти табле́тки хорошо́ помога́ют при просту́де.	**Tablette** *f* Diese Tabletten helfen gut gegen Erkältung.

«2001–4000»

апте́ка *f* Мне на́до сходи́ть за лека́рством в апте́ку.	**Apotheke** *f* Ich muss in die Apotheke gehen und Arznei abholen.
бинт *m* Медсестра́ принесла́ ра́неному бинт и мазь.	**(Mull-)Binde** *f* Die Krankenschwester brachte dem Verletzten eine Mullbinde und Salbe.
глота́ть У меня́ боли́т го́рло, я то́лько с трудо́м могу́ глота́ть.	**schlucken** Ich habe Halsschmerzen und kann nur mit Mühe schlucken.
лека́рство *n* Э́то лека́рство вре́дно де́йствует на се́рдце.	**Arznei** *f*, **Medikament** *n* Diese Arznei ist schädlich für das Herz.
мазь *f* Э́та мазь хорошо́ помога́ет от бо́лей в спине́.	**Salbe** *f* Diese Salbe hilft gut gegen Rückenschmerzen.
поликли́ника *f* Ле́на рабо́тает в поликли́нике медсестро́й.	**Poliklinik** *f* Lena arbeitet als Krankenschwester in der Poliklinik.
порошо́к *m* Э́тот порошо́к ты до́лжен принима́ть 2 ра́за в день.	**Pulver** *n* Dieses Pulver musst du zweimal am Tag zu dir nehmen.
приви́вка *f* Э́та приви́вка о́чень важна́ для ребёнка.	**Impfung** *f* Diese Impfung ist sehr wichtig für das Kind.
реце́пт *m* Врач вы́писал мне реце́пт.	**Rezept** *n* Der Arzt schrieb mir ein Rezept aus.
ско́рая по́мощь *f* Вы́зови, пожа́луйста, ско́рую по́мощь, ба́бушке пло́хо.	**Schnelle Medizinische Hilfe** *f* Hol bitte die Schnelle Medizinische Hilfe, der Oma geht es schlecht.
уко́л *m* Пе́ред опера́цией больно́му сде́лали уко́л.	**Spritze** *f* Vor der Operation bekam der Kranke eine Spritze.
уха́живать Дочь уха́живает за больно́й ма́терью.	**pflegen** Die Tochter pflegt ihre kranke Mutter.

хиру́рг *m*
Изве́стный хиру́рг опери́ровал мою́ подру́гу.

Chirurg *m*
Ein bekannter Chirurg operierte meine Freundin.

1.3 Interessen

1.3.1 KUNST

1.3.1.1 THEATER, FILM, BILDENDE UND DARSTELLENDE KUNST

«1–2000»

аплодисме́нты *m Pl*
По́сле конце́рта в за́ле раздали́сь аплодисме́нты.

Applaus *m*, **Beifall** *m*
Nach dem Konzert ertönte im Saal Applaus.

выступле́ние *n*
Пе́ред выступле́нием арти́ст Н. был о́чень взволно́ван.

Auftritt *m*
Vor dem Auftritt war der Schauspieler N. sehr aufgeregt.

де́йствие *n*
В после́днем де́йствии на сце́ну выхо́дят все актёры.

Akt *m*
Im letzten Akt erscheinen alle Schauspieler auf der Bühne.

звезда́ *f*
Э́та актри́са ста́ла популя́рной кинозвездо́й.

Star *m*
Diese Schauspielerin wurde ein beliebter Filmstar.

знамени́тый
В конце́рте уча́ствует знамени́тый певе́ц.

bekannt, berühmt
Ein berühmter Sänger tritt bei dem Konzert auf.

иску́сство *n*
Э́та карти́на – настоя́щее произведе́ние иску́сства.

Kunst *f*
Dieses Bild ist ein echtes Kunstwerk.

музе́й *m*
Я тебе́ сове́тую посети́ть э́тот музе́й.

Museum *n*
Ich empfehle dir, dieses Museum zu besuchen.

представле́ние *n*
Вече́рнее представле́ние начина́ется в 19 часо́в.

Vorstellung *f*, **Aufführung** *f*
Die Abendvorstellung beginnt um 19 Uhr.

програ́мма *f*
В програ́мму конце́рта включи́ли наро́дные пе́сни.

Programm *n*
Ins Konzertprogramm wurden Volkslieder aufgenommen.

сла́ва *f* Актёр дости́г верши́ны свое́й сла́вы.	**Ruhm** *m* Der Schauspieler ist auf dem Gipfel seines Ruhms angelangt.
смотре́ть/посмотре́ть Ты смотре́л о́перу Проко́фьева «Войнá и мир»?	**sehen** Hast du die Oper „Krieg und Frieden" von Prokofjew gesehen?
сце́на *f* На сце́не э́того теа́тра выступа́ли мно́гие знамени́тые актёры.	**Bühne** *f* Auf der Bühne dieses Theaters traten viele bekannte Schauspieler auf.
тала́нт *m* Вам на́до учи́ться. Жаль, е́сли тако́й тала́нт пропадёт.	**Talent** *n* Sie müssen studieren. Es wäre schade, wenn solch ein Talent verkümmert.
теа́тр *m* Мы ча́сто хо́дим в теа́тр.	**Theater** *n* Wir gehen oft ins Theater.
фильм *m* Фильм молодо́го режиссёра мне понра́вился.	**Film** *m* Der Film des jungen Regisseurs hat mir gut gefallen.
худо́жественный В э́том кинотеа́тре мо́жно посмотре́ть худо́жественные фи́льмы.	**Spiel-** In diesem Kino kann man sich Spielfilme anschauen.
худо́жник *m*, **худо́жница** *f* В галере́е откры́лась вы́ставка изве́стного худо́жника.	**Maler(in)** *m (f)*, **Künstler(in)** *m (f)* In der Galerie wurde eine Ausstellung eines bekannten Malers eröffnet.

«2001–4000»

актёр *m*, **актри́са** *f* Газе́та опубликова́ла интервью с изве́стным актёром теа́тра.	**Schauspieler(in)** *m (f)* Die Zeitung veröffentlichte ein Interview mit einem bekannten Theaterschauspieler.
аплоди́ровать Зри́тели до́лго аплоди́ровали.	**Beifall spenden, applaudieren** Die Zuschauer spendeten lange Beifall.
арти́ст *m*, **арти́стка** *f* В конце́рте принима́ет уча́стие изве́стный арти́ст эстра́ды.	**Schauspieler(in), Artist(in)** *m (f)* Bei der Veranstaltung nimmt ein berühmter Kabarettist teil.

биле́т *m*	**(Eintritts-)Karte** *f*
Я купи́л два биле́та на о́перу «Русла́н и Людми́ла».	Ich kaufte 2 Karten für die Oper „Ruslan und Ludmila".
вы́ставка *f*	**Ausstellung** *f*
За́втра открыва́ется вы́ставка ру́сских худо́жников.	Morgen wird die Ausstellung russischer Maler eröffnet.
жи́вопись *f*	**Malerei** *f*
Моя́ дочь интересу́ется жи́вописью.	Meine Tochter interessiert sich für Malerei.
зри́тель *m*	**Zuschauer** *m*
Актёр получа́ет мно́го пи́сем от зри́телей.	Der Schauspieler bekommt viele Briefe von Zuschauern.
изобража́ть/изобрази́ть	**darstellen**
На карти́не изображено́ бу́рное мо́ре.	Auf dem Gemälde ist das stürmische Meer dargestellt.
кино́ *n (unveränd.)*	**Kino** *n*, **Filmkunst** *f*
Ты ча́сто хо́дишь в кино́? Мне нра́вится это кино́.	Gehst du oft ins Kino? Mir gefällt dieser Film.
коме́дия *f*	**Lustspiel** *n*, **Komödie** *f*
Мы реши́ли посмотре́ть но́вую коме́дию.	Wir beschlossen, uns ein neues Lustspiel anzuschauen.
ли́шний	**übrig**
Прости́те, у Вас нет ли́шнего биле́та?	Verzeihen Sie! Haben Sie eine Karte übrig?
парте́р *m*	**Parkett** *n*
Мы сиде́ли в пе́рвом ряду́ парте́ра.	Wir saßen in der ersten Reihe im Parkett.
плака́т *m*	**Plakat** *n*
В Москве́ по́льзовалась больши́м успе́хом вы́ставка ру́сского плака́та.	Die Ausstellung des russischen Plakates in Moskau war ein großer Erfolg.
пу́блика *f*	**Publikum** *n*
Пу́блика встре́тила арти́ста бу́рными аплодисме́нтами.	Das Publikum begrüßte den Schauspieler mit stürmischem Applaus.
пье́са *f*	**(Theater-)Stück** *n*
Я сове́тую тебе́ посмотре́ть пье́су «Вишнёвый сад».	Ich empfehle dir, das Stück „Der Kirschgarten" anzuschauen.
режиссёр *m*	**Regisseur** *m*
Молодо́й челове́к рабо́тает режиссёром в теа́тре.	Der junge Mann ist Theaterregisseur.

рисова́ть/нарисова́ть Де́ти рису́ют в тетра́дях ра́зных живо́тных.	**malen, zeichnen** Die Kinder malen in ihren Heften verschiedene Tiere.
ску́льптор *m* Вы́ставка посвящена́ вели́кому францу́зскому ску́льптору Роде́ну.	**Bildhauer** *m* Die Ausstellung ist dem großen französischen Bildhauer Rodin gewidmet.
спекта́кль *m* Спекта́кль начнётся че́рез не́сколько мину́т.	**Schauspiel** *n* Das Schauspiel beginnt in einigen Minuten.
ста́туя *f* В па́рке пе́ред дворцо́м я ви́дела прекра́сные ста́туи.	**Skulptur** *f* Vor dem Palais im Park sah ich schöne Skulpturen.

1.3.1.2 MUSIK

«1–2000»

звук *m* У э́той италья́нской скри́пки прекра́сный звук.	**Laut** *m*, **Klang** *m* Diese italienische Geige hat einen wunderschönen Klang.
звуча́ть Гита́ра звуча́ла ти́хо и гру́стно.	**klingen** Die Gitarre klang leise und traurig.
игра́ть Музыка́нт прекра́сно игра́л на пиани́но.	**spielen** Der Musiker spielte wunderschön Klavier.
изве́стный Изве́стный писа́тель уе́хал в Аме́рику и не верну́лся.	**bekannt** Ein bekannter Schriftsteller fuhr nach Amerika und kehrte nicht zurück.
класси́ческий Мой друг купи́л два биле́та на класси́ческую о́перу.	**klassisch** Mein Freund kaufte zwei Karten für die klassische Oper.
конце́рт *m* За́втра состои́тся конце́рт изве́стного певца́.	**Konzert** *n* Morgen findet das Konzert des berühmten Sängers statt.
му́зыка *f* Совреме́нная му́зыка мне не нра́вится.	**Musik** *f* Moderne Musik gefällt mir nicht.

наро́дный Я люблю́ ру́сские наро́дные пе́сни.	**Volks-** Ich liebe russische Volkslieder.
орке́стр *m* Орке́стр исполня́ет произведе́ния ру́сских компози́торов.	**Orchester** *n* Das Orchester spielt Werke russischer Komponisten.
пе́сня *f* Я люблю́ слу́шать ру́сские наро́дные пе́сни.	**Lied** *n* Ich höre mir gern russische Volkslieder an.
петь/спеть О́ба бра́та о́чень хорошо́ пою́т.	**singen** Beide Brüder singen sehr gut.
популя́рный Ра́ньше э́та пе́сня была́ о́чень популя́рной.	**populär, beliebt** Früher war dieses Lied sehr populär.
слу́шать По утра́м я слу́шаю но́вости.	**sich** *etw.* **anhören** Morgens höre ich mir die Nachrichten an.

«2001–4000»

анса́мбль *m* На сце́не выступа́л молодёжный анса́мбль.	**Ensemble** *n*, **Band** *f* Auf der Bühne trat eine Jugendband auf.
гита́ра *f* Мой сын у́чится игра́ть на гита́ре.	**Gitarre** *f* Mein Sohn lernt Gitarre spielen.
дирижёр *m* Оте́ц мое́й подру́ги – дирижёр орке́стра.	**Dirigent** *m* Der Vater meiner Freundin ist Orchesterdirigent.
компози́тор *m* Ге́ндель – вели́кий неме́цкий компози́тор.	**Komponist** *m* Händel ist ein großer deutscher Komponist.
ко́нкурс *m* В Москве́ прово́дится музыка́льный ко́нкурс.	**Wettbewerb** *m* In Moskau findet ein Musikwettbewerb statt.
лауреа́т *m* Лауреа́ты ко́нкурса уча́ствуют в конце́рте.	**Preisträger** *m* Am Konzert nehmen die Preisträger des Wettbewerbs teil.
о́пера *f* В теа́тре идёт о́пера «Князь И́горь».	**Oper** *f* Im Theater wird die Oper „Fürst Igor“ gegeben.

пев́ец *m*, **пев́ица** *f* Фёдор Шаля́пин – вели́кий ру́сский пев́ец.	**Sänger(in)** *m (f)* Fjodor Schaljapin ist ein großer russischer Sänger.
пиани́но *n (unveränd.)* Она́ прекра́сно игра́ет на пиани́но.	**Klavier** *n* Sie spielt wunderschön Klavier.
роя́ль *m* В ко́мнате стоя́л бе́лый роя́ль.	**Flügel** *m* Im Zimmer stand ein weißer Flügel.
скри́пка *f* Роди́тели подари́ли де́вочке скри́пку.	**Geige** *f* Die Eltern schenkten dem Mädchen eine Geige.

1.3.2 MEDIEN

«1–2000»

видеока́мера *f* Мой брат снял всю семью́ видеока́мерой.	**Videokamera** *f* Mein Bruder hat die ganze Familie mit einer Videokamera aufgenommen.
видеокассе́та *f* В э́том магази́не есть дешёвые видеокассе́ты.	**Videokassette** *f* In diesem Laden gibt es billige Videokassetten.
вчера́шний Вчера́шние газе́ты я ещё не чита́ла.	**gestrig, von gestern** Die Zeitungen von gestern habe ich noch nicht gelesen.
газе́та *f* Газе́ты в Росси́и си́льно подорожа́ли.	**Zeitung** *f* Die Zeitungen in Russland sind viel teurer geworden.
журна́л *m* Журна́л «Но́вый мир» опубликова́л стихи́ Пастерна́ка.	**Zeitschrift** *f* Die Zeitschrift „Nowyi mir“ veröffentlichte Gedichte von Pasternak.
информа́ция *f* Мы получи́ли подро́бную информа́цию о но́вых кни́гах.	**Information** *f* Wir bekamen ausführliche Information über neue Bücher.
но́вость *f* Мой друг сообщи́л мне интере́сную но́вость.	**Neuigkeit** *f* Mein Freund teilte mir eine interessante Neuigkeit mit.

передáча *f* Дéти смотрéли интерéсную передáчу по телевѝзору.	**Sendung** *f* Die Kinder sahen eine interessante Sendung im Fernsehen.
печáтать/напечáтать Газéты ничегó не напечáтели о катастрóфе.	**drucken** Die Zeitungen haben nichts über die Katastrophe gedruckt.
печáть *f* В печáти появѝлось интерéсное интервью́ с Н. Н.	**Presse** *f* In der Presse erschien ein interessantes Interview mit N. N.
пластѝнка *f* У негó мнóго пластѝнок.	**Schallplatte** *f* Er hat viele Schallplatten.
плёнка *f* Не забу́дь купѝть плёнку для фотоаппарáта. Э́ту пéсню я хочу́ записáть на плёнку.	**Film** *m;* **Tonband** *n* Vergiss nicht, einen Film für den Fotoapparat zu kaufen. Dieses Lied möchte ich auf Tonband aufnehmen.
прогрáмма *f* В прогрáмме концéрта – произведéния А. Шнѝтке.	**Programm** *n* Auf dem Konzertprogramm stehen Werke von A. Schnittke.
проѝгрыватель *m* Мой проѝгрыватель ужé стáрый, порá купѝть нóвый.	**Plattenspieler** *m* Mein Plattenspieler ist alt, es ist Zeit, einen neuen zu kaufen.
рáдио *n (unveränd.)* По рáдио передавáли классѝческую му́зыку.	**Rundfunk** *m,* **Radio** *n* Im Rundfunk sendete man klassische Musik.
статья́ *f* Статью́ извéстного журналѝста обсуждáли повсю́ду.	**Artikel** *m* Den Artikel eines bekannten Journalisten diskutierte man überall.
цветнóй Мы купѝли цветнóй телевѝзор.	**bunt, Farb-** Wir kauften einen Farbfernseher.

«2001–4000»

запѝсывать/записáть Я попросѝла коллéгу записáть фильм на видеокассéту.	**aufnehmen, mitschneiden** Ich bat den Kollegen, einen Film auf Video aufzunehmen.

изве́стие *n* Ка́ждое у́тро он слу́шает после́дние изве́стия.	**Nachricht** *f* Er hört sich jeden Morgen die neuesten Nachrichten an.
изображе́ние *n* Телеви́зор ста́рый, поэ́тому изображе́ние тако́е плохо́е.	**Bild** *n* Der Fernseher ist alt, deswegen ist das Bild so schlecht.
интервью́ *n (unveränd.)* Акаде́мик Ивано́в дал интервью́ иностра́нному корреспонде́нту.	**Interview** *n* Akademiemitglied Iwanow gab einem ausländischen Journalisten ein Interview.
кассе́та *f* У тебя́ есть пуста́я кассе́та?	**Kassette** *f* Hast du eine leere Kassette?
коммента́рий *m* По телеви́зору передава́ли коммента́рий изве́стного журнали́ста.	**Kommentar** *m* Im Fernsehen lief ein Kommentar eines bekannten Journalisten.
магнитофо́н *m* Вы́ключи, пожа́луйста, магнитофо́н, он мне меша́ет.	**Tonbandgerät** *n* Mach bitte das Tonbandgerät aus, es stört mich.
радиопереда́ча *f* Сейча́с начнётся радиопереда́ча для дете́й.	**Rundfunksendung** *f* Gleich beginnt eine Rundfunksendung für Kinder.
сре́дства *n Pl* **ма́ссовой информа́ции** Сре́дства ма́ссовой информа́ции ока́зывают большо́е влия́ние на люде́й.	**Massenmedien** *n Pl* Massenmedien üben einen großen Einfluss auf die Menschen aus.
телеви́дение *n* Во мно́гих стра́нах есть ча́стное телеви́дение.	**Fernsehen** *n* In vielen Ländern gibt es Privatfernsehen.
телеви́зор *m* Мы це́лый ве́чер смотре́ли телеви́зор.	**Fernseher** *m* Den ganzen Abend haben wir ferngesehen.
экра́н *m* Не сади́сь так бли́зко к экра́ну.	**Bildschirm** *m* Setz dich nicht so nah an den Bildschirm.

1.3.3 ERHOLUNG UND FREIZEIT

1.3.3.1 FREIZEITBESCHÄFTIGUNGEN

«1–2000»

гуля́ть Мать ча́сто гуля́ет с ребёнком в па́рке.	**spazieren gehen** Die Mutter geht oft mit dem Kind im Park spazieren.
да́ча *f* Ле́том мы е́здим на да́чу.	**Datsche** *f*, **Wochenendhaus** *n* Im Sommer fahren wir ins Wochenendhaus.
лови́ть/пойма́ть Ма́льчики це́лый день лови́ли ры́бу. Но они́ не пойма́ли ни одно́й ры́бы.	**fischen, Fische fangen** Die Jungs haben den ganzen Tag gefischt. Sie haben aber keinen einzigen Fisch gefangen.
отдыха́ть/отдохну́ть В о́тпуске мы бы́ли на ю́ге и хорошо́ отдохну́ли.	**sich erholen** Im Urlaub waren wir im Süden und haben uns gut erholt.
проводи́ть/провести́ Ле́то мы прово́дим у мо́ря.	*(Zeit)* **verbringen** Den Sommer verbringen wir am Meer.
сад *m* Мы хоте́ли бы име́ть дом с са́дом.	**Garten** *m* Wir möchten gern ein Haus mit Garten haben.
сни́мок *m* Он сде́лал не́сколько сни́мков го́рода.	**Aufnahme** *f* Er machte einige Aufnahmen von der Stadt.
собира́ть/собра́ть Он собира́ет уже́ 10 лет почто́вые ма́рки.	**sammeln** Seit 10 Jahren sammelt er Briefmarken.
та́нец *m* Воло́дя приглаша́ет Ма́шу на та́нец.	**Tanz** *m* Wolodja bittet Mascha zum Tanz.
танцева́ть Молодо́й челове́к хорошо́ танцу́ет.	**tanzen** Der junge Mann tanzt gut.
фотогра́фия *f* На столе́ стоя́ла больша́я фотогра́фия соба́ки.	**Foto** *n* Auf dem Tisch stand ein großes Foto von einem Hund.

шу́тка *f* Не серди́сь, пожа́луйста, э́то была́ то́лько шу́тка.	**Scherz** *m* Sei mir bitte nicht böse, das war nur ein Scherz.

«2001–4000»

игру́шка *f* У дете́й мно́го краси́вых игру́шек.	**Spielzeug** *n*, **Spielsachen** *f Pl* Die Kinder haben viele schöne Spielsachen.
коллекциони́ровать Мой друг коллекциони́рует почто́вые ма́рки.	**sammeln** Mein Freund sammelt Briefmarken.
колле́кция *f* У моего́ знако́мого больша́я колле́кция моне́т.	**Kollektion** *f*, **Sammlung** *f* Mein Bekannter hat eine große Münzsammlung.
люби́тель *m* На сце́не пе́ли не профессиона́льные певцы́, а люби́тели.	**Laie** *m*, **Liebhaber** *m* Auf der Bühne sangen keine Berufssänger, sondern Laien.
меня́ться/поменя́ться Он меня́ется почто́выми ма́рками с друзья́ми.	**tauschen** Er tauscht Briefmarken mit seinen Freunden.
о́тдых *m* Лу́чший о́тдых для меня́ – э́то рабо́та в саду́.	**Erholung** *f* Die beste Erholung für mich ist Gartenarbeit.
прогу́лка *f* По́сле до́лгой прогу́лки все о́чень уста́ли.	**Spaziergang** *m* Nach dem langen Spaziergang waren alle sehr müde.
увлека́ться/увле́чься Ребёнок увлека́ется игро́й в ша́хматы.	**sich begeistern** Das Kind begeistert sich für Schach.
увлече́ние *n* Молода́я де́вушка с увлече́нием игра́ет в те́ннис.	**Begeisterung** *f* Das junge Mädchen spielt mit Begeisterung Tennis.
фотографи́ровать Во вре́мя путеше́ствия мы мно́го фотографи́руем.	**fotografieren** Auf Reisen fotografieren wir viel.
экску́рсия *f* Экску́рсия по Санкт-Петербу́ргу была́ о́чень интере́сной.	**Exkursion** *f*, **Führung** *f* Die Exkursion durch Sankt Petersburg war sehr interessant.

1.3.3.2 SPORT

«1–2000»

бассе́йн *m*	**Schwimmhalle** *f*
Два ра́за в неде́лю я хожу́ в бассе́йн.	Zweimal in der Woche gehe ich in die Schwimmhalle.
бе́гать	**laufen, rennen**
По воскресе́ньям он бе́гает в лесу́.	Sonntags läuft er im Wald.
выи́грывать/вы́играть	**gewinnen**
Э́ту па́ртию в ша́хматы вы́играл мой проти́вник.	Diese Schachpartie gewann mein Gegner.
занима́ться спо́ртом	**Sport treiben**
Что́бы похуде́ть, ей на́до занима́ться спо́ртом.	Um abzunehmen, muss sie Sport treiben.
игра́ *f*	**Spiel** *n*
Оте́ц зна́ет мно́го ра́зных игр.	Der Vater kennt viele verschiedene Spiele.
игра́ть/сыгра́ть	**spielen**
Ма́льчики с увлече́нием игра́ют в футбо́л.	Die Jungen spielen mit Begeisterung Fußball.
кома́нда *f*	**Mannschaft** *f*
В соревнова́нии уча́ствуют 10 футбо́льных кома́нд.	Am Wettkampf nehmen 10 Fußballmannschaften teil.
ма́стер *m*	**Meister** *m*
В 16 лет де́вочка ста́ла ма́стером спо́рта по гимна́стике.	Das Mädchen wurde mit 16 Jahren Meister des Sports im Turnen.
матч *m*	**Spiel** *n*
Футбо́льный матч начина́ется в 17 часо́в.	Das Fußballspiel beginnt um 17 Uhr.
меда́ль *f*	**Medaille** *f*
Во вре́мя олимпи́йских игр спортсме́н завоева́л 3 меда́ли.	Während der Olympischen Spiele errang der Sportler 3 Medaillen.
охо́та *f*	**Jagd** *f*
В Сиби́ри мужчи́ны хо́дят в тайгу́ на охо́ту.	In Sibirien gehen die Männer zur Jagd in die Taiga.
охо́тник *m*	**Jäger** *m*
Охо́тник уби́л двух за́йцев.	Der Jäger tötete zwei Hasen.

пла́вать — **schwimmen**
Де́ти хо́дят в бассе́йн и у́чатся пла́вать. — Die Kinder gehen in die Schwimmhalle und lernen schwimmen.

пры́гать/пры́гнуть — **springen**
Студе́нт Н. пры́гнул да́льше всех. — Der Student N. sprang am weitesten von allen.

соревнова́ние *n* — **Wettkampf** *m*
Моя́ дочь уе́хала на соревнова́ние. — Meine Tochter ist zum Wettkampf gefahren.

спорт *m* — **Sport** *m*
Вы занима́етесь спо́ртом? — Treiben Sie Sport?

спорти́вный — **sportlich, Sport-**
Шко́льники игра́ли в футбо́л на спорти́вной площа́дке. — Die Schüler spielten auf dem Sportplatz Fußball.

устана́вливать/установи́ть — **aufstellen**
Молодо́й спортсме́н установи́л но́вый реко́рд. — Ein junger Sportler stellte einen neuen Rekord auf.

фо́рма *f* — **Form** *f*
Футболи́ст Н. сего́дня в наилу́чшей фо́рме. — Der Fußballspieler N. ist heute in Topform.

футбо́л *m* — **Fußball** *m*
Мой ста́рший сын игра́ет в футбо́л в университе́тской кома́нде. — Mein ältester Sohn spielt Fußball in der Universitätsmannschaft.

футбо́льный — **Fußball-**
В про́шлом году́ на́ша футбо́льная кома́нда игра́ла о́чень хорошо́. — Im vergangenen Jahr spielte unsere Fußballmannschaft sehr gut.

чемпио́н *m* — **Meister** *m*
Э́та футбо́льная кома́нда была́ чемпио́ном ми́ра. — Diese Fußballmannschaft war Weltmeister.

«2001–4000»

бег *m* — **Lauf** *m*, **Rennen** *n*
20 спортсме́нов уча́ствуют в бе́ге на 1000 (ты́сячу) ме́тров. — 20 Sportler nehmen am 1000-Meter-Lauf teil.

воро́та *n Pl* — **Tor** *n*, **Gehäuse** *n*
Кто стои́т сего́дня в воро́тах? — Wer steht heute im Tor?

гол *m* В конце́ ма́тча Ивано́в заби́л оди́н гол.	**Tor** *n* Am Ende des Spiels schoss Iwanow ein Tor.
забива́ть/заби́ть На второ́й мину́те в воро́та проти́вника был заби́т пе́рый гол.	**schießen** *(ein Tor)* In der 2. Minute landete der erste Treffer im Tor der gegnerischen Mannschaft.
лы́жа *f* Мы пое́хали в о́тпуск и взя́ли с собо́й лы́жи.	**Ski** *m* Wir fuhren in den Urlaub und nahmen die Skier mit.
мяч *m* Во дворе́ де́ти игра́ли в мяч.	**Ball** *m* Die Kinder spielten im Hof Ball.
олимпиа́да *f* Ша́хматная олимпиа́да прово́дится раз в два го́да.	**Olympiade** *f* Die Schacholympiade wird alle zwei Jahre durchgeführt.
пла́вание *n* Он занима́ется пла́ванием уже́ 5 лет.	**Schwimmen** *n* Er geht seit 5 Jahren schwimmen.
площа́дка *f* На спорти́вной площа́дке собрали́сь все спортсме́ны.	**Platz** *m* Auf dem Sportplatz versammelten sich alle Sportler.
приз *m* Како́й приз получи́ла ва́ша кома́нда?	**Preis** *m*, **Auszeichnung** *f* Welche Auszeichnung bekam eure Mannschaft?
реко́рд *m* О но́вом реко́рде по пла́ванию писа́ли все газе́ты.	**Rekord** *m* Über den neuen Rekord im Schwimmen schrieben alle Zeitungen.
спортсме́н *m* На соревнова́ния прие́хали спортсме́ны из ра́зных стран.	**Sportler** *m* Zum Wettkampf kamen Sportler aus verschiedenen Ländern.
стадио́н *m* На стадио́не сего́дня состои́тся спорти́вный пра́здник.	**Stadion** *n* Im Stadion findet heute ein Sportfest statt.
старт *m* Уча́стники бе́га на 1000 (ты́сячу) ме́тров вы́шли на старт.	**Start** *m* Die Teilnehmer des 1000-Meterlaufes kamen zum Start.
судья́ *m* Судья́ вы́звал на старт пе́рвых четырёх спортсме́нов.	**Schiedsrichter** *m* Der Schiedsrichter rief die ersten vier Sportler an den Start.

те́ннис *m* Я хочу́ научи́ться игра́ть в те́ннис.	**Tennis** *n* Ich möchte Tennis spielen lernen.
фи́ниш *m* Два спортсме́на одновреме́нно пришли́ к фи́нишу.	**Finish** *n*, **Ziel** *n* Zwei Sportler kamen gleichzeitig ins Ziel.

1.4 Öffentliches Leben

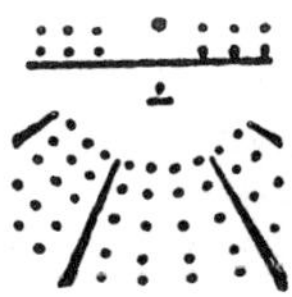

1.4.1 STAATSWESEN

1.4.1.1 STAAT UND POLITIK

«1–2000»

буржуази́я *f* В стране́ появи́лась национа́льная буржуази́я.	**Bourgeoisie** *f* Im Land entwickelte sich die nationale Bourgeoisie.
буржуа́зный В результа́те револю́ции в стране́ установи́лась буржуа́зная респу́блика.	**bürgerlich** Nach der Revolution wurde im Land die bürgerliche Republik errichtet.
власть *f* Э́та па́ртия пришла́ к вла́сти 2 го́да тому́ наза́д.	**Macht** *f* Diese Partei kam vor zwei Jahren an die Macht.
вступа́ть/вступи́ть Почему́ ты хо́чешь вступи́ть в э́ту па́ртию?	**eintreten** Warum willst du in diese Partei eintreten?
гла́сность *f* Во времена́ гла́стности в Росси́и опубликова́ли рома́н Пастерна́ка «До́ктор Жива́го».	**Transparenz** *f*, **Glasnost** *f* In Russland veröffentlichte man während der Glasnostperiode Pasternaks Roman „Doktor Shiwago“.
голосова́ть/проголосова́ть За кандида́та в президе́нты проголосова́ли 45% населе́ния.	**(ab)stimmen** Für den Präsidentschaftskandidaten stimmten 45% der Bevölkerung.
госуда́рственный Наш по́езд приближа́лся к госуда́рственной грани́це.	**Staats-, staatlich** Unser Zug näherte sich der Staatsgrenze.

госуда́рство *n* СНГ – э́то Содру́жество Незави́симых Госуда́рств.	**Staat** *m* Die GUS ist eine Gemeinschaft unabhängiger Staaten.
граждани́н *m*, **гражда́нка** *f* Все гра́ждане име́ют ра́вные права́ и обя́занности.	**Bürger(in)** *m (f)* Alle Bürger haben gleiche Rechte und Pflichten.
гражда́нский Вско́ре по́сле револю́ции начала́сь гражда́нская война́.	**bürgerlich, zivil, Bürger-** Kurz nach der Revolution begann der Bürgerkrieg.
грани́ца *f* Часть ю́жной грани́цы Росси́и прохо́дит по мо́рю.	**Grenze** *f* Ein Teil der südlichen Grenze Russlands verläuft im Meer.
демократи́ческий Трудя́щиеся бо́рются за осуществле́ние демократи́ческих прав.	**demokratisch** Die Werktätigen kämpfen für die Verwirklichung ihrer demokratischen Rechte.
демокра́тия *f* Путь от диктату́ры к демокра́тии тру́дный.	**Demokratie** *f* Der Weg von der Diktatur zur Demokratie ist schwierig.
диктату́ра *f* В стране́ установи́лась вое́нная диктату́ра.	**Diktatur** *f* Im Land wurde eine Militärdiktatur errichtet.
догово́р *m* Президе́нт подписа́л догово́р о дру́жбе.	**Vertrag** *m* Der Präsident unterschrieb den Freundschaftsvertrag.
заключа́ть/заключи́ть Европе́йские стра́ны заключи́ли ряд экономи́ческих соглаше́ний.	**abschließen** Die europäischen Länder schlossen eine Reihe von Wirtschaftsabkommen ab.
иностра́нный Иностра́нные гра́ждане мо́гут учи́ться в ву́зах Росси́и. Де́вушка у́чится в институ́те иностра́нных языко́в.	**ausländisch; Fremd-** Ausländische Bürger können an Hochschulen Russlands studieren. Das Mädchen studiert am Fremdspracheninstitut.
капитали́зм *m* Разви́тие капитали́зма в Росси́и име́ло свои́ осо́бенности.	**Kapitalismus** *m* Die Entwicklung des Kapitalismus in Russland zeichnete sich durch Besonderheiten aus.
капиталисти́ческий В э́той главе́ уче́бника идёт речь о капиталисти́ческих произво́дственных отноше́ниях.	**kapitalistisch** In diesem Kapitel des Lehrbuches geht es um die kapitalistischen Produktionsverhältnisse.

ле́вый	**linker; Linke(r)** *m*
Ле́вые па́ртии образова́ли оппози́цию. К вла́сти в стране́ пришли́ ле́вые.	Die linken Parteien bildeten die Opposition. Die Linken kamen an die Macht.
министе́рство *n*	**Ministerium** *n*
Он рабо́тает в министе́рстве се́льского хозя́йства.	Er arbeitet im Landwirtschaftsministerium.
мини́стр *m*	**Minister** *m*
На совеща́нии выступа́л мини́стр культу́ры Росси́и.	In der Beratung trat der Kulturminister Russlands auf.
мир *m*, **миры́** *Pl*	**Welt** *f*
Он был во мно́гих стра́нах ми́ра.	Er war in vielen Ländern der Welt.
мир *m*	**Frieden** *m*
Мир – всем народам!	Frieden für alle Völker.
наро́д *m*	**Volk** *n*
Президе́нт обрати́лся к наро́ду с ре́чью.	Der Präsident wandte sich mit einer Rede an das Volk.

«2001–4000»

демонстра́ция *f*	**Demonstration** *f*
В демонстра́ции уча́ствовали 200 ты́сяч челове́к.	An der Demonstration nahmen 200 000 Menschen teil.
демонстри́ровать	**demonstrieren**
Они демонстри́ровали солида́рность с иностра́нными согра́жданами.	Sie demonstrierten für Solidarität mit den ausländischen Mitbürgern.
грани́ца *f*	**Ausland** *n*
На́ша страна́ торгу́ет с заграни́цей.	Unser Land treibt Handel mit dem Ausland.
зарубе́жный	**ausländisch**
Зарубе́жные го́сти посети́ли на́шу шко́лу.	Die ausländischen Gäste besuchten unsere Schule.
избира́ть/избра́ть	**wählen**
Гра́ждане э́той страны́ избира́ют президе́нта.	Die Bürger dieses Landes wählen den Präsidenten.

инострáнец *m*, **инострáнка** *f* В Гермáнии живёт мнóго инострáнцев.	**Ausländer(in)** *m (f)* In Deutschland leben viele Ausländer.
класс *m* В э́той странé прáвящим клáссом явля́ется буржуази́я.	**Klasse** *f* In diesem Land ist die Bourgeoisie die herrschende Klasse.
коммуни́зм *m* Мнóгие лю́ди мечтáли о коммуни́зме как о справедли́вом óбществе.	**Kommunismus** *m* Viele Menschen träumten vom Kommunismus als einer gerechten Gesellschaft.
коммунисти́ческий Здесь коммунисти́ческая пáртия былá запрещéна.	**kommunistisch** Hier wurde die kommunistische Partei verboten.
конститу́ция *f* Конститу́ция – э́то основнóй закóн страны́.	**Verfassung** *f* Die Verfassung ist das Grundgesetz des Landes.
нáция *f* Организáция Объединённых Нáций былá оснóвана в 1945-ом году́.	**Nation** *f* Die Vereinten Nationen wurden 1945 gegründet.
незави́симость *f* Нарóд э́той африкáнской страны́ бóрется за незави́симость.	**Unabhängigkeit** *f* Das Volk dieses afrikanischen Landes kämpft um seine Unabhängigkeit.
объединя́ть/объедини́ть Состоя́лось заседáние Организáции Объединённых Нáций. Несчáстье объединя́ет людéй.	**(ver)einen** Es fand eine Tagung der Vereinten Nationen statt. Unglück vereint die Menschen.
оппози́ция *f* Оппози́ция не былá соглáсна с предложéнием прáвящей пáртии.	**Opposition** *f* Die Opposition war mit dem Vorschlag der Regierungspartei nicht einverstanden.
пáртия *f* За каку́ю пáртию ты бу́дешь голосовáть?	**Partei** *f* Welche Partei wählst du?
перестрóйка *f* С больши́м интерéсом я прочитáла кни́гу о перестрóйке.	**Umgestaltung** *f*, **Perestroika** *f* Ich las mit großem Interesse das Buch über die Perestroika.

поли́тик *m*	**Politiker** *m*
Он явля́ется одни́м из са́мых популя́рных поли́тиков э́той страны́.	Er ist einer der populärsten Politiker dieses Landes.
поли́тика *f*	**Politik** *f*
Прави́тельство должно́ измени́ть свою́ экономи́ческую поли́тику.	Die Regierung muss ihre Wirtschaftspolitik ändern.
полити́ческий	**politisch**
В диску́ссии шла речь о полити́ческих права́х.	In der Diskussion ging es um politische Rechte.
постановле́ние *n*	**Beschluss** *m*, **Bestimmung** *f*
В газе́те бы́ло опублико́вано постановле́ние прави́тельства.	In der Zeitung wurde der Regierungsbeschluss veröffentlicht.
прави́тельство *n*	**Regierung** *f*
Бы́ло и́збрано но́вое прави́тельство.	Es wurde eine neue Regierung gewählt.
пра́вый	**Rechte(r)** *m;* **Recht** *(haben)*
Пра́вые потерпе́ли пораже́ние на вы́борах. К сча́стью, ты оказа́лся прав.	Die Rechten erlitten eine Wahlniederlage. Zum Glück hattest du Recht.
равнопра́вие *n*	**Gleichberechtigung** *f*
Же́нщины э́той страны́ бо́рются за их равнопра́вие с мужчи́нами.	Die Frauen dieses Landes kämpfen für ihre Gleichberechtigung.
радика́льный	**radikal**
В э́той стране́ необходи́мы радика́льные рефо́рмы.	In diesem Land sind radikale Reformen notwendig.
революцио́нный	**Revolutions-, revolutionär**
Де́душка лю́бит петь революцио́нные пе́сни.	Der Großvater singt gern revolutionäre Lieder.
револю́ция *f*	**Revolution** *f*
В феврале́ 1917-го го́да в Росси́и произошла́ буржуа́зно-демократи́ческая револю́ция.	Im Februar 1917 fand in Russland die bürgerlich-demokratische Revolution statt.
респу́блика *f*	**Republik** *f*
Большинство́ европе́йских стран явля́ется респу́бликами.	Die meisten europäischen Länder sind Republiken.

рефóрма *f*	**Reform** *f*
В странé провóдятся экономи́ческие рефóрмы.	Im Land werden Wirtschaftsreformen durchgeführt.
рóдина *f*	**Heimat** *f*
Он живёт в Гермáнии, но рóдина егó – Росси́я.	Er lebt in Deutschland, seine Heimat aber ist Russland.
рубéж *m*	**Grenze** *f*, **Staatsgrenze** *f*
Мои́ рóдственники живу́т за рубежóм.	Meine Verwandten leben im Ausland.
свобóда *f*	**Freiheit** *f*
Нарóд э́той страны́ дóлго борóлся за свобóду.	Das Volk dieses Landes kämpfte lange für seine Freiheit.
свобóдный	**frei**
Я ду́маю, что человéк никогдá не мóжет быть абсолю́тно свобóдным.	Ich denke, der Mensch kann nie absolut frei sein.
совéтский	**sowjetisch, Sowjet-**
В СССР входи́ли 15 совéтских социалисти́ческих респу́блик.	Zur UdSSR gehörten 15 sozialistische Sowjetrepubliken.
социали́зм *m*	**Sozialismus** *m*
В 1917-ом году́ в Росси́и нáчали стрóить социали́зм.	1917 begann man in Russland den Sozialismus aufzubauen.
социалисти́ческий	**sozialistisch**
Сою́з Совéтских Социалисти́ческих респу́блик прекрати́л своё существовáние в 1991-ом году́.	Die Union der Sozialistischen Sowjetrepubliken hörte 1991 auf zu existieren.
столи́ца *f*	**Hauptstadt** *f*
Назови́те столи́цы европéйских государств.	Nennt die Hauptstädte der europäischen Staaten.
странá *f*	**Land** *n*
Э́та странá экспорти́рует пшени́цу.	Dieses Land exportiert Weizen.
строй *m*	**(Gesellschafts-)Ordnung** *f*, **Staatsform** *f*, **Staatsaufbau** *m*
На экзáмене студéнт расскáзывал о государственном стрóе А́нглии.	In der Prüfung erzählte der Student über den Staatsaufbau Englands.
флаг *m*	**Flagge** *f*
Госудáрственный флаг Росси́и си́не-бéло-крáсный.	Die Staatsflagge Russlands ist blau-weiß-rot.

1.4.1.2 KRIEG UND FRIEDEN

«1–2000»

автома́т *m*	**Maschinenpistole** *f*
Солда́ты чи́стили автома́ты.	Die Soldaten reinigten die Maschinenpistolen.
а́рмия *f*	**Armee** *f*
Расхо́ды на а́рмию ну́жно сократи́ть.	Die Ausgaben für die Armee müssen verringert werden.
боро́ться	**kämpfen**
Же́нщины бо́рются за их равнопра́вие с мужчи́нами.	Die Frauen kämpfen für ihre Gleichberechtigung.
борьба́ *f*	**Kampf** *m*
Борьба́ с террори́змом явля́ется о́чень сло́жной пробле́мой.	Der Kampf gegen den Terrorismus ist ein sehr schwieriges Problem.
воева́ть	**Krieg führen**
В 18-ом ве́ке Росси́я воева́ла с Ту́рцией.	Im 18. Jahrhundert führte Russland Krieg gegen die Türkei.
вое́нный	**Militär-; Militärangehörige(r)** *m*
Его́ оте́ц был вое́нным врачо́м.	Sein Vater war Militärarzt.
Моя́ сестра́ вы́шла за́муж за вое́нного.	Meine Schwester hat einen Militärangehörigen geheiratet.
война́ *f*	**Krieg** *m*
Её де́душка уча́ствовал в двух во́йнах.	Ihr Großvater nahm an zwei Kriegen teil.
войска́ *n Pl*	**Truppen** *f Pl*
Войска́ Кра́сной А́рмии взя́ли Берли́н в мае 1945-го го́да.	Die Truppen der Roten Armee nahmen im Mai 1945 Berlin ein.
враг *m*	**Feind** *m*
У него́ мно́го враго́в.	Er hat viele Feinde.
генера́л *m*	**General** *m*
Неда́вно у́мер ста́рый генера́л.	Vor kurzem starb der alte General.
геро́й *m*	**Held** *m*
Он стал национа́льным геро́ем.	Er wurde zum Nationalhelden.
завоёвывать/завоева́ть	**erobern, erkämpfen**
Наро́д э́той страны́ завоева́л свобо́ду.	Das Volk dieses Landes erkämpfte seine Freiheit.

захва́тывать/захвати́ть Буржуази́я захвати́ла власть.	**erobern, ergreifen** Die Bourgeoisie ergriff die Macht.
защи́та *f* Защи́та оте́чества – долг ка́ждого граждани́на.	**Verteidigung** *f* Die Verteidigung des Vaterlandes ist die Pflicht jedes Staatsbürgers.
мир *m* Догово́р о ми́ре ещё не подпи́сан.	**Frieden** *m* Der Friedensvertrag wurde noch nicht unterzeichnet.
ми́рный Мы выступа́ем за ми́рное реше́ние междунаро́дных пробле́м.	**friedlich** Wir treten für die friedliche Lösung der internationalen Probleme ein.
мирово́й Втора́я мирова́я война́ начала́сь в 1939-ом году́.	**Welt-** Der Zweite Weltkrieg begann im Jahre 1939.
ору́жие *n* Престу́пник угрожа́л милиционе́ру ору́жием.	**Waffe** *f* Der Verbrecher bedrohte den Milizionär mit einer Waffe.
освобожда́ть/освободи́ть Го́род был освобождён войска́ми Кра́сной А́рмии.	**befreien** Die Stadt wurde durch die Truppen der Roten Armee befreit.
офице́р *m* Она́ вы́шла за́муж за офице́ра.	**Offizier** *m* Sie hat einen Offizier geheiratet.
побе́да *f* 9-го ма́я в Росси́и пра́зднуют День Побе́ды.	**Sieg** *m* Am 9. Mai feiert man in Russland den Tag des Sieges.
побежда́ть/победи́ть А́рмия врага́ была́ побеждена́.	**siegen, besiegen** Die Armee des Feindes wurde besiegt.
прика́з *m* Генера́л дал прика́з о наступле́нии.	**Befehl** *m* Der General gab den Befehl zum Angriff.
раке́та *f* В не́бе мы уви́дели кра́сную раке́ту.	**Rakete** *f* Wir sahen am Himmel eine rote Rakete.
служи́ть Мой брат два го́да служи́л в а́рмии.	**dienen** Mein Bruder diente 2 Jahre beim Militär.

смéлый Газéта писáла о смéлом постýпке рýсского офицéра.	**tapfer, kühn** Die Zeitung berichtete über die tapfere Tat des russischen Offiziers.
солдáт *m* Во врéмя войны́ он был солдáтом.	**Soldat** *m* Während des Krieges war er Soldat.
стреля́ть Солдáт Ивáнов плóхо стреля́ет.	**schießen** Der Soldat Iwanow schießt schlecht.
уничтожáть/уничтóжить Войскá протúвника уничтóжили мнóго городóв и деревéнь.	**vernichten** Die Truppen des Gegners vernichteten viele Städte und Dörfer.

«2001–4000»

безопáсность *f* На совещании обсуждáлись вопрóсы европéйской безопáсности.	**Sicherheit** *f* In der Beratung wurden Fragen der europäischen Sicherheit erörtert.
винтóвка *f* Солдáты должны́ бы́ли чи́стить свои́ винтóвки.	**Gewehr** *n* Die Soldaten mussten ihre Gewehre reinigen.
врáжеский Врáжеская áрмия захвати́ла гóрод.	**feindlich** Die feindliche Armee eroberte die Stadt.
вы́стрелить Солдáт вы́стрелил в вóздух.	**schießen** Der Soldat schoss in die Luft.
защищáть/защити́ть Войскá защищáли гóрод два дня.	**verteidigen** Die Truppen verteidigten zwei Tage lang die Stadt.
освобождéние *n* Её отéц учáствовал в освобождéнии Берли́на.	**Befreiung** *f* Ihr Vater nahm an der Befreiung Berlins teil.
отéчественный Вели́кая Отéчественная войнá окóнчилась в 1945-ом годý.	**vaterländisch** Der Große Vaterländische Krieg endete 1945.
проти́вник *m* Проти́вник был побеждён.	**Gegner** *m* Der Gegner wurde besiegt.

сме́ло *Adv* На́ши войска́ де́йствовали сме́ло и реши́тельно.	**tapfer, kühn** Unsere Truppen handelten tapfer und entschlossen.
сопротивле́ние *n* Проти́вник не ждал тако́го сопротивле́ния.	**Widerstand** *m* Der Gegner erwartete diesen Widerstand nicht.
танк *m* В бою́ уча́ствовали та́нки.	**Panzer** *m* Am Kampf nahmen Panzer teil.
фаши́зм *m* Студе́нт написа́л сочине́ние на те́му «Социа́льные ко́рни фаши́зма».	**Faschismus** *m* Der Student schrieb einen Aufsatz zum Thema „Soziale Wurzeln des Faschismus".
я́дерное ору́жие *n* Наро́ды ми́ра тре́буют запреще́ния испыта́ний я́дерного ору́жия.	**Atomwaffe** *f* Die Völker der Welt fordern das Verbot der Atomwaffentests.

1.4.2 KIRCHE UND RELIGION

«1–2000»

Би́блия *f* В Би́блии напи́сано ...	**Bibel** *f* In der Bibel steht ...
Бог *m* Ба́бушка ве́рит в Бо́га.	**Gott** *m* Die Großmutter glaubt an Gott.
ве́ра *f* Ве́ра в Бо́га даёт ей си́лы.	**Glaube** *m* Der Glaube an Gott gibt ihr Kraft.
ве́рить/пове́рить Я не могу́ в э́то пове́рить.	**glauben** Ich kann daran nicht glauben.
душа́ *f* Душа́ – э́то вну́тренний мир челове́ка. На душе́ у меня́ гру́стно.	**Seele** *f* Die Seele ist die innere Welt des Menschen. Es ist mir traurig ums Herz.
Ису́с Христо́с *m* В Рождество́ пра́зднуют рожде́ние Ису́са Христа́.	**Jesus Christus** *m* Weihnachten feiert man die Geburt von Jesus Christus.

нéбо *n*, **небесá** *Pl* Онá былá на седьмóм нéбе от счáстья.	**Himmel** *m* Sie schwebte vor Glück im siebenten Himmel.
поп *m* Какóв поп – такóв прихóд.	**Pope** *m (abwertend)* Wie der Herr, so's Gescherr.
правослáвный В э́той цéркви мóлятся правослáвные христиáне.	**orthodox** In dieser Kirche beten orthodoxe Christen.
религиóзный Моя́ бáбушка былá глубокó религиóзным человéком.	**religiös, gläubig** Meine Großmutter war ein tief gläubiger Mensch.
рели́гия *f* Шкóльники писáли сочинéние на тéму «Что такóе рели́гия».	**Religion** *f* Die Schüler schrieben einen Aufsatz zum Thema „Was ist Religion".
рождествó *n* Правослáвные христиáне прáзднуют Рождествó седьмóго январю́.	**Weihnachten** *n* Die orthodoxen Christen feiern das Weihnachtsfest am 7. Januar.
святóй На карти́не был изображён святóй Пётр.	**heilig** Auf dem Gemälde war der heilige Petrus dargestellt.
цéрковь *f* По воскресéньям бáбушка ходи́ла в цéрковь.	**Kirche** *f* Sonntags ging die Großmutter in die Kirche.
чёрт *m* Он не вéрил ни в Бóга, ни в чёрта.	**Teufel** *m* Er glaubte weder an Gott noch an den Teufel.

«2001–4000»

грех *m* Кто из нас без грехá?	**Sünde** *f* Wer von uns ist frei von Sünde?
моли́тва *f* Ребёнок дóлжен был вы́учить моли́тву наизу́сть.	**Gebet** *n* Das Kind musste das Gebet auswendig lernen.
моли́ться Пéред едóй они́ всегдá мóлятся.	**beten** Vor dem Essen beten sie immer.

па́па *m* — **Papst** *m*
Па́па – э́то глава́ ри́мско-католи́ческой це́ркви. — Der Papst ist das Oberhaupt der römisch-katholischen Kirche.

па́сха *f* — **Ostern** *n*
Па́сха в э́том году́ бу́дет в конце́ апре́ля. — Ostern ist in diesem Jahr Ende April.

свяще́нник *m* — **Geistliche(r)** *m*
Свяще́нник прочита́л моли́тву. — Der Geistliche las ein Gebet.

слу́жба *f* — **(Gottes-)Dienst** *m*
Слу́жба начина́ется в 5 часо́в ве́чера. — Der Gottesdienst fängt um 17 Uhr an.

христиа́нский — **christlich**
В Евро́пе преоблада́ют христиа́нские рели́гии. — In Europa herrschen die christlichen Religionen vor.

1.5 Umwelt

1.5.1 STADT UND DORF

«1–2000»

го́род *m* — **Stadt** *f*
Расскажи́те о Ва́шем родно́м го́роде. — Erzählen Sie über Ihre Heimatstadt.

городско́й — **städtisch, Stadt-**
На уро́ке мы обсужда́ли пробле́мы городско́го тра́нспорта. — Im Unterricht diskutierten wir über Probleme des städtischen Nahverkehrs.

дворе́ц *m* — **Palast** *m*
Во дворце́ тепе́рь нахо́дится музе́й. — Im Palast ist jetzt ein Museum untergebracht.

дере́вня *f* — **Dorf** *n*
Де́душка и ба́бушка живу́т в дере́вне. — Die Großeltern leben auf dem Lande.

дре́вний — **alt, altertümlich**
Студе́нты изуча́ют исто́рию дре́внего го́рода. — Die Studenten erforschen die Geschichte der alten Stadt.

зда́ние *n*	**Gebäude** *n*
В э́том зда́нии тепе́рь нахо́дится институ́т.	In diesem Gebäude befindet sich jetzt ein Institut.
край *m*	**Land** *n*, **Region** *f*, **Gegend** *f*
В э́том краю́ мно́го лесо́в и озёр.	In dieser Gegend gibt es viele Wälder und Seen.
ме́стный	**lokal, hiesig**
Ме́стное населе́ние ча́сто хо́дит в лес по я́годы.	Die hiesige Bevölkerung geht oft in den Wald, um Beeren zu sammeln.
моско́вский	**Moskauer**
Моско́вское метро́ изве́стно во всём ми́ре.	Die Moskauer Metro ist in der ganzen Welt bekannt.
населе́ние *n*	**Bevölkerung** *f*
Большинство́ населе́ния ца́рской Росси́и составля́ли крестья́не.	Die Mehrheit der Bevölkerung im zaristischen Russland waren Bauern.
пло́щадь *f*	**Platz** *m*
Кра́сная пло́щадь – Се́рдце Росси́и.	Der Rote Platz ist das Herz Russlands.
райо́н *m*	**(Stadt-)Bezirk** *m;* **Region** *f*
Я живу́ в но́вом райо́не.	Ich wohne in einem neuen Stadtbezirk.
В се́верных райо́нах страны́ начала́сь зима́.	In den nördlichen Regionen des Landes begann der Winter.
располага́ться/расположи́ться	**sich befinden, gelegen sein**
Го́род располо́жен на берегу́ реки́.	Die Stadt liegt am Ufer des Flusses.
село́ *n*	**Dorf** *n*
В селе́ постро́или но́вую шко́лу.	Im Dorf baute man eine neue Schule.
се́льский	**Dorf-, ländlich**
Всю жизнь она́ рабо́тала се́льской учи́тельницей.	Ihr ganzes Leben lang arbeitete sie als Dorflehrerin.
Де́душка и ба́бушка жи́ли в се́льской ме́стности.	Die Großeltern wohnten in einer ländlichen Gegend.
сельскохозя́йственный	**landwirtschaftlich**
В э́том го́роде есть заво́д сельскохозя́йственных маши́н.	In dieser Stadt gibt es ein Werk für landwirtschaftliche Maschinen.

столи́ца *f* Москва́ – столи́ца Росси́и.	**Hauptstadt** *f* Moskau ist die Hauptstadt Russlands.
у́лица *f* Я живу́ на у́лице Ле́рмонтова.	**Straße** *f* Ich wohne in der Lermontowstraße.

«2001–4000»

алле́я *f* К до́му вела́ широ́кая алле́я.	**Allee** *f* Zum Haus führte eine breite Allee.
ба́шня *f* Мы пообе́дали в рестора́не, кото́рый нахо́дится в ста́рой ба́шне.	**Turm** *m* Wir aßen zu Mittag in einem Restaurant, das sich in einem alten Turm befindet.
жи́тель *m* На демонстра́цию вы́шли мно́гие жи́тели го́рода.	**Einwohner** *m*, **Bewohner** *m* Zur Demonstration kamen viele Bewohner der Stadt.
за́мок *m* Мы осмотре́ли ста́рый за́мок.	**Schloss** *n* Wir besichtigten ein altes Schloss.
кре́пость *f* В го́роде сохрани́лись сте́ны ста́рой кре́пости.	**Festung** *f*, **Burg** *f* In der Stadt sind die Reste einer alten Festung erhalten geblieben.
москви́ч *m*, **москви́чка** *f* Я чита́ю кни́гу «Москва́ и москви́чи».	**Moskauer(in)** *m (f)* Ich lese das Buch „Moskau und die Moskauer".
мост *m* Ната́ша стои́т на мосту́.	**Brücke** *f* Natascha steht auf der Brücke.
па́мятник *m* В Москве́ есть прекра́сные па́мятники ру́сским писа́телям.	**Denkmal** *n* In Moskau gibt es sehr schöne Denkmäler russischer Schriftsteller.
парк *m* В большо́м па́рке стои́т ста́рый за́мок.	**Park** *m* In dem großen Park steht ein altes Schloss.

посёлок *m* О́коло большо́го заво́да вы́рос но́вый посёлок.	**Siedlung** *f* Neben dem großen Werk entstand eine neue Siedlung.
при́город *m* На́ша семья́ живёт в при́городе.	**Vorort** *m* Unsere Familie wohnt in einem Vorort.
собо́р *m* Тури́сты бы́ли поражены́ красото́й собо́ра.	**Dom** *m*, **Kathedrale** *f* Die Touristen waren von der Schönheit des Domes tief beeindruckt.
тротуа́р *m* По тротуа́ру шли пешехо́ды.	**Bürgersteig** *m*, **Gehweg** *m* Auf dem Bürgersteig gingen Fußgänger.
фе́рма *f* Моя́ тётя рабо́тает на фе́рме.	**Farm** *f* Meine Tante arbeitet auf einer Farm.

1.5.2 LANDSCHAFT

«1–2000»

бе́рег *m* На берегу́ реки́ стои́т це́рковь.	**Ufer** *m* Am Ufer des Flusses steht eine Kirche.
верши́на *f* Мы взобрали́сь на верши́ну горы́.	**Gipfel** *m* Wir stiegen auf den Berggipfel.
вид *m* С э́той горы́ открыва́ется прекра́сный вид на мо́ре.	**Aussicht** *f* Von diesem Berg aus hat man eine schöne Aussicht auf das Meer.
гора́ *f* Го́род окружён высо́кими гора́ми.	**Berg** *m* Die Stadt ist von hohen Bergen umgeben.
лес *m* Недалеко́ от го́рода нахо́дится лес.	**Wald** *m* Nicht weit von der Stadt befindet sich ein Wald.
о́бласть *f* В ю́жных областя́х страны́ убира́ют урожа́й.	**Gebiet** *n* In den südlichen Gebieten des Landes wird die Ernte eingebracht.

о́зеро *n* В о́тпуск мы е́здили на о́зеро Байка́л.	**See** *m* Im Urlaub waren wir am Baikalsee.
о́стров *m* В океа́не мно́го острово́в.	**Insel** *f* Im Ozean gibt es viele Inseln.
по́ле *n* На поля́х рабо́тают совреме́нные маши́ны.	**Feld** *n* Auf den Feldern arbeiten moderne Maschinen.
просто́р *m* Просто́ры Росси́и поража́ют тури́стов.	**Weite** *f* Die Weite Russlands beeindruckt die Touristen.
пусты́ня *f* Саха́ра – са́мая больша́я пусты́ня в ми́ре.	**Wüste** *f* Die Sahara ist die größte Wüste der Welt.
река́ *f* Река́ в э́том ме́сте о́чень широ́кая.	**Fluss** *m* Der Fluss ist an dieser Stelle sehr breit.
степь *f* В степи́ стро́ят желе́зную доро́гу.	**Steppe** *f* In der Steppe wird eine Eisenbahnstrecke gebaut.
тайга́ *f* Охо́тник ушёл в тайгу́ на охо́ту.	**Taiga** *f* Der Jäger ist in die Taiga zur Jagd gegangen.
тече́ние *n* У го́рных рек о́чень бы́строе тече́ние.	**Strömung** *f* Bergflüsse haben eine starke Strömung.

«2001–4000»

доли́на *f* Го́род располо́жен в доли́не реки́.	**Tal** *n* Die Stadt liegt in einem Flusstal.
круто́й Дом стои́т на круто́м берегу́.	**steil** Das Haus steht am Steilufer.
ме́стность *f* На́ша да́ча нахо́дится в краси́вой се́льской ме́стности.	**Gegend** *f* Unser Wochenendhaus befindet sich in einer schönen ländlichen Gegend.

пейза́ж *m* Мы стоя́ли на верши́не горы́ и любова́лись краси́вым пейза́жем.	**Landschaft** *f* Wir standen auf dem Gipfel des Berges und genossen die schöne Landschaft.
пляж *m* Е́сли за́втра бу́дет жа́рко, мы пойдём на пляж.	**Strand** *m* Wenn es morgen heiß ist, gehen wir zum Strand.
равни́на *f* На восто́ке страны́ нахо́дится равни́на.	**Ebene** *f* Im Osten des Landes befindet sich eine Ebene.
ро́ща *f* В ро́ще росли́ больши́е дере́вья.	**Hain** *m* Im Hain wuchsen hohe Bäume.
руче́й *m* Вода́ в ручье́ была́ чи́стая и холо́дная.	**Bach** *m* Das Wasser im Bach war sauber und kalt.
тропа́ *f* Тури́сты поднима́лись в го́ру по у́зкой тропе́.	**Pfad** *m* Die Touristen erklommen den Berg auf einem schmalen Pfad.
ту́ндра *f* В ту́ндре дере́вьев почти́ нет.	**Tundra** *f* In der Tundra gibt es fast keine Bäume.
целина́ *f* Шко́льники писа́ли сочине́ние по рома́ну Шо́лохова «По́днятая целина́».	**Neuland** *n* Die Schüler schrieben einen Aufsatz über den Roman Scholochows „Neuland unterm Pflug“.

1.5.3 NATUR

1.5.3.1 ALLGEMEINES

«1–2000»

а́том *m* Все тела́ состоя́т из а́томов.	**Atom** *n* Alle Körper bestehen aus Atomen.
во́здух *m* Тебе́ на́до бо́льше быва́ть на све́жем во́здухе.	**Luft** *f* Du musst häufiger an die frische Luft gehen.

волна́ *f* Прибо́р регистри́рует электромагни́тные во́лны. Дул си́льный ве́тер, и на мо́ре бы́ли во́лны.	**Welle** *f* Das Gerät registriert elektromagnetische Wellen. Es wehte ein starker Wind, und auf dem Meer waren Wellen.
дым *m* Ко́мната была́ полна́ ды́ма.	**Rauch** *m,* **Qualm** *m* Das Zimmer war voller Qualm.
загрязне́ние *n* На конфере́нции обсужда́ли пробле́мы, свя́занные с загрязне́нием рек.	**Verschmutzung** *f* In der Konferenz diskutierte man Probleme, die mit der Verschmutzung der Flüsse zusammenhängen.
звезда́ *f* Не́бо покры́ли ту́чи, и звёзд не́ было ви́дно.	**Stern** *m* Regenwolken bedeckten den Himmel, und die Sterne waren nicht zu sehen.
Земля́ *f* Земля́ враща́ется вокру́г Со́лнца.	**Erde** *f (der Planet)* Die Erde dreht sich um die Sonne.
земля́ *f* Земля́ в лесу́ была́ вла́жной, так как неда́вно прошёл дождь.	**Erde** *f,* **(Erd-)Boden** *m* Der Boden im Wald war feucht, weil es vor kurzem geregnet hatte.
Луна́ *f* В 1969-ом году́ состоя́лся пе́рвый полёт челове́ка на Луну́.	**Mond** *m (der Planet)* 1969 fand der erste Flug eines Menschen zum Mond statt.
луна́ *f* Облака́ закры́ли луну́.	**Mond** *m* Die Wolken verdeckten den Mond.
луч *m* Лучи́ со́лнца нагре́ли зе́млю.	**Strahl** *m* Die Sonnenstrahlen erwärmten den Boden.
материа́льный Фи́зики и хи́мики изуча́ют материа́льный мир.	**stofflich, materiell** Physiker und Chemiker erforschen die materielle Welt.
мо́ре *n* Чёрное мо́ре мне бо́льше нра́вится, чем Балти́йское.	**Meer** *n* Das Schwarze Meer gefällt mir besser als die Ostsee.
не́бо *n* На не́бе я́рко свети́ло со́лнце.	**Himmel** *m* Am Himmel schien hell die Sonne.

ого́нь *m* Ого́нь уничто́жил не́сколько гекта́ров ле́са.	**Feuer** *n* Das Feuer vernichtete mehrere Hektar Wald.
океа́н *m* Учёные изуча́ют влия́ние океа́на на кли́мат Земли́.	**Ozean** *m* Die Wissenschaftler untersuchen den Einfluss des Ozeans auf das Klima der Erde.
окружа́ющая среда́ *f* Одно́й из актуа́льных пробле́м явля́ется охра́на окружа́ющей среды́.	**Umwelt** *f* Eines der aktuellen Probleme ist der Umweltschutz.
плане́та *f* Иссле́дования плане́т со́лнечной систе́мы помога́ют изуча́ть Зе́млю.	**Planet** *m* Die Untersuchungen der Planeten des Sonnensystems helfen bei der Erforschung der Erde.
приро́да *f* Челове́к до́лжен охраня́ть приро́ду.	**Natur** *f* Der Mensch muss die Natur schützen.
свет *m* Не чита́й при плохо́м све́те. Она́ гото́ва идти́ с ним на край све́та.	**Licht** *n*; **Welt** *f* Lies nicht bei schlechtem Licht. Sie ist bereit, mit ihm bis ans Ende der Welt zu gehen.
со́лнце *n* Де́ти пе́ли пе́сню «Пусть всегда́ бу́дет со́лнце!»	**Sonne** *f* Die Kinder sangen das Lied „Immer lebe die Sonne!“
среда́ *f* Влия́ние челове́ка на окружа́ющую среду́ увели́чивается.	**Umwelt** *f* Der Einfluss des Menschen auf die Umwelt wird immer größer.
тень *f* В тени́ де́рева бы́ло не так жа́рко.	**Schatten** *m* Im Schatten des Baumes war es nicht so heiß.

«2001–4000»

газ *m* Э́тот газ анализи́руют в лабора́тории.	**Gas** *n* Dieses Gas wird im Labor analysiert.
есте́ственный Река́ слу́жит есте́ственной грани́цей ме́жду госуда́рствами.	**natürlich** Der Fluss dient als natürliche Grenze zwischen den Staaten.

жи́дкость *f* Вода́ и молоко́ – жи́дкости.	**Flüssigkeit** *f* Wasser und Milch sind Flüssigkeiten.
землетрясе́ние *n* В Арме́нии произошло́ си́льное землетрясе́ние.	**Erdbeben** *n* In Armenien war ein starkes Erdbeben.
ко́смос *m* Пе́рвые полёты в ко́смос бы́ли сенса́цией.	**Weltraum** *m* Die ersten Flüge in den Weltraum waren eine Sensation.
пар *m* При кипе́нии воды́ образу́ется пар.	**Dampf** *m* Beim Sieden des Wassers bildet sich Dampf.
пла́мя *n* Лес горе́л, и пла́мя бы́ло ви́дно издалека́.	**Flamme** *f* Der Wald brannte, und man konnte die Flammen von weitem sehen.
плодоро́дный Зе́мли в э́той о́бласти плодоро́дные.	**fruchtbar** Der Boden in dieser Gegend ist fruchtbar.
по́чва *f* На э́той по́чве хорошо́ расту́т о́вощи.	**(Erd-)boden** *m* Gemüse wächst auf diesem Boden gut.
свети́ть Со́лнце све́тит всем.	**scheinen** Die Sonne scheint für alle.
тепло́ *n* Расте́ниям необходи́мы тепло́ и со́лнечный свет.	**Wärme** *f* Die Pflanzen brauchen unbedingt Wärme und Sonnenlicht.

1.5.3.2 TIERE

«1–2000»

выра́щивать/вы́растить На фе́рме выра́щивают свине́й.	**züchten** Auf der Farm werden Schweine gezüchtet.
ди́кий В э́том лесу́ во́дятся ди́кие зве́ри.	**wild** In diesem Wald gibt es wilde Tiere.
живо́тное *n* Де́вочка ра́да кни́ге «Жизнь живо́тных».	**Tier** *n* Das Mädchen freut sich über das Buch „Das Leben der Tiere“.

зверь *m* В э́тих леса́х мно́го ди́ких звере́й.	**Tier** *n* In diesen Wäldern gibt es viele wilde Tiere.
кле́тка *f* Ма́льчик вы́пустил пти́цу из кле́тки.	**Käfig** *m*, **Vogelbauer** *n, m* Der Junge ließ den Vogel aus dem Käfig heraus.
коза́ *f* В дере́вне у ба́бушки бы́ли ко́зы.	**Ziege** *f* Die Großmutter auf dem Lande hatte Ziegen.
козёл *m* На лугу́ пасли́сь бе́лая коза́ и чёрный козёл.	**Ziegenbock** *m* Auf der Wiese weideten eine weiße Ziege und ein schwarzer Ziegenbock.
кома́р *m* Меня́ укуси́л кома́р.	**Mücke** *f* Ich wurde von einer Mücke gestochen.
коро́ва *f* Крестья́нин купи́л на ры́нке коро́ву.	**Kuh** *f* Der Bauer kaufte auf dem Markt eine Kuh.
ко́шка *f* Ма́мину ко́шку зову́т Ма́ша.	**Katze** *f* Muttis Katze heißt Mascha.
ку́рица *f* По́ двору бе́гает ку́рица.	**Huhn** *n* Auf dem Hof läuft ein Huhn umher.
куса́ть Соба́ка не куса́ет дете́й.	**beißen** Der Hund beißt die Kinder nicht.
ло́шадь *f* Посмотри́, кака́я краси́вая ло́шадь!	**Pferd** *n* Sieh mal, was für ein schönes Pferd!
му́ха *f* Он о́чень до́брый, да́же му́хи не оби́дит.	**Fliege** *f* Er ist gutmütig, er tut keiner Fliege etwas zuleide.
мышь *f* Моя́ ма́ма о́чень бои́тся мыше́й.	**Maus** *f* Meine Mutter hat große Angst vor Mäusen.
обезья́на *f* В кле́тке сиде́ли ма́ленькие обезья́ны.	**Affe** *m* Im Käfig saßen kleine Affen.
пету́х *m* В дере́вне по утра́м кричи́т пету́х: «Ку-ка-ре-ку́!»	**Hahn** *m* Auf dem Dorf kräht morgens der Hahn: „Ki-ke-ri-ki!“

пти́ца *f* О́сенью пти́цы улета́ют на юг.	**Vogel** *m* Im Herbst fliegen die Vögel in den Süden.
ры́ба *f* Почему́ ты молчи́шь, как ры́ба?	**Fisch** *m* Warum bist du stumm wie ein Fisch?
свинья́ *f* Свинья́ убежа́ла в сад.	**Schwein** *n* Das Schwein ist in den Garten gelaufen.
слон *m* Де́вочке чита́ли ска́зку про слона́.	**Elefant** *m* Dem Mädchen las man ein Märchen über einen Elefanten vor.
соба́ка *f* Ма́льчику подари́ли ма́ленькую соба́ку.	**Hund** *m* Der Junge bekam einen kleinen Hund geschenkt.

«2000–4000»

го́лубь *m* Бе́лый го́лубь – э́то си́мвол ми́ра.	**Taube** *f* Die weiße Taube ist das Friedenssymbol.
запове́дник *m* В э́том запове́днике мно́го ди́ких звере́й.	**Naturschutzgebiet** *n* In diesem Naturschutzgebiet gibt es viele wilde Tiere.
за́яц *m* Охо́тник принёс с охо́ты одного́ за́йца.	**Hase** *m* Der Jäger brachte von der Jagd einen Hasen mit.
клюв *m* В клю́ве орёл держа́л мышь.	**Schnabel** *m* Der Adler hielt eine Maus im Schnabel.
крыло́ *n* У орла́ больши́е кры́лья.	**Flügel** *m* Der Adler hat große Flügel.
ла́па *f* Соба́ка мое́й подру́ги мо́жет дава́ть ла́пу.	**Pfote** *f* Der Hund meiner Freundin kann die Pfote geben.
насеко́мое *n* У моего́ бра́та есть больша́я колле́кция насеко́мых.	**Insekt** *n* Mein Bruder besitzt eine große Insektensammlung.
овца́ *f* Ста́до ове́ц ме́дленно шло че́рез доро́гу.	**Schaf** *n* Eine Schafherde ging langsam über die Straße.

орёл *m* На де́реве сиде́л огро́мный орёл.	**Adler** *m* Auf dem Baum saß ein großer Adler.
саме́ц *m* Твой попуга́й саме́ц и́ли са́мка?	**Männchen** *n* Ist dein Papagei ein Männchen oder ein Weibchen?
са́мка *f* Са́мка орла́ прилете́ла и се́ла на де́рево.	**Weibchen** *n* Das Adlerweibchen kam geflogen und setzte sich auf den Baum.
ста́до *n* У крестья́нина бы́ло ма́ленькое ста́до коро́в.	**Herde** *f* Der Bauer hatte eine kleine Rinderherde.
телёнок *m* Наш сосе́д про́дал телёнка.	**Kalb** *n* Unser Nachbar verkaufte ein Kalb.
у́тка *f* На обе́д я пригото́вила у́тку с я́блоками.	**Ente** *f* Zum Mittag habe ich Ente mit Äpfeln zubereitet.
хвост *m* У бе́лой ко́шки был чёрный хвост.	**Schwanz** *m* Die weiße Katze hatte einen schwarzen Schwanz.

1.5.3.3 PFLANZEN

«1–2000»

де́рево *n*, **дере́вья** *Pl* Ря́дом с до́мом росло́ большо́е де́рево.	**Baum** *m* Neben dem Haus wuchs ein hoher Baum.
ёлка *f* Де́ти украша́ли ёлку к пра́зднику.	**Tannenbaum** *m* Die Kinder schmückten den Tannenbaum zum Fest.
ко́рень *m* У э́того расте́ния дли́нные ко́рни.	**Wurzel** *f* Diese Pflanze hat lange Wurzeln.
лист *m* Жёлтые ли́стья ме́дленно па́дают на зе́млю.	**Blatt** *n* Die gelben Blätter fallen langsam auf die Erde.

па́хнуть Ро́зы хорошо́ па́хнут.	**riechen** Die Rosen riechen gut.
пшени́ца *f* Пшени́ца в э́той ме́стности не растёт.	**Weizen** *m* In dieser Gegend wächst kein Weizen.
расте́ние *n* Моя́ подру́га лю́бит ко́мнатные расте́ния.	**Pflanze** *f* Meine Freundin mag Zimmerpflanzen.
расти́/вы́расти Не́которые дере́вья расту́т о́чень ме́дленно.	**wachsen** Einige Bäume wachsen sehr langsam.
ро́за *f* На день рожде́ния он подари́л ей два́дцать кра́сных роз.	**Rose** *f* Zum Geburtstag schenkte er ihr zwanzig rote Rosen.
сажа́ть/посади́ть Весно́й сажа́ют цветы́ в саду́.	**pflanzen** Im Frühling pflanzt man im Garten Blumen.
трава́ *f* Де́ти бе́гали по траве́ и игра́ли в мяч.	**Gras** *n* Die Kinder liefen über das Gras und spielten Ball.
цвето́к *m*, **цветы́** *Pl* В ва́зе стоя́ли бе́лые цветы́.	**Blume** *f* In der Vase standen weiße Blumen.

«2000–4000»

ве́тка *f* На ве́тке сиде́л го́лубь.	**Zweig** *m*, **Ast** *m* Auf dem Zweig saß eine Taube.
дуб *m* В па́рке растёт дуб, кото́рому сто лет.	**Eiche** *f* Im Park wächst eine 100 Jahre alte Eiche.
ель *f* У Кремлёвской стены́ расту́т голубы́е е́ли.	**Tanne** *f* An der Kremlmauer wachsen Blautannen.
зреть/созре́ть В саду́ зре́ет клубни́ка.	**reifen** Im Garten reifen die Erdbeeren.
плод *m* Плоды́ э́того де́рева есть нельзя́.	**Frucht** *f* Die Früchte dieses Baumes darf man nicht essen.

полива́ть/поли́ть Ве́чером я полива́ю цветы́ в саду́.	**gießen** Abends gieße ich die Blumen im Garten.
расцвета́ть/расцвести́ Мой люби́мый цвето́к, наконе́ц, расцвёл.	**aufblühen** Meine Lieblingsblume blühte endlich auf.
рвать/сорва́ть Мы шли по ле́су, рва́ли цветы́ и собира́ли я́годы.	**pflücken** Wir gingen durch den Wald, pflückten Blumen und sammelten Beeren.
се́ять/посе́ять Мы уже́ посе́яли морко́вь и ра́зные цветы́.	**säen** Wir haben schon Mohrrüben und verschiedene Blumen gesät.
сосна́ *f* На берегу́ о́зера росли́ высо́кие со́сны.	**Kiefer** *f* Am Seeufer wuchsen hohe Kiefern.
ствол *m* Ствол де́рева был о́чень то́лстым.	**(Baum-)Stamm** *m* Der Baumstamm war sehr dick.
урожа́й *m* В э́том году́ мы собра́ли хоро́ший урожа́й я́блок.	**Ernte** *f* In diesem Jahr hatten wir eine gute Apfelernte.

1.5.3.4 WETTER UND KLIMA

«1–2000»

ве́тер *m* В э́той ме́стности ча́сто ду́ет се́верный ве́тер.	**Wind** *m* In dieser Gegend weht oft ein Nordwind.
гололёд *m* Осторо́жно! Сего́дня на доро́гах гололёд.	**Glatteis** *n* Vorsicht! Heute herrscht auf den Straßen Glatteis.
гра́дус *m* Сего́дня днём температу́ра во́здуха де́сять гра́дусов ни́же нуля́.	**Grad** *n* Tagsüber beträgt heute die Außentemperatur 10 Grad minus.
дождь *m* Сего́дня бу́дет дождь, возьми́ с собо́й зонт.	**Regen** *m* Heute wird es Regen geben, nimm einen Regenschirm mit.

дождь идёт	**es regnet**
Дождь идёт ужé вторóй день.	Es regnet schon den zweiten Tag.
жáрко *Adv*	**heiß**
В кóмнате óчень жáрко.	Im Zimmer ist es sehr heiß.
замерзáть/замёрзнуть	**gefrieren, zufrieren**
Наступúла зимá, и водá в прудý замёрзла.	Der Winter kam und der Teich fror zu.
клúмат *m*	**Klima** *n*
В Россúи умéренный клúмат.	In Russland herrscht gemäßigtes Klima.
лёд *m*	**Eis** *n*
Лёд на рекé тóнкий.	Das Eis auf dem Fluss ist dünn.
морóз *m*	**Frost** *m*
В январé бывáют сúльные морóзы.	Im Januar gibt es starke Fröste.
нéбо *n*	**Himmel** *m*
Ýтром нéбо бы́ло по-весéннему голубы́м.	Am Morgen war der Himmel blau wie im Frühling.
óблако *n*	**Wolke** *f*
На горизóнте появúлось óблако.	Am Horizont erschien eine Wolke.
погóда *f*	**Wetter** *n*
Мой друг лю́бит дождлúвую погóду.	Mein Freund liebt Regenwetter.
снег *m*	**Schnee** *m*
Снег в э́том годý вы́пал ужé в октябрé.	Der Schnee fiel in diesem Jahr bereits im Oktober.
снег идёт	**es schneit**
Смотрú, идёт снег!	Schau, es schneit!
сóлнечный	**sonnig**
День был сóлнечный, и мы решúли поéхать в лес.	Der Tag war sonnig und wir beschlossen, in den Wald zu fahren.
теплó *Adv*	**warm**
На ýлице сегóдня теплó.	Draußen ist es heute warm.
тёплый	**warm**
Подýл тёплый вéтер, и снег нáчал тáять.	Es wehte ein warmer Wind und der Schnee begann zu schmelzen.

температу́ра *f* Кака́я сего́дня температу́ра во́здуха?	**Temperatur** *f* Wie hoch ist heute die Lufttemperatur?
тума́н *m* Маши́на исче́зла в тума́не.	**Nebel** *m* Das Auto verschwand im Nebel.
холо́дный В феврале́ ду́ет холо́дный се́верный ве́тер.	**kalt** Im Februar weht der kalte Nordwind.
я́сный Не́бо сего́дня я́сное.	**klar** Der Himmel ist heute klar.

«2001–4000»

бу́ря *f* Гео́логи попа́ли в бу́рю и чуть не поги́бли.	**Sturm** *m* Die Geologen gerieten in einen Sturm und sind beinahe umgekommen.
греме́ть/прогреме́ть Всю ночь греме́л гром.	**donnern, dröhnen** Die ganze Nacht donnerte es.
гроза́ *f* Но́чью была́ си́льная гроза́.	**Gewitter** *n* In der Nacht war ein starkes Gewitter.
гром *m* Раска́ты гро́ма сотрясáли зе́млю.	**Donner** *m* Das Rollen des Donners erschütterte die Erde.
дуть С мо́ря дул си́льный ве́тер.	**wehen** Vom Meer her wehte ein starker Wind.
жара́ *f* От ле́тней жары́ тури́сты спаса́ются в тени́.	**Hitze** *f* Vor der Sommerhitze retten sich die Touristen in den Schatten.
жа́ркий День был о́чень жа́ркий, и мы пошли́ купа́ться.	**heiß** Der Tag war sehr heiß und wir gingen baden.
ка́пля *f* Упа́ли пе́рвые ка́пли дождя́.	**Tropfen** *m* Die ersten Regentropfen sind gefallen.
мете́ль *f* Мете́ль станови́лась всё сильне́е и сильне́е.	**Schneesturm** *m* Der Schneesturm wurde stärker und stärker.

мо́крый Асфа́льт был мо́крый, зна́чит, неда́вно прошёл дождь.	**nass** Der Asphalt war nass, d. h., vor kurzem hat es geregnet.
мо́лния *f* Я бою́сь мо́лнии и гро́ма.	**Blitz** *m* Ich habe Angst vor Blitz und Donner.
оса́дки *m Pl* Метеоро́логи обеща́ют оса́дки.	**Niederschläge** *m Pl* Die Meteorologen sagen Niederschläge voraus.
прохла́дный День был прохла́дный, и я наде́ла пальто́.	**kühl** Der Tag war kühl und ich zog den Mantel an.
сво́дка *f* **пого́ды** По ра́дио передава́ли сво́дку пого́ды.	**Wetterbericht** *m* Im Radio wurde der Wetterbericht gesendet.
сухо́й Ле́то бы́ло сухо́е, без оса́дков.	**trocken** Der Sommer war trocken und niederschlagsfrei.
та́ять/раста́ять Снег на́чал та́ять уже́ в конце́ февраля́.	**tauen, schmelzen** Der Schnee begann schon Ende Februar zu schmelzen.
термо́метр *m* Термо́метр пока́зывает плюс два́дцать гра́дусов.	**Thermometer** *n* Das Thermometer zeigt plus zwanzig Grad an.
ту́ча *f* Смотри́, кака́я чёрная ту́ча на не́бе!	**Regenwolke** *f* Schau, was für eine schwarze Regenwolke am Himmel ist!
уме́ренный Кли́мат в э́той о́бласти уме́ренный.	**gemäßigt** In diesem Gebiet herrscht gemäßigtes Klima.
хо́лод *m* Он не мо́жет привы́кнуть к хо́лоду.	**Kälte** *f* Er kann sich nicht an die Kälte gewöhnen.
хо́лодно *Adv* В ко́мнате бы́ло хо́лодно.	**kalt** Im Zimmer war es kalt.

1.6 Technik und Materialien

1.6.1 TECHNIK

«1–2000»

автомати́ческий У э́той маши́ны автомати́ческое управле́ние.	**automatisch** Diese Maschine hat eine automatische Steuerung.
давле́ние *n* Э́тим прибо́ром мо́жно измеря́ть давле́ние.	**Druck** *m* Mit diesem Gerät kann man den Druck messen.
компью́тер *m* Я учу́сь рабо́тать на компью́тере.	**Computer** *m* Ich lerne mit dem Computer zu arbeiten.
маши́на *f* Я купи́ла но́вую стира́льную маши́ну.	**Maschine** *f* Ich kaufte eine neue Waschmaschine.
мо́щный У э́той маши́ны мо́щный мото́р.	**leistungsstark** Diese Maschine hat einen leistungsstarken Motor.
прибо́р *m* Объясни́, пожа́луйста, как рабо́тает э́тот прибо́р.	**Gerät** *n* Erkläre mir bitte, wie dieses Gerät funktioniert.
рабо́тать Э́тот механи́зм не рабо́тает.	**funktionieren** Dieser Mechanismus funktioniert nicht.
строи́тельство *n* Строи́тельство заво́да начнётся че́рез год.	**Bau** *m* Der Bau des Werkes beginnt in einem Jahr.
те́хника *f* Он совсе́м не разбира́ется в те́хнике.	**Technik** *f* Von Technik versteht er nichts.
техни́ческий Он получи́л техни́ческое образова́ние.	**technisch** Er erhielt eine technische Ausbildung.
электри́ческий По э́тим провода́м течёт электри́ческий ток.	**elektrisch** Durch diese Leiter fließt elektrischer Strom.
эне́ргия *f* Но́вый холоди́льник эконо́мит эне́ргию.	**Energie** *f* Der neue Kühlschrank spart Energie.

«2001–4000»

механиза́ция *f* Пробле́ма механиза́ции се́льского хозя́йства решена́ не по́лностью.	**Mechanisierung** *f* Das Problem der Mechanisierung der Landwirtschaft ist noch nicht vollständig gelöst.
механи́зм *m* Механи́зм часо́в рабо́тает прекра́сно.	**Mechanismus** *m* Der Uhrmechanismus funktioniert einwandfrei.
моде́ль *f* Но́вая моде́ль «Ла́ды» экспорти́руется в Нидерла́нды.	**Modell** *n* Das neue Ladamodell wird in die Niederlande exportiert.
напряже́ние *n* Осторо́жно! Высо́кое напряже́ние!	**Spannung** *f* Vorsicht! Hochspannung!
промы́шленный Необходи́мо увели́чить объём промы́шленной проду́кции.	**Industrie-** Es ist notwendig, die Industrieproduktion zu erhöhen.
ток *m* Пре́жде чем ремонти́ровать мото́р, вы́ключи электри́ческий ток.	**Strom** *m* Schalte den Strom ab, bevor du den Motor reparierst.
труба́ *f* Заво́д выпуска́ет стальны́е тру́бы.	**Rohr** *n* Das Werk produziert Stahlrohre.
устано́вка *f* Производи́тельность но́вой устано́вки в два ра́за вы́ше производи́тельности ста́рой.	**Anlage** *f* Die Leistung der neuen Anlage ist doppelt so hoch wie die der alten.
ша́хта *f* Мой дя́дя рабо́тал в ша́хте.	**Bergwerk** *n* Mein Onkel arbeitete in einem Bergwerk.
электри́чество *n* На да́че у нас ещё нет электри́чества.	**Elektrizität** *f*, **elektrischer Strom** *m* Im Wochenendhaus haben wir noch keinen elektrischen Strom.

1.6.2 MATERIALIEN

«1–2000»

бума́га *f* Да́йте мне, пожа́луйста, лист бума́ги.	**Papier** *n* Geben Sie mir bitte ein Blatt Papier.
вещество́ *n* В э́тих овоща́х есть вре́дные вещества́.	**Stoff** *m* Dieses Gemüse enthält Schadstoffe.
желе́зо *n* Желе́зо широко́ испо́льзуется в промы́шленности.	**Eisen** *n* Eisen wird häufig in der Industrie verwendet.
зо́лото *n* Она́ о́чень лю́бит украше́ния из зо́лота.	**Gold** *n* Ihr gefällt Goldschmuck.
из Пла́тья и блу́зки из шёлка сейча́с о́чень мо́дны.	**aus** Kleider und Blusen aus Seide sind jetzt sehr modern.
иску́сственный Э́та фа́брика произво́дит иску́сственный шёлк.	**künstlich, Kunst-** Diese Fabrik produziert Kunstseide.
ка́мень *m* Ма́льчик попа́л ка́мнем в окно́.	**Stein** *m* Der Junge traf das Fenster mit einem Stein.
ко́жа *f* Мне ну́жно купи́ть чемода́н из ко́жи.	**Leder** *n* Ich muss einen Lederkoffer kaufen.
материа́л *m* Из како́го материа́ла изгото́влены э́ти тру́бы? – Из пластма́ссы. Она́ купи́ла пла́тье из дорого́го материа́ла.	**(Bau-)Stoff** *m* Aus welchem Stoff sind diese Rohre? – Aus Kunststoff. Sie kaufte einen Mantel aus teurem Stoff.
мета́лл *m* В промы́шленности испо́льзуются разли́чные мета́ллы.	**Metall** *n* In der Industrie werden verschiedene Metalle verwendet.
нефть *f* Нефть явля́ется це́нным хими́ческим сырьём для промы́шленности.	**Erdöl** *n* Erdöl ist ein wertvoller Rohstoff für die Industrie.

песóк *m* Мы лежáли на пля́же, на тёплом пескé.	**Sand** *m* Wir lagen am Strand auf dem warmen Sand.
пластмáсса *f* Э́тот стакáн сдéлан из пластмáссы.	**Kunststoff** *m* Dieser Becher ist aus Kunststoff.
прозрáчный Лёд на рекé такóй прозрáчный, что ви́дно ры́бу.	**durchsichtig** Das Eis auf dem Fluss ist so durchsichtig, dass die Fische zu sehen sind.
прóчный Пластмáссы – э́то прóчный материáл.	**haltbar, fest** Kunststoff ist ein haltbares Material.
стеклó *n* Из стеклá дéлают краси́вую посу́ду.	**Glas** *n* Aus Glas wird schönes Geschirr hergestellt.
твёрдый Земля́ былá твёрдая, как кáмень.	**fest, hart** Die Erde war hart wie Stein.
ткань *f* Сестрá шьёт себé плáтье из лёгкой ткáни.	**(Kleider-)Stoff** *m* Die Schwester näht sich ein Kleid aus leichtem Stoff.
у́голь *m* Мы тóпим печь углём и дровáми.	**Kohle** *f* Wir heizen den Ofen mit Kohlen und Holz.

«2001–4000»

густóй Лес в э́том мéсте был óчень густóй.	**dicht** Der Wald war an dieser Stelle sehr dicht.
жи́дкий Нефть явля́ется жи́дким тóпливом.	**flüssig** Erdöl ist ein flüssiger Brennstoff.
кирпи́ч *m* Дом был пострóен из крáсного кирпичá.	**Ziegel** *m* Das Haus wurde aus roten Ziegeln gebaut.
медь *f* При изготовлéнии проводóв испóльзуется медь.	**Kupfer** *n* Bei der Herstellung von Drähten wird Kupfer verwendet.

рези́на *f* Рези́ну в строи́тельстве заменя́ют пластма́ссой.	**Gummi** *m* Gummi wird beim Bau durch Kunststoffe ersetzt.
серебро́ *n* Э́то кольцо́ из чи́стого серебра́.	**Silber** *n* Dieser Ring ist aus echtem Silber.
синтети́ческий Из не́фти произво́дят синтети́ческие вещества́.	**synthetisch** Aus Erdöl werden synthetische Stoffe hergestellt.
сталь *f* В Росси́и ре́зко упа́ло произво́дство ста́ли.	**Stahl** *m* In Russland ist die Stahlproduktion rapide gesunken.
хло́пок *m* В Узбекиста́не выра́щивают хло́пок.	**Baumwolle** *f* In Usbekistan wird Baumwolle angebaut.
цеме́нт *m* Цеме́нт испо́льзуется в строи́тельстве домо́в.	**Zement** *m* Zement wird beim Hausbau eingesetzt.
шерсть *f* Я подари́ла ма́ме ко́фту из чи́стой ше́рсти.	**Wolle** *f* Ich schenkte meiner Mutter eine Jacke aus reiner Wolle.
шёлк *m* Покажи́те мне, пожа́луйста, блу́зку из шёлка.	**Seide** *f* Zeigen Sie mir bitte eine Seidenbluse.
шерстяно́й Мне ну́жен на́ зиму шерстяно́й шарф.	**Woll-** Ich brauche für den Winter einen Wollschal.

1.7 Reise und Verkehr

1.7.1 REISE

«1–2000»

бага́ж *m* Мы сда́ли бага́ж в ка́меру хране́ния.	**Gepäck** *n* Wir gaben das Gepäck in der Gepäckaufbewahrung ab.
буди́ть/разбуди́ть Разбуди́те меня́, пожа́луйста, в 7 часо́в утра́.	**wecken** Wecken Sie mich bitte um 7 Uhr morgens.

выезжа́ть/вы́ехать Из Москвы́ мы вы́ехали в 8 часо́в ве́чера.	**fortfahren, abfahren** Wir sind um 8 Uhr abends in Moskau abgefahren.
гости́ница *f* Есть в э́том го́роде хоро́шая гости́ница?	**Hotel** *n* Gibt es in dieser Stadt ein gutes Hotel?
ка́рта *f* Не забу́дь взять с собо́й ка́рту.	**(Land-)Karte** *f* Vergiss nicht, eine Karte mitzunehmen.
меня́ть/поменя́ть Валю́ту мо́жно поменя́ть в гости́нице «Интури́ст».	**tauschen** Valuta kann man im Hotel „Intourist" umtauschen.
направля́ть/напра́вить Англи́йских тури́стов напра́вили в другу́ю гости́ницу.	**richten, schicken** Die englischen Touristen wurden in ein anderes Hotel geschickt.
но́мер *m* Но́мер на двои́х в э́той гости́нице сто́ит 60 до́лларов.	**Hotelzimmer** *n* Ein Doppelbettzimmer in diesem Hotel kostet 60 Dollar.
опа́здывать/опозда́ть По́езд опозда́л на 20 мину́т.	**sich verspäten, zu spät kommen** Der Zug kam 20 Minuten zu spät.
осма́тривать/осмотре́ть Тури́сты с больши́м интере́сом осмотре́ли це́рковь.	**besichtigen** Die Touristen besichtigten mit großem Interesse die Kirche.
остана́вливаться/останови́ться Мы останови́лись в гости́нице «Ко́смос».	**ein Zimmer** *(im Hotel)* **nehmen** Wir nahmen ein Zimmer im Hotel „Kosmos".
пое́здка *f* Мой брат верну́лся из пое́здки по́здно ве́чером.	**Reise** *f* Mein Bruder kam spät am Abend von der Reise zurück.
путеше́ствие *n* Ле́том на́ша семья́ отпра́вится в путеше́ствие по Евро́пе.	**Reise** *f (längere Tour)* Im Sommer macht unsere Familie eine Europareise.
путь *m* По́сле тру́дного пути́ мы отдыха́ли у реки́.	**Weg** *m* Nach dem anstrengenden Weg erholten wir uns am Fluss.
скла́дывать/сложи́ть Ей ну́жно ещё сложи́ть ве́щи в чемода́н.	**packen** Sie muss noch ihre Sachen in den Koffer packen.

чемода́н *m*
Чемода́ны ве́сили 20 килогра́мм.

Koffer *m*
Die Koffer wogen 20 Kilogramm.

«2001–4000»

ви́за *f*
Ви́зу в э́ту страну́ Вы мо́жете получи́ть в ко́нсульстве.

Visum *n*
Das Visum für dieses Land können Sie im Konsulat bekommen.

значо́к *m*
Из поéздки в Пари́ж он привёз мно́го значко́в.

Abzeichen *n*
Von seiner Parisreise brachte er viele Abzeichen mit.

командиро́вка *f*
Её муж ча́сто е́здит в командиро́вку за грани́цу.

Dienstreise *f*
Ihr Mann fährt oft auf Dienstreise ins Ausland.

маршру́т *m*
Мы определи́ли маршру́т на́шего путеше́ствия.

Marsch-, Reiseroute *f*
Wir legten unsere Reiseroute fest.

ночева́ть/переночева́ть
В Ки́еве мы ночева́ли у на́ших друзе́й.

übernachten
In Kiew übernachteten wir bei unseren Freunden.

опозда́ние *n*
Он извини́лся за опозда́ние.

Verspätung *f*
Er hat sich für die Verspätung entschuldigt.

отъе́зд *m*
Сын никому́ не сказа́л о своём отъе́зде.

Abreise *f*
Der Sohn sagte keinem etwas von seiner Abreise.

пала́тка *f*
Они́ разби́ли пала́тки на берегу́ большо́го о́зера.

Zelt *n*
Sie schlugen ihre Zelte am Ufer eines großen Sees auf.

прие́зд *m*
Моя́ подру́га сообщи́ла в письме́ о своём прие́зде.

Ankunft *f*
Meine Freundin teilte mir im Brief ihre Ankunft mit.

приключе́ние *n*
По вечера́м де́душка расска́зывал о свои́х приключе́ниях в Кита́е.

Abenteuer *n*
Abends erzählte der Großvater über seine Abenteuer in China.

путеше́ственник *m*
Путеше́ственник мно́го расска́зывал о да́льних стра́нах.

Reisende(r) *m*
Der Reisende erzählte viel über ferne Länder.

путеше́ствовать Его́ оте́ц мно́го путеше́ствовал.	**reisen** Sein Vater ist viel gereist.
сбор *m* Вся семья́ была́ за́нята сбо́рами в Рим.	**Reisevorbereitung** *f* Die ganze Familie war mit Reisevorbereitungen für Rom beschäftigt.
тури́ст *m* В наш го́род приезжа́ют тури́сты со всего́ све́та.	**Tourist** *m* In unsere Stadt kommen Touristen aus der ganzen Welt.
укла́дывать/уложи́ть Ма́ма помога́ет мне уложи́ть ве́щи в чемода́н.	**(ein)packen** Meine Mutter hilft mir, die Sachen in den Koffer zu packen.
экскурсово́д *m* Экскурсово́д показа́л нам ста́рую кре́пость.	**Reiseführer** *m* Der Reiseführer zeigte uns eine alte Burg.

1.7.2 VERKEHR

1.7.2.1 STRASSENVERKEHR

(Siehe auch KRAFTFAHRZEUGE 1.7.2.2)

«1–2000»

движе́ние *n* В э́то вре́мя дня движе́ние в го́роде о́чень оживлённое.	**Verkehr** *m* Zu dieser Tageszeit herrscht in der Stadt reger Verkehr.
доро́га *f* Посереди́не доро́ги останови́лась маши́на.	**Straße** *f* Mitten auf der Straße blieb ein Auto stehen.
е́здить На рабо́ту я е́зжу на маши́не.	**fahren** Ich fahre mit dem Auto zur Arbeit.
е́хать Куда́ вы е́дете? – Я е́ду на Украи́ну.	**fahren** Wohin fahren Sie? – Ich fahre in die Ukraine.
нале́во *Adv* Иди́те пря́мо, пото́м нале́во – и сра́зу уви́дите дворе́ц.	**nach links** Gehen Sie geradeaus, dann nach links, und schon sehen Sie das Palais.

напра́во *Adv* За светофо́ром вам на́до поверну́ть напра́во.	**nach rechts** Hinter der Ampel müssen Sie nach rechts abbiegen.
остано́вка *f* До остано́вки авто́буса я иду́ 5 мину́т.	**Haltestelle** *f* Ich laufe 5 Minuten bis zur Bushaltestelle.
переходи́ть/перейти́ Ма́льчик помо́г пожило́й же́нщине перейти́ че́рез доро́гу.	**überqueren** Der Junge half einer alten Frau, die Straße zu überqueren.
перехо́д *m* Авто́бус остана́вливается у перехо́да.	**(Fußgänger-)Überweg** *m* Der Bus hält am Fußgängerüberweg.
повора́чивать/поверну́ть Поверни́те снача́ла напра́во, а пото́м нале́во.	**abbiegen** Biegen Sie zuerst nach rechts und dann nach links ab.
проезжа́ть/прое́хать Авто́бус проезжа́л ми́мо но́вого райо́на. Я, ка́жется, прое́хала мою́ остано́вку.	**vorbeifahren; verpassen** Der Bus fuhr am neuen Stadtbezirk vorbei. Es scheint, ich habe meine Haltestelle verpasst.
проходи́ть/пройти́ Проходи́те, пожа́луйста. Че́рез час мы уже́ прошли́ полови́ну пути́.	**näher treten; zurücklegen** Treten Sie bitte näher. Nach einer Stunde hatten wir schon die Hälfte des Weges zurückgelegt.
пря́мо *Adv* Он поверну́л нале́во, а мы пошли́ пря́мо.	**geradeaus** Er bog nach links ab, und wir gingen geradeaus.

«2001–4000»

велосипе́д *m* Роди́тели подари́ли ма́льчику велосипе́д.	**Fahrrad** *n* Die Eltern schenkten dem Jungen ein Fahrrad.
знак *m* На углу́ я уви́дела знак «Гла́вная доро́га».	**(Verkehrs-)Zeichen** *n* An der Ecke sah ich das Verkehrszeichen „Vorfahrtstraße“.
обгоня́ть/обогна́ть Нам на́до обогна́ть э́тот грузови́к.	**überholen** Wir müssen diesen LKW überholen.

перекрёсток *m* — **Kreuzung** *f*

На перекрёстке стоя́л милиционе́р. — Auf der Kreuzung stand ein Milizionär.

пешехо́д *m* — **Fußgänger** *m*

Пешехо́дов на у́лице почти́ не́ было. — Auf der Straße waren fast keine Fußgänger.

поворо́т *m* — **Kurve** *f*

Будь осторо́жен! Впереди́ круто́й поворо́т! — Sei vorsichtig! Vorn ist eine scharfe Kurve!

свора́чивать/сверну́ть — **ein-, abbiegen**

За угло́м нам на́до сра́зу сверну́ть нале́во. — An der Ecke müssen wir sofort nach links abbiegen.

светофо́р *m* — **Ampel** *f*

Маши́на останови́лась пе́ред светофо́ром. — Das Auto hielt vor der Ampel.

ско́рость *f* — **Geschwindigkeit** *f;* **Gang** *m*

По́езд е́хал с большо́й ско́ростью. — Der Zug fuhr mit hoher Geschwindigkeit.

У э́той маши́ны пять скоросте́й. — Dieses Auto hat fünf Gänge.

тра́нспорт *m* — **Verkehr** *m*

На заседа́нии обсужда́ли пробле́мы у́личного движе́ния. — In der Sitzung diskutierte man Probleme des Straßenverkehrs.

шоссе́ *n (unveränd.)* — **Chaussee** *f*

Ми́мо нас по шоссе́ бы́стро е́хали маши́ны. — Auf der Chaussee fuhren Autos schnell an uns vorbei.

1.7.2.2 KRAFTFAHRZEUGE

«1–2000»

авто́бус *m* — **(Auto-)Bus** *m*

На остано́вке «Университе́т» мы вы́шли из авто́буса. — An der Haltestelle „Universität" stiegen wir aus dem Bus.

автомаши́на *f,* **автомоби́ль** *m* — **Auto** *n*

Заво́д выпуска́ет автомоби́ли но́вой ма́рки. — Das Werk produziert eine neue Automarke.

бензи́н *m* Э́та маши́на рабо́тает на бензи́не.	**Benzin** *n* Dieses Auto fährt mit Benzin.
везти́ Грузови́к везёт ме́бель в магази́н.	**fahren, transportieren** Der LKW transportiert Möbel in den Laden.
вести́ Ма́ленького ма́льчика вела́ за́ руку его́ сестра́.	**führen** Den kleinen Jungen führte seine Schwester an der Hand.
води́тельские права́ *n Pl* Он сдал экза́мен и получи́л води́тельские права́.	**Führerschein** *m* Er legte die Prüfung ab und bekam den Führerschein.
вози́ть Авто́бус во́зит пассажи́ров к вокза́лу.	**fahren, transportieren** Der Bus fährt die Fahrgäste zum Bahnhof.
запра́вочная ста́нция *f* Запра́вочная ста́нция сего́дня не рабо́тает.	**Tankstelle** *f* Die Tankstelle ist heute geschlossen.
мастерска́я *f* Автомаши́ну отремонти́ровали в мастерско́й о́чень бы́стро.	**Werkstatt** *f* Das Auto wurde in der Werkstatt sehr schnell repariert.
маши́на *f* В маши́не е́хали пять челове́к.	**Auto** *n* Im Auto fuhren fünf Personen.
ме́дленно *Adv* По́езд е́хал о́чень ме́дленно.	**langsam** Der Zug fuhr sehr langsam.
метро́ *n (unveränd.)* До э́той пло́щади Вы мо́жете дое́хать на метро́.	**Metro** *f*, **U-Bahn** *f* Bis zu diesem Platz können Sie mit der U-Bahn fahren.
мото́р *m* У э́той маши́ны мо́щный мото́р.	**Motor** *m* Dieses Auto hat einen leistungsstarken Motor.
остана́вливать/останови́ть Останови́те, пожа́луйста, маши́ну, мне пло́хо.	**anhalten, zum Stehen bringen** Halten Sie bitte das Auto an, mir ist schlecht.
такси́ *n (unveränd.)* До вокза́ла мы дое́хали на такси́.	**Taxi** *n* Wir sind im Taxi zum Bahnhof gefahren.
трамва́й *m* До вы́ставки Вы мо́жете дое́хать на трамва́е.	**Straßenbahn** *f* Bis zur Ausstellung können Sie mit der Straßenbahn fahren.

«2001–4000»

авáрия *f*	**Panne** *f;* **Unfall** *m*
С нáшей машѝной произошлá авáрия.	Unser Auto hatte eine Panne.
В авáрии погѝбли два человéка.	Zwei Menschen kamen bei dem Unfall um.
бензобáк *m*	**Tank** *m*
У э́той машѝны бензобáк на пятьдеся́т лѝтров.	Der Tank dieses Autos fasst 50 Liter.
водѝтель *m*	**Fahrer** *m*
Водѝтель таксѝ назвáл мне хорóшую гостѝницу.	Der Taxifahrer nannte mir ein gutes Hotel.
водѝть/вестѝ	**fahren, führen**
Он хорошó вóдит машѝну.	Er fährt gut Auto.
груз *m*	**Last** *f,* **Ladung** *f*
Машѝна с тяжёлым грýзом éхала чéрез мост.	Das Auto fuhr mit schwerer Ladung über die Brücke.
грузовѝк *m*	**Lastauto** *n,* **LKW** *m*
Мы перевозѝли мéбель на грузовикé.	Wir transportierten die Möbel mit einem LKW.
двѝгатель *m*	**Motor** *m*
Двѝгатель рабóтает хорошó.	Der Motor läuft gut.
заводѝть/завестѝ	**anlassen**
Водѝтель дóлго не мóг завестѝ двѝгатель.	Der Fahrer konnte den Motor lange nicht anlassen.
колесó *n*	**Rad** *n*
Не забýдь взять запаснóе колесó.	Vergiss nicht, ein Ersatzrad mitzunehmen.
мéдленный	**langsam**
Э́то был óчень мéдленный пóезд.	Das war ein sehr langsamer Zug.
мотоцѝкл *m*	**Motorrad** *n*
На мотоцѝкле éздить опáснее, чем на машѝне.	Es ist gefährlicher, mit einem Motorrad zu fahren als mit einem Auto.
подъезжáть/подъéхать	**heranfahren**
К дóму подъéхал большóй грузовѝк с мéбелью.	Ein großes Lastauto mit Möbeln fuhr an das Haus heran.

то́рмоз *m* То́рмоз ремонти́ровали в мастерско́й це́лый час.	**Bremse** *f* In der Werkstatt reparierte man eine ganze Stunde lang die Bremse.
тормози́ть Тормози́ть на льду опа́сно.	**bremsen** Es ist gefährlich, auf dem Eis zu bremsen.

1.7.2.3 EISENBAHN

«1–2000»

ваго́н *m* Мы пое́дем в седьмо́м ваго́не.	**Waggon** *m*, **Wagen** *m* Wir fahren im Wagen Nr. 7.
вокза́л *m* Я проводи́ла мою́ подру́гу на вокза́л.	**Bahnhof** *m* Ich brachte meine Freundin zum Bahnhof.
желе́зная доро́га *f* В Сиби́ри стро́ят но́вую желе́зную доро́гу.	**Eisenbahn** *f* In Sibirien baut man eine neue Eisenbahn.
зал *m* **ожида́ния** В за́ле ожида́ния на скаме́йках сиде́ли пассажи́ры.	**Wartesaal** *m* Im Wartesaal saßen die Fahrgäste auf Bänken.
ка́мера *f* **хране́ния** Чемода́ны мы сда́ли в ка́меру хране́ния.	**Gepäckaufbewahrung** *f* Die Koffer gaben wir in der Gepäckaufbewahrung auf.
мя́гкий ваго́н *m* У меня́ биле́т в мя́гкий ваго́н.	**(Wagen) 1. Klasse** Ich habe eine Karte für die 1. Klasse.
носи́льщик *m* Носи́льщик помо́г мне донести́ ве́щи до ваго́на.	**Gepäckträger** *m* Der Gepäckträger half mir, die Sachen bis zum Wagen zu bringen.
обра́тно *Adv* Мы е́здили на маши́не туда́ и обра́тно.	**zurück** Wir fuhren mit dem Auto hin und zurück.
по́езд *m* По́езд Берли́н – Москва́ опа́здывает на два́дцать мину́т.	**Zug** *m* Der Zug Berlin – Moskau hat 20 Minuten Verspätung.
прибыва́ть/прибы́ть В Москву́ по́езд прибыва́ет в шесть часо́в утра́.	**ankommen** Der Zug kommt früh um 6 Uhr in Moskau an.

расписа́ние *n* По расписа́нию по́езд до́лжен прибы́ть в Минск в три часа́.	**Fahrplan** *m* Laut Fahrplan muss der Zug um 15 Uhr in Minsk sein.
ско́рый по́езд *m* Ско́рый по́езд № 12 прибу́дет че́рез де́сять мину́т.	**D-Zug** *m* Der D-Zug Nr. 12 kommt in 10 Minuten an.
ста́нция *f* Вам ну́жно е́хать до ста́нции «Дина́мо».	**Station** *f* Sie müssen bis zur Station „Dynamo" fahren.
сходи́ть/сойти́ На како́й ста́нции вы схо́дите?	**aussteigen** An welcher Station steigen Sie aus?
туда́ Биле́т туда́ и обра́тно сто́ит 300 рубле́й.	**hin** Die Fahrkarte kostet hin und zurück 300 Rubel.
электри́чка *f* В электри́чке не́ было ни одного́ свобо́дного ме́ста.	**Vorortzug** *m* Im Vorortzug gab es keinen einzigen freien Platz.

«2001–4000»

гудо́к *m* Мы услы́шали гудо́к приближа́ющейся электри́чки.	**Signal** *n* Wir hörten das Signal des sich nähernden Vorortzuges.
железнодоро́жный В го́роде есть три железнодоро́жных вокза́ла.	**Eisenbahn-** In der Stadt gibt es drei Bahnhöfe.
жёсткий ваго́н *m* Я смогла́ доста́ть биле́ты то́лько в жёсткий ваго́н.	**(Wagen) 2. Klasse** Ich konnte die Fahrkarten nur für den Wagen 2. Klasse kaufen.
купе́ *n (unveränd.)* В купе́ сиде́ли четы́ре пассажи́ра.	**Abteil** *n* Im Abteil saßen vier Fahrgäste.
обра́тный Ты уже́ купи́л обра́тный биле́т?	**Rückfahr-** Hast du schon die Rückfahrkarte gekauft?
пассажи́р *m* На вокза́ле для пассажи́ров есть зал ожида́ния.	**Fahrgast** *m*, **Passagier** *m* Auf dem Bahnhof gibt es einen Wartesaal für die Reisenden.

пассажи́рский — **Personen-**
На како́м по́езде ты е́дешь, на ско́ром или на пассажи́рском?
Mit welchem Zug fährst du: mit einem D- oder Personenzug?

переса́дка *f* — **Umsteigen** *n*
В Ки́еве мне ну́жно сде́лать переса́дку.
In Kiew muss ich umsteigen.

переса́живаться/пересе́сть — **umsteigen**
В це́нтре вам на́до пересе́сть на трамва́й.
Im Zentrum müssen Sie in die Straßenbahn umsteigen.

платфо́рма *f* — **Bahnsteig** *m*
Сосе́д по купе́ вы́нес мои́ ве́щи на платфо́рму.
Mein Reisegefährte stellte mein Gepäck auf den Bahnsteig.

плацка́рта *f* — **Platzkarte** *f*
За плацка́рту я заплати́ла 30 рубле́й.
Für die Platzkarte bezahlte ich 30 Rubel.

проводни́к *m* — **Schaffner** *m*
Его́ дя́дя рабо́тает проводнико́м по́езда Москва́–Оде́сса.
Sein Onkel arbeitet als Schaffner des Zuges Moskau–Odessa.

путь *m* — **Gleis** *n*
Ходи́ть по путя́м опа́сно!
Gefahr beim Betreten der Gleise!

спа́льный — **Schlaf-**
Он доста́л биле́ты в спа́льный ваго́н.
Er besorgte Schlafwagenkarten.

1.7.2.4 FLUGZEUG, SCHIFF

«1–2000»

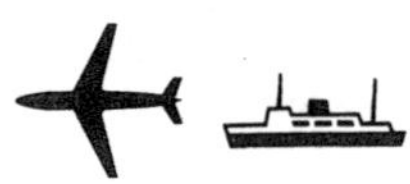

аэропо́рт *m* — **Flughafen** *m*
В аэропо́рт мы прие́хали в во́семь часо́в утра́.
Wir kamen früh um 8 Uhr am Flughafen an.

борт *m* — **Bord** *m*
На борту́ самолёта находи́лась гру́ппа тури́стов.
An Bord des Flugzeugs befand sich eine Touristengruppe.

капита́н *m* — **Kapitän** *m*
Ма́льчик хо́чет стать капита́ном корабля́.
Der Junge möchte Schiffskapitän werden.

корáбль *m* В Амéрику мы плы́ли на большóм кораблé.	**Schiff** *n* Wir sind mit einem großen Schiff nach Amerika gefahren.
летáть Онá чáсто летáет в Москвý на самолёте.	**fliegen** Sie fliegt oft nach Moskau.
летéть Сегóдня мы летúм в Парúж.	**fliegen** Heute fliegen wir nach Paris.
матрóс *m* Он был матрóсом на кораблé.	**Matrose** *m* Er war Matrose auf einem Schiff.
парохóд *m* До óстрова мы плы́ли на парохóде.	**Dampfer** *m* Mit einem Dampfer fuhren wir zur Insel.
порт *m* В порт вхóдит большóй корáбль.	**Hafen** *m* Ein großes Schiff läuft in den Hafen ein.
регистрáция *f* Ужé началáсь регистрáция пассажúров и багажá.	**Abfertigung** *f* Es hat bereits die Abfertigung der Passagiere und des Gepäcks begonnen.
рейс *m* Я купúл билéты на обрáтный рейс.	**Route** *f*, **Flug** *m* Ich kaufte Flugtickets für den Rückflug.
сýдно *n*, **судá** *Pl* Здесь стрóят морскúе судá.	**Schiff** *n* Hier werden Hochseeschiffe gebaut.
экипáж *m* Весь экипáж самолёта погúб.	**Besatzung** *f* Die ganze Flugzeugbesatzung kam um.

«2001–4000»

вертолёт *m* Зимóй в Сибúри вóзят пóчту на вертолёте.	**Hubschrauber** *m* Im Winter befördert man die Post in Sibirien mit einem Hubschrauber.
гáвань *f* Корáбль отремонтúровали в гáвани.	**Hafen** *m* Das Schiff wurde im Hafen repariert.

па́луба *f* На па́лубе собра́лся весь экипа́ж.	**Deck** *n* Die gesamte Besatzung versammelte sich an Deck.
полёт *m* За полётом Гага́рина следи́л весь мир.	**Flug** *m* Die ganze Welt verfolgte den Flug Gagarins.
поса́дка *f* Во вре́мя поса́дки кури́ть запреща́ется.	**Landung** *f* Es ist verboten, während der Landung zu rauchen.
приземля́ться/приземли́ться Самолёт приземли́лся то́чно в два часа́.	**landen** Das Flugzeug landete pünktlich um 14 Uhr.
прилета́ть/прилете́ть Самолёт из Москвы́ ещё не прилете́л.	**heran-, herbeifliegen** Das Flugzeug aus Moskau ist noch nicht angekommen.
при́стань *f* При́стань нахо́дится недалеко́ от гости́ницы.	**Anlegestelle** *f* Die Anlegestelle befindet sich unweit vom Hotel.
самолёт *m* Самолёт лети́т от Москвы́ до Берли́на два часа́.	**Flugzeug** *n* Das Flugzeug fliegt von Moskau bis Berlin 2 Stunden.
стюарде́сса *f* Стюарде́сса обслу́живает пассажи́ров самолёта.	**Stewardess** *f* Die Stewardess bedient die Flugpassagiere.
теплохо́д *m* В порт вошёл но́вый теплохо́д.	**Motorschiff** *n* In den Hafen lief ein neues Motorschiff ein.
я́корь *m*, **якоря́** *Pl* Наш кора́бль бро́сил я́корь в Оде́ссе.	**Anker** *m* Unser Schiff ging in Odessa vor Anker.

1.8 Länder und Völker

1.8.1 GEOGRAPHISCHE NAMEN

«1–2000»

Австра́лия *f*	**Australien** *n*
А́зия *f*	**Asien** *n*
Аме́рика *f*	**Amerika** *n*

А́нглия *f*	**England** *n*
А́фрика *f*	**Afrika** *n*
Герма́ния *f*	**Deutschland** *n*
Евро́па *f*	**Europa** *n*
Ита́лия *f*	**Italien** *n*
Кита́й *m*	**China** *n*
Лати́нская Аме́рика *f*	**Lateinamerika** *n*
Росси́я *f*	**Russland** *n*
СССР = Сою́з *m* **Сове́тских Социалисти́ческих Респу́блик** *(ист.)*	**UdSSR = Union der Sozialistischen Sowjetrepubliken** *f (hist.)*
США = Соединённые Шта́ты Аме́рики *m Pl*	**USA = Vereinigte Staaten von Amerika** *Pl*
Фра́нция *f*	**Frankreich** *n*
ФРГ = Федерати́вная Респу́блика *f* **Герма́ния**	**BRD = Bundesrepublik Deutschland** *f*
Япо́ния *f*	**Japan** *n*

«2001–4000»

А́встрия *f*	**Österreich** *n*
Азербайджа́н *m*	**Aserbaidschan** *n*
Арме́ния *f*	**Armenien** *n*
Белару́сь *f*	**Belorussland** *n*, **Weißrussland** *n*
Болга́рия *f*	**Bulgarien** *n*
Бо́сния *f*	**Bosnien** *n*
Великобрита́ния *f*	**Großbritannien** *n*
Ве́нгрия *f*	**Ungarn** *n*
Герцегови́на *f*	**Herzegowina** *f*
Голла́ндия *f*	**Holland** *n*
Гре́ция *f*	**Griechenland** *n*
Гру́зия *f*	**Georgien** *n*
Да́ния *f*	**Dänemark** *n*
Испа́ния *f*	**Spanien** *n*
Казахста́н *m*	**Kasachstan** *n*
Кыргызста́н *m*	**Kirgisistan** *n*
Ку́ба *f*	**Kuba** *n*
Ла́твия *f*	**Lettland** *n*
Литва́ *f*	**Litauen** *n*
Молдо́ва *f*	**Moldawien** *n*
Нидерла́нды *m Pl*	**Niederlande** *Pl*
По́льша *f*	**Polen** *n*
Португа́лия *f*	**Portugal** *n*
Румы́ния *f*	**Rumänien** *n*
Се́рбия *f*	**Serbien** *n*

Слова́кия *f*	**Slowakei** *f*
Слове́ния *f*	**Slowenien** *n*
Таджикиста́н *m*	**Tadschikistan** *n*
Туркмениста́н *m*	**Turkmenistan** *n*
Ту́рция *f*	**Türkei** *f*
Узбекиста́н *m*	**Usbekistan** *n*
Украи́на *f*	**Ukraine** *f*
Хорва́тия *f*	**Kroatien** *n*
Че́хия *f*	**Tschechien** *n*
Чехо-Слова́кия *f (ист.)*	**Tschechoslowakei** *f (hist.)*
Черного́рия *f*	**Montenegro** *n*
Чи́ли *n unveränd.*	**Chile** *n*
Швейца́рия *f*	**Schweiz** *f*
Шве́ция *f*	**Schweden** *n*

1.8.2 NATIONALITÄTEN, BEWOHNER, SPRACHBEZEICHNUNGEN

«1–2000»

азиа́т *m*	**Asiat** *m*
азиа́тский	**asiatisch**
америка́нец *m*, **америка́нка** *f*	**Amerikaner** *m*, **Amerikanerin** *f*
америка́нский	**amerikanisch**
англича́нин *m*, **англича́нка** *f*	**Engländer** *m*, **Engländerin** *f*
англи́йский; англи́йский язы́к *m*	**englisch; Englisch** *n*
африка́нец *m*, **африка́нка** *f*	**Afrikaner** *m*, **Afrikanerin** *f*
африка́нский	**afrikanisch**
не́мец *m*, **не́мка** *f*	**Deutsche(r)** *m*, **Deutsche** *f*
неме́цкий; неме́цкий язы́к *m*	**deutsch; Deutsch** *n*
грек *m*, **греча́нка** *f*	**Grieche** *m*, **Griechin** *f*
гре́ческий; гре́ческий язы́к *m*	**griechisch; Griechisch** *n*
европе́ец *m*, **европе́йска** *f*	**Europäer** *m*, **Europäerin** *f*
европе́йский	**europäisch**
испа́нец *m*, **испа́нка** *f*	**Spanier** *m*, **Spanierin** *f*
испа́нский; испа́нский язы́к *m*	**spanisch; Spanisch** *n*
италья́нец *m*, **италья́нка** *f*	**Italiener** *m*, **Italienerin** *f*
италья́нский; италья́нский язы́к *m*	**italienisch; Italienisch** *n*

латиноамерика́нец *m*, **латиноамерика́нка** *f*	**Lateinamerikaner** *m*, **Lateinamerikanerin** *f*
латиноамерика́нский	**lateinamerikanisch**
поля́к *m*, **по́лька** *f*	**Pole** *m*, **Polin** *f*
по́льский; по́льский язы́к *m*	**polnisch; Polnisch** *n*
ру́сский *m*, **ру́сская** *f*	**Russe** *m*, **Russin** *f*
ру́сский; ру́сский язы́к *m*	**russisch; Russisch** *n*
росси́йский	**Russland-**
францу́з *m*, **францу́женка** *f*	**Franzose** *m*, **Französin** *f*
францу́зский; францу́зский язы́к *m*	**französisch; Französisch** *n*
япо́нец *m*, **япо́нка** *f*	**Japaner** *m*, **Japanerin** *f*
япо́нский; япо́нский язы́к *m*	**japanisch; Japanisch** *n*

«2001–4000»

австрали́ец *m*, **австрали́йка** *f*	**Australier** *m*, **Australierin** *f*
австрали́йский	**australisch**
австри́ец *m*, **австри́йка** *f*	**Österreicher** *m*, **Österreicherin** *f*
австри́йский	**österreichisch**
азербайджа́нец *m*, **азербайджа́нка** *f*	**Aserbaidschaner** *m*, **Aserbaidschanerin** *f*
азербайджа́нский; азербайджа́нский язы́к *m*	**aserbaidschanisch; Aserbaidschanisch** *n*
армяни́н *m*, **армя́нка** *f*	**Armenier** *m*, **Armenierin** *f*
армя́нский; армя́нский язы́к *m*	**armenisch; Armenisch** *n*
белору́сс *m*, **белору́сска** *f*	**Belorusse** *m*, **Belorussin** *f*
белору́сский; белору́сский язы́к *m*	**belorussisch; Belorussisch** *n*
болга́рин *m*, **болга́рка** *f*	**Bulgare** *m*, **Bulgarin** *f*
болга́рский; болга́рский язы́к *m*	**bulgarisch; Bulgarisch** *n*
венгр *m*, **венге́рка** *f*	**Ungar** *m*, **Ungarin** *f*
венге́рский; венге́рский язы́к *m*	**ungarisch; Ungarisch** *n*
голла́ндец *m*, **голла́ндка** *f*	**Holländer** *m*, **Holländerin** *f*
голла́ндский; голла́ндский язы́к *m*	**holländisch; Holländisch** *n*
грузи́н *m*, **грузи́нка** *f*	**Georgier** *m*, **Georgierin** *f*
грузи́нский; грузи́нский язы́к *m*	**georgisch; Georgisch** *n*
датча́нин *m*, **датча́нка** *f*	**Däne** *m*, **Dänin** *f*

да́тский; да́тский язы́к *m*	**dänisch; Dänisch** *n*
каза́х *m*, **каза́шка** *f*	**Kasache** *m*, **Kasachin** *f*
каза́хский; каза́хский язы́к *m*	**kasachisch; Kasachisch** *n*
кита́ец *m*, **китая́нка** *f*	**Chinese** *m*, **Chinesin** *f*
кита́йский; кита́йский язы́к *m*	**chinesisch; Chinesisch** *n*
кирги́з *m*, **кирги́зка** *f*	**Kirgise** *m*, **Kirgisin** *f*
кирги́зский; кирги́зский язы́к *m*	**kirgisisch; Kirgisisch** *n*
куби́нец *m*, **куби́нка** *f*	**Kubaner** *m*, **Kubanerin** *f*
куби́нский	**kubanisch**
латви́ец *m*, **латви́йка** *f*	**Lette** *m*, **Lettin** *f*
латви́йский; латви́йский язы́к *m*	**lettisch; Lettisch** *n*
лито́вец *m*, **лито́вка** *f*	**Litauer** *m*, **Litauerin** *f*
лито́вский; лито́вский язы́к *m*	**litauisch; Litauisch** *n*
молдава́нин *m*, **молдава́нка** *f*	**Moldauer** *m*, **Moldauerin** *f*
молда́вский; молда́вский язы́к *m*	**moldauisch; Moldauisch** *n*
нидерла́ндец *m*, **нидерла́ндка** *f*	**Niederländer** *m*, **Niederländerin** *f*
нидерла́ндский, нидерла́ндский язы́к *m*	**niederländisch, Niederländisch** *n*
португа́лец *m*, **португа́лка** *f*	**Portugiese** *m*, **Portugiesin** *f*
португа́льский; португа́льский язы́к *m*	**portugiesisch; Portugiesisch** *n*
румы́н *m*, **румы́нка** *f*	**Rumäne** *m*, **Rumänin** *f*
румы́нский; румы́нский язы́к *m*	**rumänisch; Rumänisch** *n*
слова́к *m*, **слова́чка** *f*	**Slowake** *m*, **Slowakin** *f*
слова́цкий; слова́цкий язы́к *m*	**slowakisch; Slowakisch** *n*
таджи́к *m*, **таджи́чка** *f*	**Tadschike** *m*, **Tadschikin** *f*
таджи́кский; таджи́кский язы́к *m*	**tadschikisch; Tadschikisch** *n*
туркме́н *m*, **туркме́нка** *f*	**Turkmene** *m*, **Turkmenin** *f*
туркме́нский; туркме́нский язы́к *m*	**turkmenisch; Turkmenisch** *n*
ту́рок *m*, **турча́нка** *f*	**Türke** *m*, **Türkin** *f*
туре́цкий; туре́цкий язы́к *m*	**türkisch; Türkisch** *n*
узбе́к *m*, **узбе́чка** *f*	**Usbeke** *m*, **Usbekin** *f*
узбе́кский; узбе́кский язы́к *m*	**usbekisch; Usbekisch** *n*

украи́нец *m*, **украи́нка** *f*	**Ukrainer** *m*, **Ukrainerin** *f*
украи́нский; украи́нский язы́к *m*	**ukrainisch; Ukrainisch** *n*
чех *m*, **че́шка** *f*	**Tscheche** *m*, **Tschechin** *f*
че́шский; че́шский язы́к *m*	**tschechisch; Tschechisch** *n*
чили́ец *m*, **чили́йка** *f*	**Chilene** *m*, **Chilenin** *f*
чили́йский	**chilenisch**
швейца́рец *m*, **швейца́рка** *f*	**Schweizer** *m*, **Schweizerin** *f*
швейца́рский	**schweizerisch**
швед *m*, **шве́дка** *f*	**Schwede** *m*, **Schwedin** *f*
шве́дский; шве́дский язы́к *m*	**schwedisch; Schwedisch** *n*

2 ALLGEMEINE BEGRIFFE

2.1 Zeit

2.1.1 JAHRESEINTEILUNG

«1–2000»

весна́ *f*, **вёсны** *Pl* Весна́ наступи́ла.	**Frühling** *m* Der Frühling ist gekommen.
весно́й *Adv* Э́той весно́й мы хоти́м пое́хать в Испа́нию.	**im Frühling, im Frühjahr** In diesem Frühjahr wollen wir nach Spanien reisen.
вре́мя *n* **го́да, времена́ го́да** *Pl* Весна́ – моё люби́мое вре́мя го́да.	**Jahreszeit** *f* Der Frühling ist meine Lieblingsjahreszeit.
год *m*, **го́ды** und **года́** *Pl* В про́шлом году́ на́ши друзья́ бы́ли в А́нглии. Года́ идут.	**Jahr** *n* Im vorigen Jahr waren unsere Freunde in England. Die Jahre vergehen.
зима́ *f* Зима́ в э́том году́ начала́сь ра́но.	**Winter** *m* Der Winter begann in diesem Jahr früh.
зимо́й *Adv* Зимо́й де́ти ката́ются на лы́жах.	**im Winter** Im Winter laufen die Kinder Ski.
ле́то *n* Ле́то бы́ло жа́рким и сухи́м.	**Sommer** *m* Der Sommer war heiß und trocken.

ле́том *Adv* Ле́том де́ти пое́дут к ба́бушке в дере́вню.	**im Sommer** Im Sommer fahren die Kinder zur Großmutter aufs Land.
ме́сяц *m* В году́ 12 ме́сяцев.	**Monat** *m* Das Jahr hat 12 Monate.
неде́ля *f* Зи́мние кани́кулы начну́тся че́рез неде́лю.	**Woche** *f* In einer Woche fangen die Winterferien an.
о́сень *f* О́сень – моё люби́мое вре́мя го́да.	**Herbst** *m* Der Herbst ist meine Lieblingsjahreszeit.
о́сенью *Adv* О́сенью ча́сто иду́т дожди́.	**im Herbst** Im Herbst regnet es oft.

«2001–4000»

ежего́дно *Adv* Э́тот журна́л выхо́дит оди́н раз в год, то́ есть ежего́дно.	**jährlich** Diese Zeitschrift erscheint einmal im Jahr, das heißt jährlich.
ежедне́вный Я чита́ю ежедне́вную газе́ту.	**täglich, Tages-** Ich lese eine Tageszeitung.
ежеме́сячно *Adv* Ско́лько вы ежеме́сячно пла́тите за ко́мнату?	**monatlich** Wie viel zahlen Sie monatlich für das Zimmer?
кварта́л *m* Но́вая ме́бель посту́пит в магази́н во второ́м кварта́ле.	**Quartal** *n* Die neuen Möbel werden im zweiten Quartal im Geschäft angeliefert.

2.1.2 MONATSNAMEN, DATUM

13

«1–2000»

янва́рь *m* Моя́ ма́ма родила́сь 7-ого января́. В январе́ бы́ло мно́го сне́га.	**Januar** *m* Meine Mutter wurde am 7. Januar geboren. Im Januar gab es viel Schnee.
февра́ль *m*	**Februar** *m*
март *m*	**März** *m*
апре́ль *m*	**April** *m*
май *m*	**Mai** *m*

ию́нь *m*	**Juni** *m*
ию́ль *m*	**Juli** *m*
а́вгуст *m*	**August** *m*
сентя́брь *m*	**September** *m*
октя́брь *m*	**Oktober** *m*
ноя́брь *m*	**November** *m*
дека́брь *m*	**Dezember** *m*

«2001–4000»

да́та *f*	**Datum** *n*
Укажи́те то́чную да́ту рожде́ния.	Geben Sie das genaue Geburtsdatum an.
число́ *n*	**Datum** *n*
Како́е сего́дня число́?	Der Wievielte ist heute ?

2.1.3 WOCHENTAGE

«1–2000»

понеде́льник *m*	**Montag** *m*
Мы уви́димся в сле́дующий понеде́льник.	Wir sehen uns am nächsten Montag.
Доживём до понеде́льника!	Warten wir den Montag ab!
В понеде́льник я пойду́ в парикма́херскую.	Am Montag gehe ich zum Friseur.
По понеде́льникам он хо́дит в бассе́йн.	Montags geht er in die Schwimmhalle.
вто́рник *m*	**Dienstag** *m*
среда́ *f*	**Mittwoch** *m*
четве́рг *m*	**Donnerstag** *m*
пя́тница *f*	**Freitag** *m*
суббо́та *f*	**Sonnabend** *m*
воскресе́нье *n*	**Sonntag** *m*

2.1.4 TAGESZEIT

«1–2000»

ве́чер *m*	**Abend** *m*
Заня́тия продолжа́ются до ве́чера.	Der Unterricht dauert bis zum Abend.

ве́чером *Adv* Я позвоню́ Вам ве́чером.	**abends, am Abend** Ich rufe Sie am Abend an.
день *m*, **дни** *Pl* Ско́ро о́сень, дни стано́вятся коро́че.	**Tag** *m* Bald ist Herbst, die Tage werden kürzer.
днём *Adv* Днём бы́ло о́чень жа́рко.	**am Tage, tagsüber** Am Tage war es sehr heiß.
ночь *f* Она́ не спала́ всю ночь.	**Nacht** *f* Die ganze Nacht konnte sie nicht schlafen.
но́чью *Adv* Ле́том да́же но́чью быва́ет тепло́.	**nachts** Im Sommer ist es sogar nachts warm.
по́лдень *m* Он верну́лся домо́й в по́лдень.	**Mittag** *m* Er kehrte am Mittag heim.
по́лночь *f* Вчера́ он лёг спа́ть о́коло полу́ночи.	**Mitternacht** *f* Gestern ging er gegen Mitternacht schlafen.
у́тро *n* До́брое у́тро!	**Morgen** *m* Guten Morgen!
у́тром *Adv* У́тром шёл дождь.	**morgens, am Morgen** Am Morgen hat es geregnet.

2.1.5 UHRZEIT

(Siehe auch GRUNDZAHLEN 2.3.2)

«1–2000»

в Она встáла сегóдня в 8 часóв.	**um** Sie ist heute um 8 Uhr aufgestanden.
без Часы́ покáзывают без пяти́ двенáдцать.	**vor** Die Uhr zeigt 5 vor 12.
мину́та *f* Урóк продолжáется 45 мину́т.	**Minute** *f* Die Unterrichtsstunde dauert 45 Minuten.
полови́на *f* Котóрый час? – Полови́на деся́того.	**Hälfte** *f*, **halb** Wie spät ist es? – Halb 10.

полчаса́ *m* Я приду́ че́рез полчаса́.	**halbe Stunde** Ich komme in einer halben Stunde.
секу́нда *f* В мину́те 60 секу́нд.	**Sekunde** *f* Eine Minute hat 60 Sekunden.
су́тки *f Pl* По́езд идёт до Москвы́ су́тки.	**24 Stunden, Tag und Nacht** Der Zug fährt 24 Stunden bis Moskau.
час *m* Я жду тебя́ уже́ це́лый час.	**Stunde** *f* Ich warte bereits eine Stunde auf dich.
че́тверть *f* Пе́рвый уро́к начина́ется без че́тверти во́семь.	**Viertel** *n* Die 1. Stunde fängt um dreiviertel 8 an.

2.1.6 SONSTIGE ZEITBEGRIFFE

2.1.6.1 SUBSTANTIVE

«1–2000»

бу́дущее *n* Лю́ди давно́ мечта́ют о счастли́вом бу́дущем.	**Zukunft** *f* Die Menschen träumen schon seit langem von einer glücklichen Zukunft.
век *m* Э́тот писа́тель жил в про́шлом ве́ке.	**Jahrhundert** *n* Dieser Schriftsteller lebte im vorigen Jahrhundert.
вре́мя *n*, **времена́** *Pl* Бо́же! Как бы́стро лети́т вре́мя.	**Zeit** *f* O Gott! Wie schnell die Zeit vergeht.
коне́ц *m* Он прие́дет в конце́ ме́сяца.	**Ende** *n*, **Schluss** *m* Er kommt am Monatsende.
моме́нт *m* Для тако́го разгово́ра ну́жно вы́брать удо́бный моме́нт.	**Moment** *m*, **Zeitpunkt** *m* Für dieses Gespräch muss man einen günstigen Zeitpunkt wählen.
нача́ло *n* Мы познако́мились в наха́ле го́да.	**Anfang** *m* Wir haben uns Anfang des Jahres kennen gelernt.

пери́од *m*
Это был тру́дный пери́од в его́ жи́зни.

Periode *f*, **Zeit** *f*
Das war eine schwere Zeit in seinem Leben.

про́шлое *n*
На́до зна́ть про́шлое свое́й страны́.

Vergangenheit *f*
Man muss die Vergangenheit seines Landes kennen.

раз *m*
Я говори́ла вам об э́том не́сколько раз.

Mal *n*
Ich habe euch das bereits mehrere Male gesagt.

срок *m*
Срок обуче́ния в институ́те 5 лет.

Dauer *f*
Die Ausbildungsdauer am Institut beträgt 5 Jahre.

«2001–4000»

календа́рь *m*
Календа́рь лежи́т на столе́.

Kalender *m*
Der Kalender liegt auf dem Tisch.

настоя́щее *n*
Мо́жет, бу́дущее бу́дет лу́чше настоя́щего.

Gegenwart *f*
Vielleicht wird die Zukunft besser als die Gegenwart.

продолжи́тельность *f*
Продолжи́тельность фи́льма 90 мину́т.

Dauer *f*
Die Filmdauer beträgt 90 Minuten.

столе́тие *n*
Худо́жник жил в про́шлом столе́тии.

Jahrhundert *n*
Der Maler lebte im vorigen Jahrhundert.

эпо́ха *f*
В исто́рии страны́ начала́сь но́вая эпо́ха.

Epoche *f*
In der Geschichte des Landes begann eine neue Epoche.

2.1.6.2 VERBEN

«1–2000»

дли́ться
Война́ дли́лась четы́ре го́да.

dauern
Der Krieg dauerte 4 Jahre.

зака́нчивать/зако́нчить
Че́рез два часа́ он зако́нчил рабо́ту.

beenden
Nach zwei Stunden beendete er die Arbeit.

идти́	**gehen; vergehen**
Мои́ часы́ иду́т то́чно.	Meine Uhr geht genau.
Вре́мя идёт бы́стро.	Die Zeit vergeht schnell.
конча́ться/ко́нчиться	**enden**
Уро́к ко́нчился в де́сять часо́в.	Die Unterrichtsstunde endete um 10 Uhr.
наступа́ть/наступи́ть	**beginnen, anbrechen**
Весна́ прошла́, наступи́ло ле́то.	Der Frühling verging, der Sommer begann.
начина́ть/нача́ть	**anfangen, beginnen**
Он реши́л всё нача́ть снача́ла.	Er beschloss, von vorn zu beginnen.
начина́ться/нача́ться	**beginnen**
Учёбный год начина́ется в сентябре́.	Das Studienjahr beginnt im September.
прерыва́ть/прерва́ть	**unterbrechen, abbrechen**
Профе́ссор прерва́л ле́кцию на пять мину́т.	Der Professor unterbrach die Vorlesung für 5 Minuten.
проводи́ть/провести́	**verbringen**
Я провёл воскресе́нье у друзе́й.	Ich habe den Sonntag bei meinen Freunden verbracht.
продолжа́ть/продо́лжить	**fortsetzen**
По́сле па́узы он продо́лжил свой расска́з.	Nach der Pause setzte er seine Erzählung fort.
продолжа́ться/продо́лжиться	**andauern, währen**
Праздник продолжа́лся весь день.	Das Fest dauerte den ganzen Tag an.
проходи́ть/пройти́	**vergehen, weg sein**
О́тпуск прошёл бы́стро.	Der Urlaub verging schnell.
торопи́ться/поторопи́ться	**sich beeilen, es eilig haben**
Извини́, пожа́луйста, я тороплю́сь.	Entschuldige bitte, ich habe es eilig.
тяну́ться	**sich hinziehen**
Перегово́ры тяну́лись не́сколько ме́сяцев.	Die Verhandlungen zogen sich über mehrere Monate hin.

2.1.6.3 ADJEKTIVE

«1–2000»

бу́дущий Подру́га познако́мила меня́ со свои́м бу́дущем му́жем.	**zukünftig** Die Freundin machte mich mit ihrem zukünftigen Mann bekannt.
весе́нний Был тёплый весе́нний день.	**Frühlings-** Es war ein warmer Frühlingstag.
вече́рний Она́ пришла́ в теа́тр в дли́нном вече́рнем пла́тье.	**Abend-** Sie kam in einem langen Abendkleid ins Theater.
выходно́й За́втра выходно́й день.	**frei** Morgen ist ein freier Tag.
гото́вый Обе́д гото́в, сади́тесь за стол.	**fertig, bereit** Das Mittagessen ist fertig, setzt euch an den Tisch.
зи́мний Сестра́ купи́ла зи́мние сапоги́.	**Winter-** Die Schwester kaufte Winterstiefel.
ле́тний Июнь, июль, а́вгуст – ле́тние ме́сяцы.	**Sommer-, sommerlich** Die Sommermonate sind Juni, Juli und August.
но́вый У них совсе́м но́вая маши́на.	**neu** Sie haben ein ganz neues Auto.
ночно́й Мы ме́дленно шли по ночно́й у́лице.	**Nachts-, nächtlich** Wir gingen langsam durch die nächtliche Straße.
осе́нний Когда́ начина́ются осе́нние кани́кулы?	**Herbst-, herbstlich** Wann beginnen die Herbstferien?
постоя́нный Его́ постоя́нные жа́лобы мне надое́ли.	**ständig** Seine ständigen Beschwerden habe ich satt.
пре́жний Он рабо́тает на пре́жнем ме́сте.	**ehemalig, alt** Er arbeitet an seinem alten Arbeitsplatz.
про́шлый В про́шлом году́ он е́здил в Пари́ж.	**vergangen, vorig** Im vergangenen Jahr war er in Paris.

сего́дняшний	**heutig**
Ты уже́ чита́л сего́дняшние газе́ты?	Hast du schon die heutigen Zeitungen gelesen?
совреме́нный	**modern, gegenwärtig, Gegenwarts-**
За́втра состои́тся ле́кция о совреме́нном ру́сском языке́.	Morgen findet eine Vorlesung über die russische Sprache der Gegenwart statt.

« 2001–4000 »

ве́чный	**ewig**
Кто́-то предложи́л тост за ве́чную дру́жбу.	Jemand brachte einen Toast auf die ewige Freundschaft aus.
дневно́й	**Tages-**
Тебе́ лу́чше пое́хать на дневно́м по́езде.	Du solltest lieber den Tageszug nehmen.
за́втрашний	**morgig**
Он хорошо́ подгото́вился к за́втрашней ле́кции.	Er hat sich auf die morgige Vorlesung gut vorbereitet.
по́здний	**Spät-**
Я люблю́ лес по́здней о́сенью.	Ich mag den Wald im Spätherbst.
предыду́щий	**vorhergehend, letzter**
На предыду́щем заня́тии мы говори́ли об экологи́ческих пробле́мах.	In der letzten Stunde sprachen wir über ökologische Probleme.
ра́нний	**früh**
Мне нра́вятся ра́нние расска́зы Распу́тина.	Mir gefallen die frühen Erzählungen Rasputins.
ре́дкий	**selten, rar**
У моего́ знако́мого ре́дкое и́мя.	Mein Bekannter hat einen seltenen Namen.
у́тренний	**Morgen-**
Он регуля́рно де́лает у́треннюю гимна́стику.	Er macht regelmäßig Morgengymnastik.
ча́стый	**häufig**
Твои́ ча́стые разгово́ры по телефо́ну мне не нра́вятся.	Deine häufigen Telefongespräche missfallen mir.

2.1.6.4 ADVERBIEN

«1–2000»

бы́стро По́езд шёл о́чень бы́стро.	**schnell** Der Zug fuhr sehr schnell.
вдруг Вдруг он встал и вы́шел из ко́мнаты.	**plötzlich** Plötzlich stand er auf und ging aus dem Zimmer.
впервы́е Э́ту му́зыку я слы́шу впервы́е.	**zum ersten Mal** Diese Musik höre ich zum ersten Mal.
всегда́ По вечера́м я всегда́ до́ма.	**immer** Abends bin ich immer zu Hause.
вчера́ Вчера́ мы бы́ли в рестора́не.	**gestern** Gestern waren wir im Restaurant.
давно́ Она́ тебя́ давно́ забы́ла.	**lange, längst** Sie hat dich längst vergessen.
до́лго Как до́лго Вы учи́лись в ву́зе?	**lange** Wie lange haben Sie studiert?
ещё Де́ти ещё спят.	**noch** Die Kinder schlafen noch.
за́втра Он прие́дет за́втра у́тром.	**morgen** Er kommt morgen früh.
зате́м Маши́на уме́ньшила ско́рость, зате́м останови́лась.	**danach** Das Auto verringerte die Geschwindigkeit und blieb danach stehen.
иногда́ Иногда́ я встреча́ю его́ в библиоте́ке.	**ab und zu, manchmal** Ab und zu treffe ich ihn in der Bibliothek.
наконе́ц Наконе́ц зима́ ко́нчилась.	**endlich** Endlich war der Winter zu Ende.
неда́вно Неда́вно мы бы́ли в теа́тре.	**vor kurzem, unlängst** Wir waren vor kurzem im Theater.
неме́дленно Сообщи́ мне, пожа́луйста, неме́дленно твой но́мер телефо́на.	**sofort, umgehend** Teile mir bitte umgehend deine Telefonnummer mit.

никогда́	**nie, niemals**
Лу́чше по́здно, чем никогда́.	Besser spät als nie.
Мы никогда́ не уви́димся.	Wir werden uns nie wiedersehen.
одна́жды	**einmal, einst**
Одна́жды он зашёл к нам.	Eines Tages kam er bei uns vorbei.
по́здно	**spät**
Уже́ по́здно, мне ну́жно спеши́ть домо́й.	Es ist schon spät, ich muss mich beeilen, nach Hause zu kommen.
пора́	**es ist Zeit**
Пора́ домо́й.	Es ist Zeit, nach Hause zu gehen.
пото́м	**später, danach**
Пото́м он и так всё расска́жет.	Er wird später sowieso alles erzählen.
пре́жде	**früher**
Пре́жде здесь была́ дере́вня, а сейча́с – о́зеро.	Früher war hier ein Dorf, und jetzt ist hier ein See.
ра́но	**früh**
За́втра мне ра́но встава́ть.	Ich muss morgen früh aufstehen.
ра́ньше	**früher**
Говоря́т, она́ ра́ньше о́чень хорошо́ пе́ла.	Man sagt, sie konnte früher sehr gut singen.
сего́дня	**heute**
Како́е сего́дня число́?	Der Wievielte ist heute?
сейча́с	**jetzt; bald, gleich**
Сейча́с семь часо́в утра́.	Jetzt ist es 7 Uhr morgens.
Подожди́те, он сейча́с придёт.	Warten Sie, er kommt gleich.
ско́ро	**bald**
Ско́ро придёт мой друг.	Bald kommt mein Freund.
снача́ла	**zuerst, am Anfang, noch mal von vorn**
Снача́ла она́ пло́хо понима́ла по-ру́сски.	Zuerst verstand sie schlecht Russisch.
На́до всё нача́ть с нача́ла.	Man muss alles von vorn anfangen.
сно́ва	**wieder**
Сно́ва идёт до́ждь.	Es regnet wieder.

сра́зу Учени́к сра́зу всё по́нял.	**sofort** Der Schüler hat sofort alles verstanden.
тепе́рь Его́ тепе́рь нет в Москве́.	**jetzt, zurzeit** Er ist zurzeit nicht in Moskau.
тогда́ Мы бы́ли тогда́ студе́нтами.	**damals** Wir waren damals Studenten.
то́чно То́чно в 8 часо́в начала́сь конфере́нция.	**pünktlich** Die Konferenz begann pünktlich um 8 Uhr.
уже́ Мне ка́жется, я Вас уже́ где́-то ви́дел.	**schon, bereits** Mir scheint, ich habe Sie schon irgendwo gesehen.
ча́сто Они́ встреча́ются ча́сто, почти́ ка́ждый де́нь.	**oft** Sie treffen sich oft, fast täglich.

«2001–4000»

внача́ле Внача́ле он о́чень волнова́лся, но пото́м успоко́ился.	**zuerst, am Anfang** Zuerst war er aufgeregt, dann beruhigte er sich.
внеза́пно Внеза́пно пошёл снег.	**plötzlich** Plötzlich fing es an zu schneien.
во́время Мы во́время прие́хали на вокза́л.	**rechtzeitig** Wir kamen rechtzeitig am Bahnhof an.
вско́ре Э́то случи́лось вско́ре по́сле войны́.	**kurz nach** Es geschah kurz nach dem Krieg.
ежедне́вно Э́та газе́та выхо́дит ежедне́вно.	**täglich** Diese Zeitung erscheint täglich.
зара́нее Мы зара́нее договори́лись о встре́че.	**im Voraus** Wir verabredeten im Voraus ein Treffen.
навсегда́ Э́то собы́тие мы запо́мним навсегда́.	**für immer** Dieses Ereignis werden wir für immer im Gedächtnis behalten.

надо́лго	**für lange Zeit**
Оте́ц уе́хал надо́лго за грани́цу.	Der Vater ist für lange Zeit ins Ausland gefahren.
накану́не	**tags zuvor**
Накану́не мы бы́ли в теа́тре.	Tags zuvor waren wir im Theater.
недо́лго	**nicht lange**
Встре́ча продолжа́лась недо́лго.	Das Treffen dauerte nicht lange.
одновре́менно	**gleichzeitig**
Они́ пришли́ одновре́менно.	Sie sind gleichzeitig gekommen.
позавчера́	**vorgestern**
Я ви́дела его́ позавчера́.	Ich sah ihn vorgestern.
по-пре́жнему	**immer noch**
Он по-пре́жнему живёт в дере́вне.	Er lebt immer noch auf dem Lande.
послеза́втра	**übermorgen**
Послеза́втра начина́ются кани́кулы.	Übermorgen beginnen die Ferien.
ре́дко	**selten**
Они́ ре́дко пи́шут друг дру́гу.	Sie schreiben einander selten.
сро́чно	**dringend**
К сожале́нию, мне ну́жно сро́чно уе́хать.	Leider muss ich dringend wegfahren.
у́тром	**am Morgen, morgens**
У́тром де́ти иду́т в шко́лу, а взро́слые – на рабо́ту.	Morgens gehen die Kinder in die Schule und die Erwachsenen zur Arbeit.

2.1.6.5 PRÄPOSITIONEN

«1–2000»

в	**an, um, in**
В сре́ду мы пойдём в кино́.	Am Mittwoch gehen wir ins Kino.
Уро́ки начина́ются в 8 часо́в.	Der Unterricht beginnt um 8 Uhr.
В про́шлом году́ он жени́лся.	Im vorigen Jahr hat er geheiratet.

до	**bis**
Я рабóтаю до пятú часóв.	Ich arbeite bis (um) 17 Uhr.
за	**in**
Он написáл сочинéние за час.	Er schrieb den Aufsatz in einer Stunde.
к	**zu**
Вся семья́ собралáсь дóма к ýжину.	Die ganze Familie versammelte sich zum Abendbrot zu Hause.
на	**an, für, in**
На вторóй день больнóму стáло лýчше.	Am zweiten Tag fühlte sich der Kranke besser.
Он уéхал на недéлю в óтпуск.	Er ist für eine Woche in den Urlaub gefahren.
На слéдующей недéле он вернётся.	In der nächsten Woche kommt er zurück.
с ... до	**von ... bis**
Магазúн открýт с десятú до двадцатú часóв.	Der Laden ist von 10 bis 20 Uhr geöffnet.
в течéние	**im Laufe, während**
В течéние всегó бéчера онá молчáла.	Während des ganzen Abends schwieg sie.

«2001–4000»

óколо	**etwa, ungefähr**
Я ждалá тебя́ óколо чáса.	Ich wartete etwa eine Stunde auf dich.
пóсле	**danach, später**
Мы пойдём на вы́ставку пóсле обéда.	Wir gehen nach dem Mittagessen in die Ausstellung.
чéрез	**in**
Чéрез полчасá начнётся лéкция.	In einer halben Stunde beginnt die Vorlesung.

2.1.6.6 KONJUNKTIONEN

«1–2000»

едвá	**kaum**
Едвá мы вы́шли на ýлицу, начался́ дождь.	Kaum waren wir draußen, fing es an zu regnen.

как то́лько	**sobald**
Она придёт, как то́лько у неё бу́дет вре́мя.	Sie kommt, sobald sie Zeit hat.
когда́	**als**
Когда́ он вошёл, я сиде́л и чита́л.	Als er eintrat, saß ich da und las.
лишь (то́лько)	**sobald, kaum**
Лишь (то́лько) он вошёл, де́ти побежа́ли к нему́.	Kaum war er eingetreten, da liefen die Kinder zu ihm.
пока́	**solange**
Мне на́до поговори́ть с Та́ней, пока́ она́ ещё здесь.	Ich muss mit Tanja sprechen, solange sie noch da ist.
пока́ (не)	**(so lange) bis**
Подожди́, пока́ (не) придёт ма́ма.	Warte (so lange), bis Mutti kommt.
с тех пор как	**seitdem**
С тех пор как я был в Ки́еве, прошло́ мно́го лет.	Seitdem ich in Kiew war, sind viele Jahre vergangen.

«2001–4000»

вся́кий раз, как	**sooft, jedes Mal**
Вся́кий раз, как он приходи́л, он приноси́л книги.	Jedes Mal, wenn er kam, brachte er Bücher mit.
до тех пор, пока́ (не)	**(so lange), bis**
Мы жда́ли его́ до тех пор, пока́ он, наконе́ц, (не) пришёл.	Wir warteten so lange, bis er endlich kam.
пе́ред тем как	**bevor**
Пе́ред тем как поу́жинать, я просмотре́л газе́ты.	Bevor ich zu Abend aß, las ich die Zeitungen.
по́сле того́ как	**nachdem**
По́сле того́ как я верну́лась домо́й, я снача́ла пообе́дала.	Nachdem ich nach Hause gekommen war, aß ich zuerst zu Mittag.
пре́жде чем	**bevor, ehe**
Пре́жде чем е́хать на вокза́л, он зашёл к дру́гу.	Bevor er zum Bahnhof fuhr, ging er zu seinem Freund.

2.2 Räumliche Begriffe

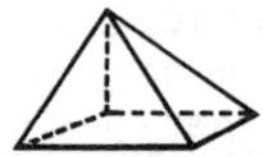

2.2.1 SUBSTANTIVE

«1–2000»

высота́ *f* Высота́ до́ма 30 ме́тров.	**Höhe** *f* Die Höhe des Hauses beträgt 30 Meter.
длина́ *f* Длина́ маши́ны 4 ме́тра.	**Länge** *f* Das Auto ist 4 Meter lang.
направле́ние *n* Ве́тер измени́л направле́ние.	**Richtung** *f* Der Wind änderte die Richtung.
пло́щадь *f* Пло́щадь на́шей кварти́ры 80 квадра́тных ме́тров.	**Fläche** *f* Unsere Wohnung ist 80 m² groß.
пове́рхность *f* Пове́рхность стола́ была́ гла́дкой и блестя́щей.	**Oberfläche** *f* Die Tischoberfläche war glatt und glänzend.
простра́нство *n* Ме́жду столо́м и дива́ном оста́лось то́лько небольшо́е простра́нство.	**Raum** *m* Zwischen Tisch und Sofa blieb nur ein kleiner Raum.
сторона́ *f* По обе́им сторона́м доро́ги росли́ со́сны.	**Seite** *f* Auf beiden Seiten der Straße wuchsen Kiefern.
то́чка *f* Где нахо́дится са́мая ю́жная то́чка страны́?	**Punkt** *m* Wo befindet sich der südlichste Punkt des Landes?
центр *m* Мы живём в це́нтре го́рода.	**Zentrum** *n*, **Stadtmitte** *f* Wir wohnen im Stadtzentrum.

«2001–4000»

верх *m* Мы живём на верху́, то есть на после́днем этаже́.	**oberer Teil, oben** Wir wohnen oben, d. h. im letzten Stockwerk.
восто́к *m* На восто́ке страны́ нахо́дится тайга́.	**Ost(en)** *m* Im Osten des Landes liegt die Taiga.

за́пад *m* Ве́тер с за́пада прино́сит обы́чно дождь.	**West(en)** *m* Westwind bringt gewöhnlich Regen.
низ *m* Ту́фли лежа́т в са́мом низу́ чемода́на.	**unterer Teil, unten** Die Schuhe liegen im Koffer ganz unten.
расстоя́ние *n* Расстоя́ние от до́ма до остано́вки авто́буса 500 ме́тров.	**Entfernung** *f* Die Entfernung vom Haus bis zur Bushaltestelle beträgt 500 m.
се́вер *m* Наш кора́бль плыл на се́вер.	**Norden** *m* Unser Schiff fuhr nach Norden.
середи́на *f* Кни́гу я прочита́ла то́лько до середи́ны.	**Mitte** *f* Das Buch las ich nur bis zur Mitte.
ширина́ *f* Изме́рь, пожа́луйста, ширину́ окна́.	**Breite** *f* Miss bitte die Breite des Fensters.
юг *m* Чёрное мо́ре нахо́дится на ю́ге Росси́и.	**Süden** *m* Das Schwarze Meer liegt im Süden Russlands.

2.2.2 ADJEKTIVE

«1–2000»

большо́й На́ша семья́ живёт в большо́м до́ме.	**groß** Unsere Familie bewohnt ein großes Haus.
ве́рхний Уче́бники стоя́т на ве́рхней по́лке.	**oberer, Ober-** Die Lehrbücher stehen im oberen Regal.
вну́тренний Он положи́л биле́ты во вну́тренний карма́н пиджака́.	**innerer, Innen-** Er steckte die Karten in die Innentasche der Jacke.
да́льний В Москве́ живёт на́ша да́льняя ро́дственница.	**fern, weitläufig** In Moskau lebt eine weitläufige Verwandte von uns.
дли́нный На ней была́ блу́зка с дли́нным рукаво́м.	**lang** Sie hatte eine langärmlige Bluse an.

за́падный	**westlich, West-**
Его́ роди́тели живу́т в за́падной ча́сти го́рода.	Seine Eltern wohnen im Westteil der Stadt.
ле́вый	**linker**
У неё боли́т ле́вое коле́но.	Ihr linkes Knie tut ihr weh.
ма́ленький	**klein, Klein-**
Она́ родила́сь в ма́леньком го́роде.	Sie wurde in einer Kleinstadt geboren.
ме́лкий	**klein; seicht**
Из ме́лких я́блок я свари́ла компо́т.	Aus den kleinen Äpfeln habe ich Kompott gekocht.
Река́ в э́том ме́сте ме́лкая.	Der Fluss ist an dieser Stelle seicht.
небольшо́й	**nicht groß, klein**
Он взял с собо́й небольшу́ю су́мму де́нег.	Er nahm eine kleine Summe Geld mit.
ни́зкий	**niedrig**
Го́сти сиде́ли за ни́зким столо́м.	Die Gäste saßen an einem niedrigen Tisch.
огро́мный	**riesig**
О́чень тру́дно управля́ть огро́мной страно́й.	Es ist schwierig, ein riesiges Land zu regieren.
пра́вый	**rechter**
Он положи́л письмо́ в пра́вый карма́н.	Er steckte den Brief in die rechte Tasche.
прямо́й	**direkt, gerade**
К ле́су вела́ пряма́я доро́га.	Zum Wald führte ein gerader Weg.
у́зкий	**schmal, eng**
По у́зкому коридо́ру мы прошли́ в ко́мнату.	Durch einen schmalen Korridor gingen wir ins Zimmer.
центра́льный	**zentral, Haupt-**
Институ́т нахо́дится на центра́льной у́лице.	Das Institut befindet sich an der Hauptstraße.
широ́кий	**breit**
На второ́й эта́ж вела́ широ́кая ле́стница.	In den 1. Stock führte eine breite Treppe.

«2001–4000»

бесконе́чный	**unendlich**
Доро́га каза́лась бесконе́чной.	Der Weg schien unendlich.

вертика́льный	**senkrecht**
Проведи́ на листе́ бума́ги вертика́льную ли́нию.	Ziehe eine senkrechte Linie auf dem Blatt Papier.
восто́чный	**östlich, Ost-**
Ду́ет восто́чный ве́тер.	Der Ostwind weht.
глубо́кий	**tief**
В гора́х мы нашли́ глубо́кое о́зеро.	In den Bergen fanden wir einen tiefen See.
горизонта́льный	**waagerecht**
Проведи́ горизонта́льную ли́нию.	Du sollst einen waagerechten Strich ziehen.
коро́ткий	**kurz**
Я бы́стро прочита́ла коро́ткое письмо́ бра́та.	Ich las den kurzen Brief von meinem Bruder schnell durch.
ни́жний	**unter, Unter-**
На ни́жней по́лке стоя́т словари́.	Im unteren Regal stehen Wörterbücher.
се́верный	**nördlich, Nord-**
О́кна кварти́ры выхо́дят на се́верную сто́рону.	Die Fenster der Wohnung zeigen nach Norden.
те́сный	**eng, schmal**
В э́той те́сной ко́мнате невозмо́жно бы́ло танцева́ть.	Es war unmöglich, in diesem schmalen Zimmer zu tanzen.
ю́жный	**südlich, Süd-**
Ю́жный кли́мат Росси́и о́чень мя́гкий.	Das südliche Klima Russlands ist sehr mild.

2.2.3 ADVERBIEN

«1–2000»

бли́зко	**nah**
Я живу́ бли́зко отсю́да.	Ich wohne nah von hier.
вблизи́	**in der Nähe**
Вблизи́ не́ было ви́дно ни одно́й души́.	Keine Seele war in der Nähe zu sehen.
вверх	**nach oben, hinauf**
Он посмотре́л вверх и уви́дел самолёт.	Er schaute nach oben und sah ein Flugzeug.

вниз Тропи́нка вела́ вниз к о́зеру.	**abwärts, hinunter** Der Pfad führte hinunter zum See.
вперёд Он сде́лал два ша́га вперёд.	**vorwärts, nach vorn** Er machte zwei Schritte nach vorn.
впереди́ Впереди́ на шоссе́ бы́ло ви́дно мно́го маши́н.	**vorn** Vorn auf der Chaussee waren viele Autos zu sehen.
высоко́ Пти́цы лете́ли высоко́ над ле́сом.	**hoch** Die Vögel flogen hoch über dem Wald.
где Я не зна́ю, где он рабо́тает.	**wo** Ich weiß nicht, wo er arbeitet.
далеко́ Скажи́те, пожа́луйста, далеко́ ли до вокза́ла?	**weit** Sagen Sie bitte, ist es weit bis zum Bahnhof?
здесь Я бу́ду ждать Вас здесь.	**hier** Ich werde hier auf Sie warten.
куда́ Он не сказа́л, куда́ он пошёл.	**wohin** Er sagte nicht, wohin er ging.
навстре́чу Мне навстре́чу шла Ната́ша.	**entgegen** Natascha ging mir entgegen.
наза́д Он сде́лал шаг наза́д и останови́лся.	**zurück** Er machte einen Schritt zurück und blieb stehen.
отку́да Оте́ц не зна́ет, отку́да у сы́на де́ньги.	**woher** Der Vater weiß nicht, woher der Sohn das Geld hat.
ря́дом Они́ сиде́ли ря́дом и разгова́ривали.	**nebeneinander, daneben** Sie saßen nebeneinander und unterhielten sich.
сюда́ Иди́те сюда́, здесь я́год бо́льше.	**hierher** Kommt hierher, hier gibt es mehr Beeren.
там Там сейча́с уже́ тепло́.	**dort** Dort ist es jetzt schon warm.
туда́ Я́на, не ходи́ туда́, там зла́я соба́ка.	**dorthin** Jana, gehe nicht dorthin, dort ist ein bissiger Hund.

тут	**da, hier**
Тут бу́дет но́вый вокза́л.	Hier wird der neue Bahnhof stehen.

«2001–4000»

вдали́	**in der Ferne, fern**
Вдали́ мы уви́дели го́ры.	In der Ferne erblickten wir die Berge.
везде́	**überall**
У него́ везде́ есть друзья́.	Er hat überall Freunde.
внизу́	**unten**
Ба́бушка живёт внизу́, на пе́рвом этаже́.	Die Oma wohnt unten im Erdgeschoss.
недалеко́	**nicht weit, unweit**
Апте́ка нахо́дится недалеко́.	Die Apotheke ist nicht weit.
наве́рх	**nach oben**
Путь наве́рх был лёгким.	Der Weg nach oben war leicht.
наверху́	**oben**
Наверху́ расту́т краси́вые цветы́.	Oben wachsen schöne Blumen.
напро́тив	**gegenüber**
В до́ме напро́тив живёт моя́ подру́га.	Im Haus gegenüber wohnt meine Freundin.
нигде́	**nirgends**
Я нигде́ не могу́ найти́ мою́ кни́гу.	Ich kann nirgends mein Buch finden.
ни́зко	**tief**
Ла́мпа виси́т ни́зко над столо́м.	Die Lampe hängt tief über dem Tisch.
никуда́	**nirgendwohin**
Уже́ по́здно, и я никуда́ бо́льше не пойду́.	Es ist schon spät, und ich gehe nirgendwo mehr hin.
све́рху	**von oben**
Вдруг све́рху упа́л ка́мень.	Plötzlich fiel von oben ein Stein.
сза́ди	**von hinten, hinten**
Сза́ди шла гру́ппа тури́стов.	Hinten ging eine Gruppe von Touristen.
сле́ва	**links**
Сле́ва от доро́ги стои́т дом.	Links von der Straße steht ein Haus.

снару́жи	**(von) draußen**
Снару́жи бы́ло темно́.	Draußen war es dunkel.
сни́зу	**von unten**
Сни́зу ничего́ не́ было ви́дно.	Von unten war nichts zu sehen.
спра́ва	**rechts**
Спра́ва от шко́лы нахо́дится стадио́н.	Rechts von der Schule befindet sich das Stadion.

2.2.4 PRÄPOSITIONEN

«1–2000»

в, во	**in**
Ты пойдёшь сего́дня в шко́лу? Я была сего́дня в теа́тре.	Gehst du heute in die Schule? Ich war heute im Theater.
до	**bis**
От Москвы́ до Санкт-Петербу́рга 696 киломе́тров.	Von Moskau bis Sankt Petersburg sind es 696 Kilometer.
за	**an; hinter**
Го́сти сиде́ли за столо́м. За шка́фом лежа́л слова́рь.	Die Gäste saßen am Tisch. Hinter dem Schrank lag ein Wörterbuch.
из, изо	**aus**
В 7 часо́в я вы́шла из до́ма.	Um 7 Uhr ging ich aus dem Haus.
к, ко	**an; zu**
Позови́те, пожа́луйста, Андре́я к телефо́ну. Ко мне пришёл мой брат.	Rufen Sie bitte Andrej ans Telefon. Mein Bruder kam zu mir.
ме́жду	**zwischen**
В теа́тре она́ сиде́ла ме́жду подру́гой и бра́том.	Im Theater saß sie zwischen der Freundin und dem Bruder.
ми́мо	**vorbei**
Авто́бус прое́хал ми́мо но́вого магази́на.	Der Bus fuhr an dem neuen Geschäft vorbei.
на	**auf**
На столе́ лежи́т хлеб. Положи́ кни́гу на по́лку.	Auf dem Tisch liegt Brot. Lege das Buch auf das Regal.
над, на́до	**über**
Над го́родом лете́л самолёт.	Über die Stadt flog ein Flugzeug.

о́коло О́коло Ма́ши сиде́ла её дочь.	**neben** Neben Mascha saß ihre Tochter.
от, о́то Сле́ва от окна́ стои́т шкаф.	**von** Links vom Fenster steht ein Schrank.
пе́ред Пе́ред до́мом стоя́ла маши́на.	**vor** Vor dem Haus stand ein Auto.
по По реке́ плыл парохо́д.	**auf** Auf dem Fluss fuhr ein Dampfer.
под Чемода́н лежи́т под крова́тью.	**unter** Der Koffer liegt unter dem Bett.
при При до́ме есть сад.	**bei, an, neben** Am Haus ist ein Garten.
с Он взял кни́гу с по́лки.	**von ... weg, von** Er nahm das Buch vom Regal.
сквозь Сквозь дере́вья был ви́ден дом.	**durch** Durch die Bäume sah man das Haus.
у Маши́на останови́лась у воро́т.	**bei, an, neben** Das Auto blieb am Tor stehen.
че́рез Че́рез доро́гу переходи́ли де́ти. Че́рез окно́ струи́лся со́лнечный свет.	**über; durch** Über die Straße gingen Kinder. Sonnenlicht strömte durch das Fenster.

«2001–4000»

вне Они́ живу́т в ста́ром до́ме вне го́рода.	**außer, außerhalb** Sie wohnen außerhalb der Stadt in einem alten Haus.
позади́ Позади́ до́ма большо́й сад.	**hinter** Hinter dem Haus ist ein großer Garten.
поперёк Де́рево лежа́ло поперёк доро́ги.	**quer** Der Baum lag quer über der Straße.

2.3 Menge und Maß

2.3.1 MENGENBEGRIFFE

2.3.1.1 SUBSTANTIVE, VERBEN

«1–2000»

большинство́ *n* Большинство́ студе́нтов пришло́ на заня́тие.	**Mehrheit** *f* Die Mehrheit der Studenten kam zu den Lehrveranstaltungen.
коли́чество *n* Необходи́мо увели́чить коли́чество проду́кции.	**Anzahl** *f*, **Menge** *f* Es ist notwendig, die Menge der Erzeugnisse zu erhöhen.
ма́сса *f* У него́ здесь ма́сса знако́мых.	**Masse** *f*, **Menge** *f* Er hat hier eine Menge Bekannte.
ме́ра *f* Ты зна́ешь ру́сские ме́ры длины́?	**Maß** *n*, **Maßeinheit** *f* Kennst du russische Längenmaße?
па́ра *f* Я взяла́ в о́тпуск три па́ры ту́фель.	**Paar** *n* Ich nahm drei Paar Schuhe mit in den Urlaub.
полови́на *f* Полови́на гру́ппы сдала́ экза́мены.	**Hälfte** *f* Die Hälfte der Gruppe legte die Prüfungen ab.
хвата́ть/хвати́ть У сестры́ не хвата́ет де́нег на телеви́зор.	**ausreichen** Das Geld der Schwester reicht nicht für einen Fernseher.
часть *f* Он прочита́л то́лько часть статьи́.	**Teil** *m* Er las nur einen Teil des Artikels.
число́ *n* Число́ книг в библиоте́ке увели́чилось.	**Menge** *f*, **Anzahl** *f* Die Anzahl der Bücher in der Bibliothek hat sich vergrößert.

«2001–4000»

дю́жина *f* Купи́ на ры́нке дю́жину я́иц.	**Dutzend** *n* Kauf auf dem Markt ein Dutzend Eier.

меньшинство́ *n*	**Minderheit** *f*
За э́то предложе́ние проголосова́ло меньшинство́.	Für diesen Vorschlag hat die Minderheit gestimmt.
объём *m*	**Umfang** *m*, **Volumen** *n*
Необходи́мо изме́рить объём э́того те́ла.	Man muss das Volumen dieses Körpers messen.
проце́нт *m*	**Prozent** *n*
Се́мьдесят проце́нтов ученико́в получи́ли хоро́шие отме́тки.	70 Prozent der Schüler bekamen gute Zensuren.
содержа́ние *n*	**Inhalt** *m*
Меня́ интересу́ет содержа́ние э́того расска́за.	Mich interessiert der Inhalt dieser Erzählung.
содержа́ть	**enthalten, beinhalten**
Э́тот проду́кт содéржит вре́дные вещества́.	Dieses Produkt enthält Schadstoffe.

2.3.1.2 ADJEKTIVE

«1–2000»

лёгкий	**leicht**
Како́й у тебя́ лёгкий чемода́н!	Was für einen leichten Koffer du hast!
по́лный	**voll**
Она́ налила́ мне по́лную ча́шку ча́я.	Sie goss mir eine volle Tasse Tee ein.
тяжёлый	**schwer**
Же́нщина несла́ тяжёлую су́мку с проду́ктами.	Die Frau trug eine schwere Tasche mit Lebensmitteln.
це́лый	**ganz**
Це́лый день он писа́л пи́сьма.	Den ganzen Tag schrieb er Briefe.

«2001–4000»

многочи́сленный	**zahlreich**
В стране́ прошли́ многочи́сленные демонстра́ции.	Im Lande fanden zahlreiche Demonstrationen statt.

пустóй	**leer**
Ей бы́ло стрáшно в пустóм дóме.	Sie fürchtete sich in dem leeren Haus.

2.3.1.3 ADVERBIEN

«1–2000»

всегó	**insgesamt, im Ganzen**
Всегó он получи́л 2000 рублéй.	Er bekam insgesamt 2000 Rubel.
достáточно	**genug, ausreichend**
Для э́того достáточно двух человéк.	Hierfür sind zwei Mann genug.
Он достáточно умён, чтóбы поня́ть э́то.	Er ist klug genug, um das zu verstehen.
мáло	**wenig**
У неё ещё мáло жи́зненного óпыта.	Sie hat noch wenig Lebenserfahrung.
мнóго	**viel**
Тепéрь у негó мнóго свобóдного врéмени.	Jetzt hat er viel Freizeit.
немнóго	**ein wenig, nicht viel**
Снéгу э́той зимóй бы́ло немнóго.	In diesem Winter gab es wenig Schnee.
стóлько	**so viel**
Откýда у тебя́ стóлько книг?	Woher hast du so viele Bücher?
тяжелó	**schwer**
Ей тяжелó говори́ть, тáк как у неё боли́т гóрло.	Das Sprechen fällt ihr schwer, weil sie Halsschmerzen hat.

«2001–4000»

полторá	**anderthalb**
Для кáши нýжно полторá ли́тра молокá.	Für den Brei braucht man anderthalb Liter Milch.
пóровну	**gleich viel, zu gleichen Teilen**
Зарабóтанные дéньги они́ раздели́ли пóровну.	Das verdiente Geld teilten sie zu gleichen Teilen auf.

приблизи́тельно	**ungefähr**
До аэропо́рта приблизи́тельно семь киломе́тров.	Bis zum Flughafen sind es ungefähr sieben Kilometer.
приме́рно	**ungefähr, etwa**
Ему́ приме́рно со́рок лет.	Er ist etwa 40 Jahre alt.

2.3.2 GRUNDZAHLEN

«1–2000»

0 ноль, нуль
1 оди́н
2 два
3 три
4 четы́ре
5 пять
6 шесть
7 семь
8 во́семь
9 де́вять
10 де́сять
11 оди́ннадцать
12 двена́дцать
13 трина́дцать
14 четы́рнадцать
15 пятна́дцать
16 шестна́дцать
17 семна́дцать
18 восемна́дцать
19 девятна́дцать
20 два́дцать
21 два́дцать оди́н
22 два́дцать два
23 два́дцать три
24 два́дцать четы́ре
25 два́дцать пять
26 два́дцать шесть
27 два́дцать семь
28 два́дцать во́семь
29 два́дцать де́вять
30 три́дцать
40 со́рок
50 пятьдеся́т
60 шестьдеся́т
70 се́мьдесят
80 во́семьдесят
90 девяно́сто
100 сто
101 сто оди́н
112 сто двена́дцать
121 сто два́дцать оди́н
200 две́сти
300 три́ста
400 четы́реста
500 пятьсо́т
600 шестьсо́т
700 семьсо́т
800 восемьсо́т
900 девятьсо́т
1000 (одна́) ты́сяча
2000 две ты́сячи

миллио́н *m*	**Million** *f*
миллиа́рд *m*	**Milliarde** *f*

«2001–4000»

дели́ть/раздели́ть Раздели́ два́дцать на четы́ре.	**dividieren, teilen** Dividiere 20 durch 4.
деся́ток *m* Купи́ ребёнку деся́ток я́блок.	**10 Stück** Kauf dem Kind 10 Äpfel.
о́ба *m, n,* **о́бе** *f* О́ба ма́льчика пи́ли чай с молоко́м.	**beide** Beide Jungen tranken Tee mit Milch.
прибавля́ть/приба́вить Что́бы получи́ть 15, ну́жно к десяти́ приба́вить пять.	**addieren** Um 15 zu erhalten, muss man zu 10 5 addieren.
умножа́ть/умно́жить Шко́льники у́чатся умножа́ть.	**multipllzieren** Die Schüler lernen das Multiplizieren.

2.3.3 MASSE UND GEWICHTE

«1–2000»

ве́сить Ско́лько ты ве́сишь?	**wiegen** Wie viel wiegst du?
весы́ *m Pl* Весы́ пока́зывают 300 грамм.	**Waage** *f* Die Waage zeigt 300 Gramm.
гра́дус *m* Сего́дня на у́лице 4° (гра́дуса) тепла́.	**Grad** *n* Heute sind draußen 4 Grad plus.
едини́ца *f* Назови́те англи́йские едини́цы ве́са.	**Einheit** *f* Nennen Sie englische Maßeinheiten.
измеря́ть/изме́рить В каки́х едини́цах измеря́ют длину́?	**messen** In welchen Einheiten wird die Länge gemessen?
квадра́тный Посреди́ ко́мнаты стоя́л квадра́тный стол.	**quadratisch** In der Mitte des Zimmers stand ein quadratischer Tisch.
ме́рить Он ме́рил ко́мнату шага́ми.	**(aus)messen** Er maß das Zimmer mit Schritten aus.

«2001–4000»

вес *m* Вес багажа́ 20 килогра́ммов.	**Gewicht** *n* Das Gewicht des Gepäcks beträgt 20 kg.
гекта́р *m* Кресть́янин обраба́тывал 5 гекта́ров земли́.	**Hektar** *m* Der Bauer bearbeitete 5 Hektar Boden.
грамм *m* В магази́не я купи́ла 200 граммов ма́сла.	**Gramm** *n* Im Geschäft kaufte ich 200 Gramm Butter.
килогра́мм *m* Килогра́мм я́блок сто́ит 500 рубле́й.	**Kilogramm** *n* Ein Kilogramm Äpfel kostet 500 Rubel.
киломе́тр *m* От на́шего до́ма до ле́са 3 киломе́тра.	**Kilometer** *m* Von unserem Haus bis zum Wald sind es 3 Kilometer.
литр *m* Ско́лько сто́ит литр молока́?	**Liter** *m, n* Wieviel kostet ein Liter Milch?
метр *m* На пла́тье ну́жно три ме́тра тка́ни.	**Meter** *m, n* Für ein Kleid braucht man 3 Meter Stoff.
сантиме́тр *m* В ме́тре 100 сантиме́тров.	**Zentimeter** *m* Ein Meter hat 100 Zentimeter.
то́нна *f* Что тяжеле́е: то́нна желе́за или то́нна бума́ги?	**Tonne** *f* Was ist schwerer: eine Tonne Eisen oder eine Tonne Papier?

2.4 Ordnung

2.4.1 ORDNUNG UND EINTEILUNG

«1–2000»

ба́за *f* Для разви́тия нау́ки нужна́ про́чная материа́льная ба́за.	**Basis** *f*, **Grundlage** *f* Für die Entwicklung der Wissenschaft muss man eine stabile materielle Basis schaffen.

вид *m* Каки́м ви́дом спо́рта ты интересу́ешься?	**Art** *f* Für welche Sportart interessierst du dich?
еди́нственный Вы́полни, пожа́луйста, мою́ еди́нственную про́сьбу.	**einzig** Erfülle bitte meine einzige Bitte.
значи́тельный Семья́ ока́зывает значи́тельное влия́ние на ребёнка.	**bedeutend** Die Familie übt einen bedeutenden Einfluss auf das Kind aus.
осно́ва *f* В стране́ со́здана осно́ва для разви́тия промы́шленности.	**Grundlage** *f* Im Land wurde die Grundlage für die Entwicklung der Produktion geschaffen.
основно́й Конститу́ция – основно́й зако́н госуда́рства.	**Haupt-, Grund-** Die Verfassung ist das Grundgesetz eines Staates.
план *m* Друг рассказа́л о свои́х пла́нах на ле́то.	**Plan** *m* Der Freund erzählte über seine Pläne für den Sommer.
поря́док *m* На рабо́чем столе́ отца́ всегда́ поря́док.	**Ordnung** *f* Auf dem Arbeitstisch des Vaters herrscht immer Ordnung.
после́дний Студе́нт пра́вильно отве́тил на после́дний вопро́с.	**letzter** Der Student beantwortete die letzte Frage richtig.
преде́л *m* Всему́ есть преде́л – моему́ терпе́нию то́же.	**Grenze** *f* Alles hat seine Grenzen, meine Geduld auch.
предме́т *m* На столе́ лежа́ли кни́ги, ру́чки и други́е предме́ты.	**Gegenstand** *m* Auf dem Tisch lagen Bücher, Kugelschreiber und andere Gegenstände.
проце́нт *m* Це́ны повы́сились на сто проце́нтов.	**Prozent** *n* Die Preise haben sich um 100 Prozent erhöht.
ряд *m* Мы сиде́ли в теа́тре на пя́том ряду́.	**Reihe** *f* Wir saßen im Theater in der 5. Reihe.
систе́ма *f* Он изуча́ет язы́к по но́вой систе́ме.	**System** *n* Er erlernt die Sprache nach einem neuen System.

сле́дующий	**nächst**
На сле́дующей неде́ле к нам прие́дут го́сти.	In der nächsten Woche kommen Gäste zu uns.
Кто сле́дующий?	Wer ist der Nächste?
специа́льный	**speziell, Spezial-**
На фа́брике изготовля́ют специа́льное стекло́.	In der Fabrik wird Spezialglas hergestellt.
террито́рия *f*	**Territorium** *n*
На террито́рии э́той страны́ име́ется не́сколько часовы́х зон.	Auf dem Territorium dieses Landes gibt es mehrere Zeitzonen.
тип *m*	**Typ** *m*, **Marke** *f*
В сле́дующем году́ бу́дут выпуска́ться самолёты но́вого ти́па.	Im nächsten Jahr werden Flugzeuge eines neuen Typs produziert.
у́ровень *m*	**Niveau** *n*
Жи́зненный у́ровень в э́той стране́ о́чень высо́кий.	Das Lebensniveau ist in diesem Land sehr hoch.
фо́рма *f*	**Form** *f*
Земля́ име́ет фо́рму ша́ра.	Die Erde hat die Form einer Kugel.
часть *f*	**Teil** *m*
Рома́н состои́т из трёх часте́й.	Der Roman besteht aus 3 Teilen.
шту́ка *f*	**Stück** *n*
Ско́лько карандаше́й тебе́ ну́жно? – Пять штук.	Wie viel Bleistifte brauchst du? – Fünf Stück.

«2001–4000»

беспоря́док *m*	**Unordnung** *f*
В ко́мнате был большо́й беспоря́док.	Im Zimmer herrschte große Unordnung.
еди́нство *n*	**Einheit** *f*, **Gemeinsamkeit** *f*
Руководи́тели делега́ций подчеркну́ли еди́нство взгля́дов обе́их сторо́н.	Die Delegationsleiter unterstrichen die Gemeinsamkeit der Auffassungen beider Seiten.
звено́ *n*, **зве́нья** *Pl*	**(Ketten-, Verbindungs-)Glied** *n*
Э́то всё зве́нья одно́й цепи́.	Das alles sind Glieder einer Kette.

зóна *f*	**Zone** *f*
В э́той зóне не растýт ни дерéвья, ни цветы́.	In dieser Zone wachsen weder Blumen noch Bäume.
исключéние *n*	**Ausnahme** *f*
Нет прáвил без исключéния.	Keine Regel ohne Ausnahme.
нормáльно *Adv*	**normal**
Он чýвствует себя́ нормáльно.	Er fühlt sich normal.
нормáльный	**normal**
У Волóди нормáльная температýра.	Wolodja hat normale Temperatur.
обы́чай *m*	**Brauch** *m*
У кáждого нарóда свой обы́чаи.	Jedes Volk hat seine Bräuche.
ограни́чивать/ограни́чить	**beschränken, begrenzen**
Он не лю́бит, когдá ограни́чивают егó свобóду.	Er mag es nicht, wenn man seine Freiheit einschränkt.
остáток *m*	**Rest** *m*
Онá сши́ла дóчери ю́бку из остáтков ткáни.	Sie nähte für ihre Tochter einen Rock aus Stoffresten.
плани́рование *n*	**Planung** *f*
На плани́рование нóвого здáния инженéру потрéбовалось два мéсяца.	Für die Planung des neuen Gebäudes benötigte der Ingenieur 2 Monate.
плани́ровать/распланиро́вать	**planen, vorhaben**
Вéчер он плани́ровал провести́ в ресторáне.	Er hatte vor, den Abend im Restaurant zu verbringen.
прáвило *n*	**Regel** *f*, **Vorschrift** *f*
Граммати́ческие прáвила вы найдёте в концé учéбника.	Grammatische Regeln findet ihr am Ende des Lehrbuches.
противополóжный	**gegenüberliegend**
На противополóжном берегý стоя́ла стáрая цéрковь.	Am gegenüberliegenden Ufer stand eine alte Kirche.
пункт *m*	**Stelle** *f*, **Punkt** *m*
На переговóрах обсуждáли глáвные пýнкты договóра.	Während der Verhandlungen besprach man die Hauptpunkte des Vertrages.
раздéл *m*	**Abschnitt** *m*
Прочитáйте пéрвый раздéл учéбника.	Lest den ersten Abschnitt des Lehrbuches durch.

регуля́рно *Adv*	**regelmäßig**
Он регуля́рно хо́дит в бассе́йн.	Er geht regelmäßig in die Schwimmhalle.
се́рия *f*	**Serie** *f*, **Teil** *m*, **Folge** *f*
Сего́дня ве́чером идёт втора́я се́рия фи́льма.	Heute Abend läuft der zweite Teil des Films.
сорт *m*	**Sorte** *f*
В магази́не бы́ло пять сорто́в конфе́т.	Im Geschäft gab es fünf Sorten Pralinen.
табли́ца *f*	**Tabelle** *f*
Граммати́ческие табли́цы помога́ют при изуче́нии иностра́нного языка́.	Grammatische Tabellen helfen beim Erlernen einer Fremdsprache.
типи́чный	**typisch**
Воро́неж – типи́чный ру́сский го́род.	Woronesch ist eine typische russische Stadt.
тради́ция *f*	**Tradition** *f*
Мно́гие тради́ции люди́ уже́ забы́ли.	Viele Traditionen haben die Menschen bereits vergessen.

2.4.2 ORDNUNGSZAHLEN

«1–2000»

1-ый пе́рвый	**erster**
2-ой второ́й	**zweiter**
3-ий тре́тий	**dritter**
4-ый четвёртый	**vierter**
5-ый пя́тый	**fünfter**
6-ой шесто́й	**sechster**
7-ой седьмо́й	**siebenter**
8-ой восьмо́й	**achter**
9-ый девя́тый	**neunter**
10-ый деся́тый	**zehnter**

«2001–4000»

11-ый оди́ннадцатый	**elfter**
12-ый двена́дцатый	**zwölfter**
13-ый трина́дцатый	**dreizehnter**
14-ый четы́рнадцатый	**vierzehnter**

15-ый пятна́дцатый	**fünfzehnter**
16-ый шестна́дцатый	**sechzehnter**
17-ый семна́дцатый	**siebzehnter**
18-ый восемна́дцатый	**achtzehnter**
19-ый девятна́дцатый	**neunzehnter**
20-ый двадца́тый	**zwanzigster**
во-пе́рвых	**erstens**
во-вторы́х	**zweitens**
в-тре́тьих	**drittens**

2.5 Art und Weise

2.5.1 ADVERBIEN DER ART UND WEISE

«1–2000»

вообще́	**überhaupt**
Он вообще́ не изуча́л иностра́нный язы́к.	Er hat überhaupt keine Fremdsprache gelernt.
ина́че	**anders**
На твоём ме́сте я э́то сде́лала бы ина́че.	An deiner Stelle hätte ich das anders gemacht.
как	**wie**
Как Вы себя́ чу́вствуете?	Wie geht es Ihnen?
осо́бенно	**besonders**
Нам осо́бенно прия́тно уви́деть Вас здесь.	Es ist uns besonders angenehm, Sie hier zu sehen.
постепе́нно	**allmählich**
Он не сра́зу бро́сил кури́ть, а постепе́нно.	Er hat nicht plötzlich aufgehört zu rauchen, sondern allmählich.
споко́йно	**ruhig**
Больно́й спал всю ночь споко́йно.	Der Kranke schlief die ganze Nacht über ruhig.
так	**so**
Де́лай так, как сказа́л оте́ц.	Mach es so, wie der Vater es gesagt hat.
то́лько	**nur, bloß**
Э́то то́лько приме́р.	Das ist bloß ein Beispiel.

2.5.2 ADJEKTIVE UND ADVERBIEN DES GRADES

«1–2000»

вполне́ Де́вочка вполне́ здоро́ва.	**vollkommen, völlig** Das Mädchen ist völlig gesund.
наибо́лее Наибо́лее ча́сто э́то расте́ние встреча́ется в Австра́лии.	**am meisten, besonders** Besonders oft ist diese Pflanze in Australien anzutreffen.
о́чень Фильм был о́чень интере́сным.	**sehr** Der Film war sehr interessant.
похо́жий Брат и сестра́ похо́жи на мать.	**ähnlich** Die Geschwister sehen der Mutter ähnlich.
почти́ Он был в Москве́ почти́ 2 го́да.	**fast** Er war fast zwei Jahre in Moskau.
сли́шком Э́то сли́шком до́рого.	**übermäßig, (all)zu** Das ist zu teuer.
соверше́нно Я говорю́ соверше́нно серьёзно.	**völlig, vollständig, ganz** Ich meine es ganz ernst.
совсе́м К сожале́нию, он совсе́м забы́л неме́цкий.	**ganz, vollkommen** Leider hat er Deutsch vollkommen vergessen.
чуть Скажи́ ещё раз, но чуть гро́мче.	**ein bisschen, ein (klein)wenig** Sage es bitte noch einmal, aber ein bisschen lauter.

«2001–4000»

дово́льно Уже дово́льно по́здно, нам пора́ идти́.	**reichlich, ziemlich** Es ist ziemlich spät, wir müssen gehen.
едва́ В тума́не маши́ны едва́ ви́дны.	**kaum** Im Nebel sind die Autos kaum zu sehen.
е́ле Он е́ле успе́л на по́езд.	**kaum, mit Müh und Not** Mit Müh und Not hat er den Zug geschafft.

зря	**unnütz, umsonst**
Он ждал зря.	Er wartete umsonst.

2.5.3 VERGLEICH

«1–2000»

бóлее *Adv*	**mehr**
Мы ужé проéхали бóлее ста километров.	Wir sind schon mehr als 100 km gefahren.
бóльше *Adv*	**mehr**
Он читáет бóльше, чем его́ брат.	Er liest mehr als sein Bruder.
дáльше *Adv*	**weiter**
Ивано́в пры́гнул дáльше, чем Петро́в.	Iwanow sprang weiter als Petrow.
лу́чше *Adv*	**besser**
Сего́дня больно́й чу́вствует себя́ лу́чше.	Dem Kranken geht es heute besser.
мéнее *Adv*	**weniger**
К вéчеру стáло мéнее жáрко.	Gegen Abend wurde es weniger heiß.
мéньше *Adv*	**weniger**
Об иску́сстве он читáл мéньше своего́ дру́га.	Über die Kunst las er weniger als sein Freund.
отличáться/отличи́ться	**sich unterscheiden**
Дéвушка почти́ ничéм не отличáется от подру́ги.	Das Mädchen unterscheidet sich fast nicht von seiner Freundin.
подо́бный	**ähnlich**
Подо́бные задáчи ученики́ ужé решáли.	Ähnliche Aufgaben haben die Schüler schon gelöst.
различ́ный	**unterschiedlich**
У брáтьев совсéм различ́ные харáктеры.	Die Brüder haben ganz unterschiedliche Charaktere.
разнообрáзный	**verschieden(artig), unterschiedlich**
У него разнообрáзные интерéсы.	Er ist vielseitig interessiert.

ра́зный У дете́й ра́зные вку́сы.	**verschieden** Kinder haben verschiedenen Geschmack.
ра́вный Маши́ны е́хали с ра́вной ско́ростью.	**gleich** Die Autos fuhren mit gleicher Geschwindigkeit.
то́же *Adv* Мы то́же зако́нчили рабо́ту.	**auch** Wir haben auch die Arbeit beendet.

«2001–5000»

вдво́е *Adv* Сейча́с мы пла́тим за во́ду вдво́е бо́льше, чем ра́ньше.	**doppelt, zweimal** Heute zahlen wir für das Wasser doppelt so viel wie früher.
намно́го *Adv* Ка́чество проду́кции намно́го улу́чшилось.	**um vieles, bedeutend** Die Qualität der Erzeugnisse hat sich bedeutend verbessert.
одина́ково *Adv* Брат и сестра́ бы́ли оде́ты одина́ково.	**gleich** Die Geschwister hatten gleiche Kleidung.
одина́ковый О́ба ма́льчика бы́ли одина́кового ро́ста.	**gleich, identisch** Beide Jungs waren gleich groß.
ра́венство *n* Ло́зунг Вели́кой Францу́зской револю́ции: «Свобо́да, ра́венство, бра́тство!»	**Gleichheit** *f* Die Losung der Französischen Revolution lautete „Freiheit, Gleichheit, Brüderlichkeit".
различа́ть/различи́ть Больно́й не мо́жет различа́ть цвета́.	**unterscheiden** Der Kranke kann Farben nicht unterscheiden.
ра́зница *f* Они́ пожени́лись, несмотря́ на большу́ю ра́зницу в во́зрасте.	**Unterschied** *m* Sie haben trotz des großen Altersunterschiedes geheiratet.
свы́ше В за́ле бы́ло свы́ше ты́сячи челове́к.	**mehr als** Im Saal waren mehr als 1000 Menschen.
сравне́ние *n* По сравне́нию с про́шлым го́дом он о́чень измени́лся.	**Vergleich** *m* Im Vergleich zum vorigen Jahr hat er sich sehr verändert.

сра́внивать/сравни́ть Учи́тель сравни́л два перево́да.	**vergleichen** Der Lehrer verglich zwei Übersetzungen.
ху́же Вчера́ у него́ бы́ло плохо́е настрое́ние, а сего́дня – ещё ху́же.	**schlechter** Gestern hatte er schlechte Laune, heute ist sie noch schlechter.

2.6 Farben

«1–2000»

бе́лый Бе́лое пла́тье ей идёт.	**weiß** Das weiße Kleid steht ihr.
голубо́й Смотри́, како́е сего́дня голубо́е не́бо!	**(hell-)blau** Schau, wie blau heute der Himmel ist!
жёлтый Жёлтый цвет тебе́ не идёт.	**gelb** Gelb steht dir nicht.
зелёный Она́ не лю́бит зелёный цвет.	**grün** Sie mag Grün nicht.
кра́сный На де́вушке бы́ло дли́нное кра́сное пла́тье.	**rot** Das Mädchen hatte ein langes rotes Kleid an.
све́тлый У её до́чери дли́нные све́тлые во́лосы.	**hell** Ihre Tochter hat langes helles Haar.
се́рый Не́бо о́сенью почти́ всегда́ се́рое.	**grau** Der Himmel im Herbst ist fast immer grau.
си́ний На ней был элега́нтный си́ний костю́м.	**(dunkel-)blau** Sie hatte ein elegantes blaues Kostüm an.
тёмный К э́той све́тлой блу́зке подойдёт тёмная ю́бка.	**dunkel** Zu dieser hellen Bluse passt ein dunkler Rock.
цвет *m* Назови́те Ваш люби́мый цвет.	**Farbe** *f* Nennen Sie Ihre Lieblingsfarbe.
чёрный Сестра́ сши́ла себе́ чёрное пла́тье.	**schwarz** Die Schwester nähte sich ein schwarzes Kleid.

я́ркий — **grell, hell**

Из э́той я́ркой тка́ни мо́жно сшить ле́тнее пла́тье. — Aus diesem hellen Stoff kann man ein Sommerkleid nähen.

«2001–4000»

а́лый — **purpurrot, hochrot**

В саду́ цвету́т а́лые ро́зы. — Im Garten blühen purpurrote Rosen.

бле́дный — **bleich, blass**

Почему́ у тебя́ така́я бле́дная ко́жа? — Warum ist deine Haut so blass?

кори́чневый — **braun**

Я купи́ла себе́ кори́чневую ко́фту. — Ich kaufte mir eine braune Jacke.

кра́ска *f* — **Farbe** *f*

Ему́ нужна́ бе́лая кра́ска для стен. — Er braucht weiße Farbe für die Wände.

ора́нжевый — **orange, orangefarben**

На де́реве висе́ли ора́нжевые фру́кты. — Am Baum hingen orangefarbene Früchte.

пёстрый — **bunt**

На полу́ лежа́л пёстрый ковёр. — Auf dem Fußboden lag ein bunter Teppich.

ро́зовый — **rosa**

В э́том сезо́не мо́ден ро́зовый цвет. — In dieser Saison ist Rosa modern.

2.7 Formen

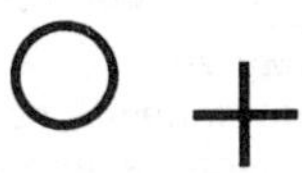

«1–2000»

круг *m* — **Kreis** *m*

Учи́тель нарисова́л на доске́ круг. — Der Lehrer zog einen Kreis an der Tafel.

кру́глый — **rund**

В ко́мнате стои́т кру́глый стол. — Im Zimmer steht ein runder Tisch.

куб *m* — **Kubus** *m*, **Würfel** *m*

На уро́ке ученики́ рисова́ли куб. — Im Unterricht zeichneten die Schüler einen Würfel.

треуго́льник *m* Начерти́те треуго́льник с ра́вными сторона́ми.	**Dreieck** *n* Zeichnet ein gleichseitiges Dreieck!
у́гол *m* Учи́тель показа́л, как на́до изме́рить у́гол.	**Winkel** *m* Der Lehrer zeigte, wie ein Winkel gemessen wird.
шар *m* Как мо́жно вы́числить объём ша́ра?	**Kugel** *f* Wie kann man das Volumen einer Kugel ausrechnen?

2.8 Ursache, Wirkung, Ziel und Zweck

«1–2000»

зави́сеть Урожа́й фру́ктов зави́сит от пого́ды.	**abhängen** Die Obsternte hängt vom Wetter ab.
заче́м *Adv* Заче́м ты взял мой но́жницы?	**wozu** Wozu hast du meine Schere genommen?
из-за Из-за плохо́й пого́ды мы не пошли́ в лес.	**wegen** Wegen des schlechten Wetters gingen wir nicht in den Wald.
потому́ *Adv* У меня́ нет вре́мени, потому́ я не могу́ к тебе́ прийти́.	**deshalb** Ich habe keine Zeit, deshalb kann ich nicht zu dir kommen.
почему́ *Adv* Ты не зна́ешь, почему́ он не́ был вчера́ в шко́ле?	**warum** Weißt du nicht, warum er gestern nicht in der Schule war?
по́этому *Adv* Он заболе́л, по́этому он сего́дня не пойдёт в кино́.	**deshalb, deswegen** Er ist krank, deshalb geht er heute nicht ins Kino.
причи́на *f* Причи́на ава́рии самолёта пока́ не изве́стна.	**Ursache** *f* Die Ursache der Flugzeughavarie ist noch nicht bekannt.
ра́ди Ра́ди дру́га он гото́в сде́лать всё.	**für, um ... willen** Er ist bereit, alles für den Freund zu tun.

результа́т *m* — **Resultat** *n*, **Ergebnis** *n*
Результа́ты вы́боров президе́нта мы узна́ем по́здно ве́чером. — Die Ergebnisse der Präsidentschaftswahl erfahren wir am späten Abend.

сле́довательно *Adv* — **folglich, also**
Пого́да плоха́я, сле́довательно они́ не пошли́ гуля́ть. — Das Wetter ist schlecht, also sind sie nicht spazieren gegangen.

сре́дство *n* — **Mittel** *n*
Цель опра́вдывает сре́дства. — Der Zweck heiligt die Mittel.

цель *f* — **Ziel** *n*
Цель его́ жи́зни – стать хоро́шим врачо́м. — Sein Lebensziel ist es, ein guter Arzt zu werden.

«2001–4000»

благодаря́ — **dank**
Благодаря́ отцу́ ма́льчик ра́но на́чал интересова́ться фи́зикой. — Dank des Vaters begann der Junge frühzeitig, sich für Physik zu interessieren.

вследствие — **infolge**
Самолёты опа́здывали вследствие си́льного тума́на. — Die Flugzeuge verspäteten sich infolge des starken Nebels.

по́вод *m* — **Anlass** *m*
Конфли́кт на грани́це был по́водом для нача́ла войны́. — Der Grenzkonflikt diente als Anlass für den Beginn des Krieges.

приводи́ть/привести́ — **führen**
Э́тот спор мо́жет привести́ к серьёзному конфли́кту. — Dieser Streit kann zu einem ernsthaften Konflikt führen.

сле́дствие *n* — **Folge** *f*
Боле́знь была́ сле́дствием просту́ды. — Die Krankheit war die Folge einer Erkältung.

2.9 Zustand und Veränderung

«1–2000»

быть Он был о́пытным врачо́м. Сего́дня я це́лый день до́ма, а за́втра бу́ду це́лый день в шко́ле.	**sein** Er war ein erfahrener Arzt. Heute bin ich den ganzen Tag zu Hause, und morgen werde ich den ganzen Tag in der Schule sein.
возника́ть/возни́кнуть У меня́ возни́кли но́вые сомне́ния.	**entstehen** Mir kamen neue Zweifel.
де́латься Разгово́р де́лается всё бо́лее интере́сным.	**werden** Das Gespräch wird immer interessanter.
достига́ть/дости́чь К ве́черу они́ дости́гли го́рода.	**erreichen** Gegen Abend erreichten sie die Stadt.
измене́ние *n* В жи́зни люде́й произошли́ глубо́кие измене́ния.	**Veränderung** *f* Im Leben der Menschen vollzogen sich tief greifende Veränderungen.
ока́зываться/оказа́ться Всё оказа́лось оши́бкой. Как ты здесь оказа́лся?	**sich herausstellen; (hin)geraten** Alles erwies sich als ein Irrtum. Wie bist du hierher geraten?
перестава́ть/переста́ть К ве́черу дождь переста́л.	**aufhören** Gegen Abend hörte der Regen auf.
положе́ние *n* Делега́ция знако́мится с положе́нием же́нщин в Росси́и.	**Lage** *f*, **Situation** *f* Die Delegation macht sich mit der Situation der Frauen in Russland bekannt.
получа́ться/получи́ться Сни́мок получи́лся хоро́ший.	**sich ergeben, werden** Die Aufnahme ist schön geworden.
происходи́ть/произойти́ Э́то произошло́ три го́да наза́д.	**geschehen, sich ereignen** Es geschah vor drei Jahren.
пропада́ть/пропа́сть Неда́вно пропа́ла соба́ка сосе́да.	**verschwinden** Vor kurzem verschwand der Hund des Nachbarn.

разви́тие *n* Докла́дчик говори́л о разви́тии электро́ники.	**Entwicklung** *f* Der Redner sprach über die Entwicklung der Elektronik.
состоя́ние *n* Состоя́ние здоро́вья больно́го улу́чшилось.	**Zustand** *m* Der Gesundheitszustand des Kranken hat sich gebessert.
состоя́ть Семья́ состои́т из четырёх челове́к.	**bestehen** Unsere Familie besteht aus vier Personen.
станови́ться/стать Дни стано́вятся коро́че. Он стал учи́телем.	**werden** Die Tage werden kürzer. Er wurde Lehrer.
существова́ть Жизнь на Земле́ существу́ет мно́го миллио́нов лет.	**existieren** Seit vielen Millionen Jahren existiert Leben auf der Erde.
явля́ться/яви́ться Рожде́ние ребёнка яви́лось больши́м собы́тием в семье́.	**sein** Die Geburt des Kindes war ein großes Familienereignis.

«2001–4000»

изменя́ться/измени́ться Хара́ктер его́ о́чень измени́лся.	**sich verändern** Sein Charakter hat sich sehr verändert.
лома́ться/слома́ться Игру́шки бы́стро лома́ются.	**kaputtgehen** Die Spielsachen gehen schnell kaputt.
отстава́ть/отста́ть Студе́нт боле́л и отста́л в учёбе.	**zurückbleiben** Der Student war krank und ist im Studium zurückgeblieben.
повыша́ть/повы́сить Учителя́м повы́сили зарпла́ту.	**erhöhen** Den Lehrern wurden die Gehälter erhöht.
превраща́ть/преврати́ть Боле́знь преврати́ла его́ в старика́.	**verwandeln** Die Krankheit verwandelte ihn in einen alten Mann.
превраща́ться/преврати́ться Пусты́ня преврати́лась в цвету́щий сад.	**sich verwandeln** Die Wüste verwandelte sich in einen blühenden Garten.

прогре́сс *m* В статье́ шла речь об обще́ственном прогре́ссе.	**Fortschritt** *m* Im Artikel ging es um den gesellschaftlichen Fortschritt.
прогресси́вный У э́того поли́тика прогресси́вные взгля́ды на роль же́нщины в о́бществе.	**fortschrittlich** Dieser Politiker hat eine fortschrittliche Meinung über die Rolle der Frau in der Gesellschaft.
разбива́ться/разби́ться Ча́шка упа́ла на́ пол и разби́лась.	**zerbrechen** Die Tasse fiel zu Boden und zerbrach.
развива́ть/разви́ть Сле́дует развива́ть у ребёнка интере́с к му́зыке.	**entwickeln** Man muss beim Kind das Interesse für Musik entwickeln.
увели́чивать/увели́чить Террито́рию па́рка увели́чили.	**vergrößern, vermehren** Die Parkfläche wurde vergrößert.
удава́ться/уда́ться Нам не удало́сь уе́хать.	**gelingen** Es gelang uns nicht, wegzufahren.
уменьша́ть/уме́ньшить Необходи́мо уме́ньшить вое́нные расхо́ды.	**verkleinern, verringern** Man muss die Militärausgaben verringern.

3 STRUKTURWÖRTER

3.1 Pronomen

3.1.1 PERSONALPRONOMEN

«1–2000»

я *(Nom.)* Я рабо́таю учи́тельницей хи́мии.	**ich** Ich bin Chemielehrerin.
меня́ *(Gen.)* За́втра меня́ до́ма не бу́дет.	**(meiner)** Morgen bin ich nicht zu Hause.
мне *(Dat.)* Да́йте мне, пожа́луйста, буты́лку пи́ва.	**mir** Geben Sie mir bitte eine Flasche Bier.

меня́ *(Akk.)* Э́то меня́ не интересу́ет.	**mich** Das interessiert mich nicht.
мной *(Instr.)* Ты пойдёшь со мной в кино́?	**(mit) mir** Gehst du mit mir ins Kino?
(обо) мне *(Präpos.)* Не беспоко́йся обо мне́, пожа́луйста.	**(über) mich** Mach dir bitte um mich keine Sorgen.
ты *(Nom.)* Ты уже́ ви́дел э́тот фильм?	**du** Hast du diesen Film schon gesehen?
тебя́ *(Gen.)* У тебя́ есть учё́бник хи́мии?	**(deiner)** Hast du das Chemielehrbuch?
тебе́ *(Dat.)* Тебе́ звони́л твой брат.	**dir** Dein Bruder hat dich angerufen.
тебя́ *(Akk.)* Мы поздравля́ем тебя́ с днём рожде́ния.	**dich** Wir gratulieren dir zum Geburtstag.
тобо́й *(Instr.)* Учи́тель тобо́й дово́лен.	**(mit) dir** Der Lehrer ist mit dir zufrieden.
(о) тебе́ *(Präpos.)* Твой друг мно́го расска́зывал нам о тебе́.	**(über) dich** Dein Freund hat uns viel über dich erzählt.
он *(Nom.)* Он прие́хал вчера́ у́тром.	**er** Er ist gestern früh angekommen.
его́ *(Gen.)* Де́вочка его́ бои́тся.	**(seiner)** Das Mädchen hat Angst vor ihm.
ему́ *(Dat.)* Ма́ма дала́ ему́ конфе́ту.	**ihm** Die Mutter gab ihm ein Bonbon.
его́ *(Akk.)* Мы ви́дим его́ в пе́рвый раз.	**ihn** Wir sehen ihn zum ersten Mal.
им *(Instr.)* Роди́тели гордя́тся им.	**(mit) ihm** Die Eltern sind stolz auf ihn.
(о) нём *(Präpos.)* Все уже́ забы́ли о нём.	**(über) ihn** Alle haben ihn schon vergessen.
она́ *(Nom.)* Она́ не зна́ет, кто звони́л.	**sie** Sie weiß nicht, wer angerufen hat.

её *(Gen.)* Не звони́ ей, её нет до́ма.	**(ihrer)** Ruf sie nicht an, sie ist nicht zu Hause.
ей *(Dat.)* Ей показа́ли краси́вое пла́тье.	**ihr** Man zeigte ihr ein schönes Kleid.
её *(Akk.)* Её ви́дели вчера́ в теа́тре.	**sie** Sie wurde gestern im Theater gesehen.
ей *(Instr.)* Он прие́хал одновре́менно с ней.	**(mit) ihr** Er kam gleichzeitig mit ihr an.
(о) ней *(Präpos.)* Не говори́ о ней пло́хо!	**(über) sie** Sprich nicht schlecht über sie!
оно́ *(Nom.)* Оно́ тебе́ о́чень идёт.	**es** Es steht dir sehr gut.
его́ *(Gen.)* Ми́мо него́ прое́хала маши́на.	**(seiner)** Ein Auto fuhr an ihm vorbei.
ему́ *(Dat.)* Ему́ да́ли воды́.	**ihm** Man gab ihm Wasser.
его́ *(Akk.)* Ма́льчик ча́сто его́ рису́ет.	**es** Der Junge malt es oft.
им *(Instr.)* Пе́ред ним лежа́л мяч.	**(mit) ihm** Vor ihm lag ein Ball.
(о) нём *(Präpos.)* Ученики́ писа́ли о нём.	**(über) es** Die Schüler schrieben über es (darüber).
мы *(Nom.)* Мы вчера́ бы́ли в рестора́не.	**wir** Gestern waren wir im Restaurant.
нас *(Gen.)* У нас но́вая учи́тельница фи́зики.	**(unser)** Wir haben eine neue Physiklehrerin.
нам *(Dat.)* К нам пришла́ ба́бушка.	**uns** Die Großmutter kam zu uns.
нас *(Akk.)* На вокза́ле нас встре́тил ста́рый друг.	**uns** Ein alter Freund holte uns vom Bahnhof ab.
на́ми *(Instr.)* Над на́ми лета́л вертолёт.	**(mit) uns** Über uns flog ein Hubschrauber.

(о) нас *(Präpos.)* Что вам рассказáли о нас?	**(über) uns** Was hat man euch über uns erzählt?
вы *(Nom.)* Вы ужé бы́ли в Амéрике?	**ihr** Wart ihr schon in Amerika?
вас *(Gen.)* Мне сказáли, что у вас есть собáка.	**(euer)** Man sagte mir, dass ihr einen Hund habt.
вам *(Dat.)* Я дам вам áдрес учи́тельницы.	**euch** Ich gebe euch die Adresse der Lehrerin.
вас *(Akk.)* Я приглашáю вас на день рождéния.	**euch** Ich lade euch zum Geburtstag ein.
вáми *(Instr.)* С вáми хотéла поговори́ть моя́ женá.	**(mit) euch** Meine Frau möchte mit euch sprechen.
(о) вас *(Präpos.)* Мы слы́шали о вас тóлько хорóшее.	**(über) euch** Wir haben über euch nur Gutes gehört.
они́ *(Nom.)* Они́ приéдут к нам в воскресéнье.	**sie** Sie kommen am Sonntag zu uns.
их *(Gen.)* Их давнó нé было в шкóле.	**(ihrer)** Sie waren lange nicht in der Schule.
им *(Dat.)* Им подари́ли мнóго книг.	**ihnen** Man schenkte ihnen viele Bücher.
их *(Akk.)* Их интересýет матемáтика.	**sie** Die Mathematik interessiert sie.
и́ми *(Instr.)* Мéжду ни́ми произошлá ссóра.	**(mit) ihnen** Es gab zwischen ihnen einen Streit.
(о) них *(Präpos.)* Мать забóтится о них.	**(über) sie** Die Mutter sorgt sich um sie.
Вы *(Nom.)* Что Вы скажи́те по э́тому пóводу?	**Sie** Was sagen Sie dazu?
Вас *(Gen.)* Дéти Вас боя́тся.	**(Ihrer)** Die Kinder haben vor Ihnen Angst.

Вам *(Dat.)* Посыла́ю Вам фотогра́фии мои́х дете́й.	**Ihnen** Ich schicke Ihnen Bilder von meinen Kindern.
Вас *(Akk.)* Я люблю́ Вас.	**Sie** Ich liebe Sie.
Ва́ми *(Instr.)* С Ва́ми хо́чет поговори́ть дире́ктор.	**(mit) Ihnen** Der Direktor möchte mit Ihnen sprechen.
(о) Вас *(Präpos.)* О Вас спра́шивали ученики́.	**(über) Sie** Die Schüler haben nach Ihnen gefragt.

3.1.2 POSSESSIVPRONOMEN

«1–2000»

мой, моя́, моё, мои́ За́втра прие́дет мой оте́ц. Э́то моя́ кни́га. Я потеря́ла мою́ су́мку. Где мои́ чёрные ту́фли?	**mein(e)** Morgen kommt mein Vater. Das ist mein Buch. Ich habe meine Tasche verloren. Wo sind meine schwarzen Schuhe?
твой, твоя́, твоё, твои́	**dein(e)**
его́ Его́ портфе́ль лежи́т на столе́.	**sein(e)** Seine Aktentasche liegt auf dem Tisch.
её Её пла́тье виси́т в шкафу́.	**ihr(e)** Ihr Kleid hängt im Schrank.
наш, на́ша, на́ше, на́ши Наш ребёнок ещё ма́ленький. На́ша Та́ня гро́мко пла́чет. На́ше общежи́тие неда́вно отремонти́ровали. На́ши де́ти уже́ око́нчили шко́лу.	**unser(e)** Unser Kind ist noch klein. Unsere Tanja weint laut. Unser Wohnheim wurde vor kurzem renoviert. Unsere Kinder haben schon die Schule beendet.
ваш, ва́ша, ва́ше, ва́ши	**euer, eure**
их Их сын рабо́тает врачо́м. Их де́ти уже́ взро́слые.	**ihr(e)** Ihr Sohn ist Arzt. Ihre Kinder sind schon erwachsen.

свóй, своя́, своё, свои́ Он не вéрил свои́м глазáм.	**sein(e), ihr(e)** Er traute seinen Augen nicht.

3.1.3 DEMONSTRATIVPRONOMEN

«1–2000»

такóй, такáя, такóе, таки́е Такóй учёбник нам всем нýжен.	**solch ein(e)** Solch ein Lehrbuch brauchen wir.
тот, та, то, те В э́том дóме живý я, а в том – мои́ роди́тели.	**jener, jene, jenes, jene** In diesem Haus wohne ich, und in jenem wohnen meine Eltern.
э́тот, э́та, э́то, э́ти Э́тот фильм мы ужé видели.	**dieser, diese, dieses, diese** Diesen Film haben wir schon gesehen.

3.1.4 INTERROGATIVPRONOMEN

«1–2000»

какóй, какáя, какóе, каки́е Какóй цвет тебé нрáвится?	**welcher, welche, welches, welche** Welche Farbe gefällt dir?
котóрый, котóрая, котóрое, котóрые С котóрым студéнтом Вы вчерá говори́ли?	**welcher, welche, welches, welche** Mit welchem Studenten haben Sie gestern gesprochen?
кто Кто мне вчерá звони́л? Комý ты пи́шешь пи́сьма?	**wer** Wer hat mich gestern angerufen? Wem schreibst du Briefe?
скóлько Скóлько ученикóв бы́ло вчерá в клáссе?	**wie viel** Wie viel Schüler waren gestern in der Klasse?
что Что ты сказáл?	**was** Was hast du gesagt?

3.1.5 RELATIVPRONOMEN

«1–2000»

какóй У неё такóй гóлос, какóго я ещё никогдá не слы́шал.	**solch ein** Sie hat solch eine Stimme, wie ich sie noch nie gehört habe.

кото́рый Я ви́дел студе́нта, кото́рый е́дет в Москву́.	**der** Ich sah den Studenten, der nach Moskau fährt.
те, кто Те, кто принесли́ словари́, подними́те ру́ку.	**diejenigen, welche** Diejenigen, welche die Wörterbücher mithaben, heben die Hand.
тот, кто Тот, кто выступа́л на собра́нии, уже́ ушёл.	**derjenige, der** Derjenige, der auf der Versammlung sprach, ist bereits weggegangen.
что В до́ме, что стоя́л в лесу́, жила́ ба́бушка.	**das** Im Haus, das im Wald stand, lebte die Großmutter.

3.1.6 INDEFINITPRONOMEN

«1–2000»

друго́й Мне нужна́ друга́я кни́га.	**andere(r)** Ich brauche ein anderes Buch.
кто́-то К Вам кто́-то пришёл.	**jemand** Jemand ist zu Ihnen gekommen.
не́который Прошло́ не́которое вре́мя.	**ein gewisser** Eine gewisse Zeit verging.
что́-нибудь Расскажи́ мне что́-нибудь о себе́.	**irgendetwas** Erzähl mir etwas über dich.
что́-то Мне ка́жется, он что́-то зна́ет, но не говори́т.	**etwas** Ich glaube, er weiß etwas, aber sagt es bloß nicht.

«2001–4000»

како́й-нибудь Дай мне како́й-нибудь каранда́ш.	**irgendein** Gib mir irgendeinen Bleistift.
како́й-то Тебя́ спра́шивал како́й-то мужчи́на.	**ein (gewisser)** Ein Mann fragte nach dir.

кто́-нибудь Мне кто́-нибудь звони́л?	**irgendjemand** Hat mich irgendjemand angerufen?
че́й-нибудь Да ты мо́жешь взять че́й-нибудь уче́бник.	**irgendjemandes** Du kannst ja von irgendjemandem das Lehrbuch nehmen.
че́й-то На столе́ лежа́л че́й-то слова́рь.	**jemandes, von irgendjemandem** Auf dem Tisch lag ein Wörterbuch von irgendjemandem.

3.1.7 NEGATIVPRONOMEN

«1–2000»

никако́й У него́ нет никаки́х книг по исто́рии.	**kein, keinerlei** Er hat keine Geschichtsbücher.
никто́ Никто́ не зна́ет, куда́ ушла́ Ма́ша.	**keiner** Keiner weiß, wohin Mascha ging.
ниче́й Э́то чья соба́ка? – Ничья́.	**niemandem gehörig, herrenlos** Wessen Hund ist das? – Der Hund ist herrenlos.
ничто́ Ни литерату́ра, ни нау́ка – ничто́ его́ не интересова́ло.	**nichts** Weder Literatur noch Wissenschaft – nichts interessierte ihn.

3.1.8 DEFINITPRONOMEN

«1–2000»

весь Весь день он чита́л рома́н.	**all(er), ganz** Den ganzen Tag über las er einen Roman.
ка́ждый Ка́ждый челове́к до́лжен э́то знать.	**jeder** Jeder Mensch muss es wissen.
любо́й Ты мо́жешь узна́ть э́то из любо́го уче́бника.	**beliebige(r)** Das kannst du aus jedem beliebigen Buch erfahren.

сам	**selbst, selber**
Оте́ц сам был на собра́нии.	Der Vater selbst war in der Versammlung.
це́лый	**ganz**
Я ждал тебя́ це́лый день.	Ich habe den ganzen Tag auf dich gewartet.

3.1.9 REFLEXIVPRONOMEN

себя́	**sich (selbst)**
Он купи́л себе́ пальто́. Мы горди́мся собо́й.	Er kaufte sich einen Mantel. Wir sind stolz auf uns.

3.2 Präpositionen

(Siehe auch ZEIT 2.1.6.5, RÄUMLICHE BEGRIFFE 2.2.4, URSACHE, WIRKUNG, ZIEL UND ZWECK 2.8)

«1–2000»

без	**ohne**
Я не могу́ без тебя́ жить.	Ohne dich kann ich nicht leben.
для	**für**
Для кого́ ты пригото́вил э́тот пода́рок?	Für wen hast du dieses Geschenk vorbereitet?
за	**für**
Я благодарю́ тебя́ за кни́гу.	Ich danke dir für das Buch.
к	**zu; auf**
К нам прие́хала на́ша тётя из Ки́ева. Студе́нт гото́вился к экза́менам.	Zu uns kam unsere Tante aus Kiew. Der Student bereitete sich auf die Prüfungen vor.
о	**über; von**
Они́ дискути́ровали о смы́сле жи́зни. Мы давно́ ничего́ не слы́шали о М.	Sie diskutierten über den Sinn des Lebens. Wir haben schon lange nichts von M. gehört.
от	**gegen; vor**
Врач вы́писал мне табле́тки от головно́й бо́ли. Он пла́кал от ра́дости.	Der Arzt verschrieb mir Tabletten gegen Kopfschmerzen. Er weinte vor Freude.

при	**bei, an; in; unter, zur Zeit**
При до́ме есть сад.	Am Haus ist ein Garten.
Э́то произошло́ при Петре́ Пе́рвом.	Das geschah zur Zeit Peter I.
с	**mit**
Об э́том я уже́ говори́ла с мои́м знако́мым.	Darüber habe ich schon mit meinem Bekannten gesprochen.
среди́	**unter**
Среди́ них мно́го спортсме́нов.	Unter ihnen gibt es viele Sportler.
у	**bei**
Он живёт у свои́х роди́телей.	Er wohnt bei seinen Eltern.

«2001–4000»

вдоль	**entlang**
Дере́вья мы посади́ли вдоль доро́ги.	Wir pflanzten Bäume entlang des Weges.
вме́сто	**statt**
Я взяла́ чужу́ю кни́гу вме́сто свое́й.	Ich nahm statt meines ein fremdes Buch.
внутри́	**innerhalb, inmitten**
Коми́ссия находи́лась внутри́ зда́ния.	Die Kommission befand sich innerhalb des Gebäudes.
во́зле	**neben**
Во́зле до́ма росло́ большо́е де́рево.	Neben dem Haus wuchs ein großer Baum.
вокру́г	**um ... herum**
Вокру́г де́рева бе́гали де́ти.	Um den Baum herum liefen Kinder.
из-за	**wegen**
Из-за тебя́ я опозда́ла на по́езд.	Deinetwegen habe ich den Zug verpasst.
кро́ме	**außer**
В ко́мнате, кро́ме стола́, ничего́ не́ было.	Im Zimmer war nichts außer einem Tisch.
несмотря́ на	**trotz**
Мой друг пришёл ко мне, несмотря́ на плоху́ю пого́ду.	Trotz schlechten Wetters kam mein Freund zu mir.

3.3 Konjunktionen

(Siehe auch URSACHE, WIRKUNG, ZIEL UND ZWECK 2.8)

«1–2000»

е́сли Е́сли ты пойдёшь в магази́н, купи́, пожа́луйста, хле́ба.	**falls** Falls du in den Laden gehst, kauf bitte Brot.
и Де́ти у́чатся чита́ть и писа́ть.	**und** Die Kinder lernen lesen und schreiben.
и́ли Э́то твоя́ сестра́ и́ли твоя́ подру́га?	**oder** Ist das deine Schwester oder deine Freundin?
лишь Отсу́тствует лишь оди́н учени́к.	**nur** Es fehlt nur ein Schüler.
но Ребёнок здоро́в, но бле́ден.	**aber** Das Kind ist gesund, aber blass.
одна́ко Он спеши́л, одна́ко опозда́л.	**jedoch, aber** Er hat sich beeilt, kam aber zu spät.
потому́ что Оте́ц не мо́жет прие́хать, потому́ что он о́чень за́нят.	**weil** Der Vater kann nicht kommen, weil er viel zu tun hat.
та́кже Об э́той пробле́ме говори́л та́кже профе́ссор Т.	**auch, ebenfalls** Über dieses Problem sprach auch Professor T.
то Е́сли я успе́ю, то приду́.	**wenn ..., dann** Wenn ich es schaffe, dann komme ich.
хотя́ Она́ продолжа́ла рабо́тать, хотя́ о́чень уста́ла.	**obwohl** Sie arbeitete weiter, obwohl sie sehr müde war.
что́бы Я позвоню́ Вам, что́бы узна́ть вре́мя встре́чи.	**um** Ich rufe Sie an, um die Zeit des Treffens zu erfahren.

«2001–4000»

бу́дто Сего́дня тепло́, бу́дто ле́том.	**als ob** Heute ist es so warm, als ob Sommer wäre.

и́ли ... и́ли — **entweder ..., oder**
И́ли ты замолчи́шь, и́ли я уйду́. — Entweder hörst du auf zu sprechen oder ich gehe.

зато́ — **dafür**
Костю́м дорого́й, зато́ о́чень элега́нтный. — Der Anzug ist teuer, dafür aber sehr elegant.

ли́бо — **oder**
Ве́чером он ли́бо чита́л, ли́бо смотре́л телеви́зор. — Am Abend las er oder sah fern.

3.4 Partikeln

«1–2000»

бы — *bildet mit Prät. den Konjunktiv*
Он охо́тно пое́хал бы в Росси́ю. — Er würde gern nach Russland fahren.

ведь — **ja, doch**
Ведь я не спо́рю! — Ich streite ja gar nicht!

вот — **hier, jetzt**
Вот где он живёт. — Hier wohnt er.

же, ж — **aber, jedoch, doch**
Ну, чита́й же! — Nun lies doch!

и́менно — **gerade, ausgerechnet**
Ма́ме нужна́ и́менно э́та газе́та. — Die Mutter braucht gerade diese Zeitung.

ли, ль — **auch, ob**
Он спроси́л, ви́дела ли я Па́вла. — Er fragte, ob ich Pawel gesehen hätte.

не — **nicht** *(Verneinungspartikel)*
Она́ его́ не лю́бит. — Sie liebt ihn nicht.

ни — **kein**
Стари́к не сказа́л бо́льше ни еди́ного сло́ва. — Der Alte sagte kein einziges Wort mehr.

ну — **nun! los!**
Ну, расска́зывай, где ты был. — Nun erzähle, wo du warst.

пусть	**nun gut, auch recht** *(mit Verben in der 3. Pers. bezeichnet es Erlaubnis, Einverständnis oder Befehl)*
Скажи́те Петру́, пусть подождёт.	Sagen Sie Peter, er mag warten.
Ну пусть, я согла́сен.	Nun gut, ich bin einverstanden.
ра́зве	**etwa, denn**
Ра́зве ты не чита́л э́ту кни́гу?	Hast du etwa dieses Buch nicht gelesen?

4 UNREGELMÄSSIGE VERBFORMEN

4.1 Die wichtigsten unregelmäßigen Verben

(1) бежа́ть *(ipf.)*
Präs.: бегу́, бежи́шь, бежи́т, бежи́м, бежи́те, бегу́т
Prät.: бежа́л, бежа́ла, бежа́ли
Imp.: беги́(-те)!

(2) бить *(ipf.)*
Präs.: бью, бьёшь, бьёт, бьём, бьёте, бьют
Prät.: бил, би́ла, би́ли
Imp.: бе́й(-те)!

(3) брать *(ipf.)*
Präs.: беру́, берёшь, берёт, берём, берёте, беру́т
Prät.: брал, брала́, бра́ли
Imp.: бери́(-те)!

(4) брить *(ipf.)*
Präs.: бре́ю, бре́ешь, бре́ет, бре́ем, бре́ете, бре́ют
Prät.: брил, бри́ла, бри́ли
Imp.: бре́й(-те)!

(5) взять *(pf.)*
Fut.: возьму́, возьмёшь, возьмёт, возьмём, возьмёте, возьму́т
Prät.: взял, взяла́, взя́ли
Imp.: возьми́(-те)!

(6) дава́ть *(ipf.)*
Präs.: даю́, даёшь, даёт, даём, даёте, даю́т
Prät.: дава́л, дава́ла, дава́ли
Imp.: дава́й(-те)!

(7) дать *(pf.)*
Fut.: дам, дашь, даст, дади́м, дади́те, даду́т
Prät.: дал, дала́, да́ли
Imp.: да́й(-те)!

(8) дости́гнуть *(pf.)*
Fut.: дости́гну, дости́гнешь, дости́гнет, дости́гнем, дости́гнете дости́гнут
Prät.: дости́г, дости́гла, дости́гли
Imp.: дости́гни(-те)!

(9) есть *(ipf.)*
Präs.: ем, ешь, ест, еди́м, еди́те, едя́т
Prät.: ел, е́ла, е́ли
Imp.: е́шь(-те)!

(10) е́хать *(ipf.)*
Präs.: е́ду, е́дешь, е́дет, е́дем, е́дете, е́дут
Prät.: е́хал, е́хала, е́хали
Imp.: поезжа́й(-те)!

(11) жать *(ipf.)*
Präs.: жму, жмёшь, жмёт, жмём, жмёте, жмут
Prät.: жал, жа́ла, жа́ли
Imp.: жми́(-те)!

(12) ждать *(ipf.)*
Präs.: жду, ждёшь, ждёт, ждём, ждёте, ждут
Prät.: ждал, ждала́, жда́ли
Imp.: жди́(-те)!

(13) жить *(ipf.)*
Präs.: живу́, живёшь, живёт, живём, живёте, живу́т
Prät.: жил, жила́, жи́ли
Imp.: живи́(-те)!

(14) забы́ть *(pf.)*
Fut.: забу́ду, забу́дешь, забу́дет, забу́дем, забу́дете, забу́дут
Prät.: забы́л, забы́ла, забы́ли
Imp.: забу́дь(-те)!

(15) заже́чь *(pf.)*
Fut.: зажгу́, зажжёшь, зажжёт, зажжём, зажжёте, зажгу́т
Prät.: зажёг, зажгла́, зажгли́
Imp.: зажги́(-те)!

(16) закры́ть *(pf.)*
Fut.: закро́ю, закро́ешь, закро́ет, закро́ем, закро́ете, закро́ют
Prät.: закры́л, закры́ла, закры́ли
Imp.: закро́й(-те)

(17) звать *(ipf.)*
Präs.: зову́, зовёшь, зовёт, зовём, зовёте, зову́т
Prät.: звал, звала́, зва́ли
Imp.: зови́(-те)!

(18) идти́ *(ipf.)*
Präs.: иду́, идёшь, идёт, идём, идёте, иду́т
Prät.: шёл, шла, шли
Imp.: иди́(-те)!

(19) исче́знуть *(pf.)*
Fut.: исче́зну, исче́знешь, исче́знет, исче́знем, исче́знете, исче́знут
Prät.: исче́з, исче́зла, исче́зли
Imp.: исче́зни(-те)!

(20) класть *(ipf.)*
Präs.: кладу́, кладёшь, кладёт, кладём, кладёте, кладу́т
Prät.: клал, кла́ла, кла́ли
Imp.: клади́(-те)!

(21) лечь *(pf.)*
Fut.: ля́гу, ля́жешь, ля́жет, ля́жем, ля́жете, ля́гут
Prät.: лёг, легла́, легли́
Imp.: ля́г(-те)!

(22) мочь *(ipf.)*
Präs.: могу́, мо́жешь, мо́жет, мо́жем, мо́жете, мо́гут
Prät.: мог, могла́, могли́

(23) мыть *(ipf.)*
Präs.: мо́ю, мо́ешь, мо́ет, мо́ем, мо́ете, мо́ют
Prät.: мыл, мы́ла, мы́ли
Imp.: мо́й(-те)!

(24) наде́ть *(pf.)*
Fut.: наде́ну, наде́нешь, наде́нет, наде́нем, наде́нете, наде́нут
Prät.: наде́л, наде́ла, наде́ли
Imp.: наде́нь(-те)!

(25) нача́ть *(pf.)*
Fut.: начну́, начнёшь, начнёт, начнём, начнёте, начну́т
Prät.: на́чал, начала́, на́чали
Imp.: начни́(-те)!

(26) остава́ться *(ipf.)*
Präs.: остаю́сь, остаёшься, остаётся, остаёмся, остаётесь, остаю́тся
Prät.: остава́лся, остава́лась, остава́лись
Imp.: остава́йся! остава́йтесь!

(27) оста́ться *(pf.)*
Fut.: оста́нусь, оста́нешься, оста́нется, оста́немся, оста́нетесь, оста́нутся
Prät.: оста́лся, оста́лась, оста́лись
Imp.: оста́нься! оста́ньтесь!

(28) ошиби́ться *(pf.)*
Fut.: ошибу́сь, ошибёшься, ошибётся, ошибёмся, ошибётесь, ошибу́тся
Prät.: оши́бся, оши́блась, оши́блись
Imp.: ошиби́(-те)сь!

(29) перевести́ *(pf.)*
Fut.: переведу́, переведёшь, переведёт, переведём, переведёте, переведу́т
Prät.: перевёл, перевела́, перевели́
Imp.: переведи́(-те)!

(30) петь *(ipf.)*
Präs.: пою́, поёшь, поёт, поём, поёте, пою́т
Prät.: пел, пе́ла, пе́ли
Imp.: по́й(-те)!

(31) печь *(ipf.)*
Präs.: пеку́, печёшь, пекёт, пекём, пекёте, пеку́т
Prät.: пёк, пекла́, пекли́
Imp.: пеки́(-те)!

(32) пить *(ipf.)*
Präs.: пью, пьёшь, пьёт, пьём, пьёте, пьют
Prät.: пил, пила́, пи́ли
Imp.: пе́й(-те)!

(33) плыть *(ipf.)*
Präs.: плыву́, плывёшь, плывёт, плывём, плывёте, плыву́т
Prät.: плыл, плыла́, плы́ли
Imp.: плыви́(-те)!

(34) поня́ть *(ipf.)*
Präs.: пойму́, поймёшь, поймёт, поймём, поймёте, пойму́т
Prät.: по́нял, поняла́, по́няли
Imp.: пойми́(-те)!

(35) прийти́ *(pf.)*
Fut.: приду́, придёшь, придёт, придём, придёте, приду́т
Prät.: пришёл, пришла́, пришли́
Imp.: приди́(-те)!

(36) приня́ть *(pf.)*
Fut.: приму́, при́мешь, при́мет, при́мем, при́мете, при́мут
Prät.: при́нял, приняла́, при́няли
Imp.: прими́(-те)!

(37) продава́ть *(ipf.)*
Präs.: продаю́, продаёшь, продаёт, продаём, продаёте, продаю́т
Prät.: продава́л, продава́ла, продава́ли
Imp.: продава́й(-те)!

(38) прода́ть *(pf.)*
Fut.: прода́м, прода́шь, прода́ст, продади́м, продади́те, продаду́т
Prät.: про́дал, продала́, про́дали
Imp.: прода́й(-те)!

(39) расти́ *(ipf.)*
Präs.: расту́, растёшь, растёт, растём, растёте, расту́т
Prät.: рос, росла́, росли́
Imp.: расти́(-те)!

(40) сесть *(pf.)*
Fut.: ся́ду, ся́дешь, ся́дет, ся́дем, ся́дете, ся́дут
Prät.: сел, се́ла, се́ли
Imp.: ся́дь(-те)!

(41) снять *(pf.)*
Fut.: сниму́, сни́мешь, сни́мет, сни́мем, сни́мете, сни́мут
Prät.: снял, сняла́, сня́ли
Imp.: сними́(-те)!

(42) спать *(ipf.)*
Präs.: сплю, спишь, спит, спим, спи́те, спят
Prät.: спал, спала́, спа́ли
Imp.: спи́(-те)!

(43) стать *(pf.)*
Fut.: ста́ну, ста́нешь, ста́нет, ста́нем, ста́нете, ста́нут
Prät.: стал, ста́ла, ста́ли
Imp.: ста́нь(-те)!

(44) умере́ть *(pf.)*
Fut.: умру́, умрёшь, умрёт, умрём, умрёте, умру́т
Prät.: у́мер, умерла́, у́мерли
Imp.: умри́(-те)!

(45) хоте́ть *(ipf.)*
Präs.: хочу́, хо́чешь, хо́чет, хоти́м, хоти́те, хотя́т
Prät.: хоте́л, хоте́ла, хоте́ли

(46) шить *(ipf.)*
Präs.: шью, шьёшь, шьёт, шьём, шьёте, шьют
Prät.: шил, ши́ла, ши́ли
Imp.: ше́й(-те)!

REGISTER

А

Б

Г

И

Л

М

Н

О

П

Р

С

У

Ф

Х

Ц

Ч

Ш

Щ

Э

Ю

Я

Abkürzungen

Adv	Adverb, Umstandswort
Akk.	Akkusativ, Wenfall
Dat.	Dativ, Wemfall
etw.	etwas
f	Femininum, weiblich
Fut.	Futur, Zukunft
G/Gen.	Genitiv, Wesfall
Gr.	Grammatik
hist.	historisch
Imp.	Imperativ, Befehlsform
Instr.	Instrumental, 5. Fall
ipf.	imperfektiv, unvollendet
j-n	jemanden
m	Maskulinum, männlich
n	Neutrum, sächlich
N/Nom.	Nominativ, Werfall
pf.	perfektiv, vollendet
Pl	Plural, Mehrzahl
Präpos.	Präpositiv, 6. Fall
Präs.	Präsens, Gegenwart
Prät.	Präteritum, Vergangenheit
unpers.	unpersönlich
unveränd.	unveränderlich
wörtl.	wörtlich

NOTIZEN

NOTIZEN

NOTIZEN